WIRTSCHAFTSINFORMATIK

Herausgegeben von Prof. Dr. Dietrich Seibt, Köln, Prof. Dr. Hans-Georg Kemper, Stuttgart, Prof. Dr. Georg Herzwurm, Dresden, und Prof. Dr. Dirk Stelzer, Ilmenau

Band 34
Olaf Coenen
E-Learning-Architektur für universitäre Lehr- und Lernprozesse
2. Auflage
Lohmar – Köln 2002 • 540 S. • € 55,- (D) • ISBN 3-89012-934-X

Band 35
Frank Teuteberg
Agentenbasierte Informationserschließung im World Wide Web unter Einsatz von Künstlichen Neuronalen Netzen und Fuzzy-Logik
Lohmar – Köln 2001 • 368 S. • € 49,- (D) • ISBN 3-89012-873-4

Band 36
Jens Hunstock
Integration konzeptioneller Datenbankschemata
Lohmar – Köln 2001 • 274 S. • € 43,- (D) • ISBN 3-89012-897-1

Band 37
Gerald Kromer
Integration der Informationsverarbeitung in Mergers & Acquisitions – Eine empirische Untersuchung
Lohmar – Köln 2001 • 314 S. • € 45,- (D) • ISBN 3-89012-904-8

Band 38
Stefan Schäfer
Einführung von E-Business-Systemen in deutschen Unternehmen – Fallstudien, Expertenbefragung und DAX100-Umfrage
Lohmar – Köln 2002 • 492 S. • € 53,- (D) • ISBN 3-89012-949-8

Band 39
Matthias Lohse
Intranets – Konzept und Wege zur Realisierung
Lohmar – Köln 2002 • 268 S. • € 46,- (D) • ISBN 3-89012-970-6

JOSEF EUL VERLAG

Reihe: Wirtschaftsinformatik · Band 39

Herausgegeben von Prof. Dr. Dietrich Seibt, Köln, Prof. Dr. Hans-Georg Kemper, Stuttgart, Prof. Dr. Georg Herzwurm, Dresden, und Prof. Dr. Dirk Stelzer, Ilmenau

Dr. Matthias Lohse

Intranets

Konzept und Wege zur Realisierung

Mit Geleitworten von Prof. Dr. Georg Herzwurm und Prof. Dr. Wolfgang Uhr, TU Dresden

JOSEF EUL VERLAG
Lohmar · Köln

Die Deutsche Bibliothek – CIP-Einheitsaufnahme

Lohse, Matthias:
Intranets : Konzept und Wege zur Realisierung / Matthias Lohse. – Lohmar ; Köln : Eul, 2002.
(Reihe: Wirtschaftsinformatik ; Bd. 39)
Zugl.: Dresden, Techn. Univ., Diss., 2002 u.d.T.: Lohse, Matthias: Technologien, Komponenten und Anwendungsfelder von Intranets
ISBN 3-89012-970-6

JOSEF EUL VERLAG GmbH
Brandsberg 6
53797 Lohmar
Tel.: 0 22 05 / 90 10 6-6
Fax: 0 22 05 / 90 10 6-88
http://www.eul-verlag.de
info@eul-verlag.de

Printed in Germany
Druck: RSP Köln

Bei der Herstellung unserer Bücher möchten wir die Umwelt schonen. Dieses Buch ist daher auf säurefreiem, 100% chlorfrei gebleichtem, alterungsbeständigem Papier nach DIN 6738 gedruckt.

Geleitwort von Prof. Dr. Georg Herzwurm

Das Internet hat in den letzten Jahren wie kaum eine andere Technologie zu tiefgreifenden Veränderungen in Unternehmens- und Gesellschaftsstrukturen geführt. Trotz zwischenzeitlicher Rückschläge der sogenannten New Economy sind Electronic- und Mobile-Commerce-Konzepte heute fester Bestandteil moderner Unternehmensstrategien.

Die Nutzung der Internet-Technologie birgt jedoch auch ein nicht unerhebliches Rationalisierungs- und Innovationspotential beim Aufbau von unternehmensinternen Netzwerken. Die innerbetriebliche Nutzung der Internettechnologie in Form von Intranets ermöglicht eine ebenso preiswerte wie umfassende Möglichkeit, multimediale, integrierte Informations- und Kommunikationssysteme zu etablieren und mit Systemen von Kunden und Partnern in Extranets zu koppeln.

Die zum Aufbau von Intranets eingesetzte Technologie unterliegt hierbei einem stetigen Wandel und hat zu einer unüberschaubaren Vielzahl von Standards und Produkten geführt, die selbst einem IT-Experten oftmals eine objektive, umfassende Beurteilung unmöglich machen. Sehr häufig wird in Wissenschaft und Praxis außerdem vergessen, daß der Aufbau eines Intranets nicht nur ein technisches, sondern insbesondere ein organisatorisches Problem darstellt. Einerseits hat die Gestaltung des Intranets die Gegebenheiten und spezifischen Bedürfnisse des betrachteten Unternehmens zu berücksichtigen. Andererseits ermöglicht die Internettechnologie neue, innovative Formen der Kommunikation, Koordination, Kooperation und Kollaboration, die Umstrukturierungen zweckmäßig und notwendig erscheinen lassen. Die Wirtschaftsinformatik versteht sich als eine Disziplin, die in diesem Spannungsfeld nach theoretisch fundierten und praktisch erprobten Lösungen sucht.

Herr Lohse versteht es in seinem Buch, diese komplexe Problemstellung anschaulich und transparent zu bearbeiten. Durch eine kompakte und dennoch umfassende Darstellung, Systematisierung und Bewertung von Internettechnologien erhält der Leser einen hervorragenden, gut verständlichen Überblick über den aktuellen Stand technischer Lösungen. Herr Lohse zeigt konkrete Realisierungspfade und Entscheidungshilfen für den Aufbau von Intranets - von der Einbindung des Internets sowie vorhandener Netze und Anwendungen bis zum mobilen Intranetzugang und umfassenden Sicherheitskonzept - auf. Der Leser erhält außerdem wertvolle Hinweise auf exemplarische Intranet-Anwendungsfelder und innovative Komponenten des Intranets zur Steigerung der Produktivität der Mitarbeiter. Die Tatsache, daß Herr Lohse hierbei auch strategische Aspekte berücksichtigt, macht deutlich, daß die Arbeit eine Lücke zwischen eher technisch orientierten Abhandlungen der Informatik und mehr organisatorisch fokussierten Werken der Betriebswirtschaftslehre schließt.

Eine Besonderheit des vorliegenden Buches stellt insbesondere die Tatsache dar, daß Herr Lohse die besonderen Probleme und Bedürfnisse kleiner und mittelständischer Unternehmen berücksichtigt. Gerade für diese Unternehmen, die oft nur über begrenzte IT-Ressourcen und Know-how verfügen, eröffnet das Intranet aber die Möglichkeit, bislang aus Kosten- oder Machbarkeitsgründen zurückgestellte Vernetzungsprojekte mit Hilfe der vergleichsweise preiswerten Internettechnologie zu realisieren und sich dabei auch neue, innovative Anwendungsfelder zu erschließen.

Das Buch von Herrn Lohse eignet sich somit gleichermaßen für Spezialisten in IT-Abteilungen von Großunternehmen wie für Mitarbeiter in kleinen und mittelständischen Unternehmen. Es ist aber auch Studierenden und Lehrenden der Wirtschaftsinformatik zu empfehlen, um sich einen umfassenden Überblick über Technologien, Komponenten und Anwendungsfelder des Intranets zu verschaffen.

Dresden, den 11.5.2002 Georg Herzwurm

Geleitwort von Prof. Dr. Wolfgang Uhr

"Die Wissenschaften haben nur dann Anspruch auf unsere Wertschätzung, wenn sie mit der Nützlichkeit verbunden sind" schreibt Du Marsais (1676 - 1756) in seinem "Essay über die Vorurteile" (hier zitiert aus der deutschen Übersetzung Reclam Leipzig 1972, S. 156). Es ist diese Grundhaltung, die das vorliegende Buch von Matthias Lohse durchzieht. Die Zielstellung des Autors ist anspruchsvoll. Er weiß, daß sein Werk weniger nützlich wäre, wenn es nur einzelne Aspekte der komplexen Thematik der Gestaltung und Nutzung von Intranets untersuchen würde. So nimmt er die Bürde der Breite auf sich, wagt eine ganzheitliche Sicht auf das Phänomen "Intranet" und führt seine wissenschaftlichen Untersuchungen fort zu konkreten Handlungsempfehlungen.

Systematisch werden in diesem Buch Alternativen für den Aufbau von Intranets entwickelt und in diesem Kontext Technologien und Standards systematisiert und technologische Optionen für den Aufbau von Intranets bewertet. Chancen und Risiken des Intranet-Einsatzes werden ebenso thematisiert wie Einflussgrößen und deren Wechselwirkungen bei der Einführung von Intranets. Es ist dem Autor zu bescheinigen, daß er alle wesentlichen mit Alternativen belegten Entscheidungsfelder - soweit sie intranetspezifisch sind - auch untersucht hat. Das betrifft die Öffnung des Intranets hin zum Extranet sowie die Interneteinbindung zur Abwicklung unternehmensübergreifender Geschäftsprozesse, die Einbindung von Legacy-Anwendungen und weiteren Netzen, das wichtige Thema der Datenbankanbindung, das Zukunftsfeld mobiler Anwendungen und die unverzichtbare Sicherheitsthematik. Wo sinnvoll werden Ausbaustufen angegeben und Vorgehensmodelle entwickelt. Innovative Anwendungsfelder wie Portale, Content Management und Employee Self Service (ESS), die in besonderem Maße nachhaltige Produktivitätssteigerung versprechen, werden vertieft ausgelotet. Strategische und organisatorische Fragen der Erfolgssicherung von Intranet-Projekten werden nicht ausgespart. In diesem Zusammenhang wird auch das interessante Thema Application Service Providing (ASP) in differenzierter Weise behandelt.

Matthias Lohse sieht die Chancen und die Nutzenpotentiale, die sich auch für kleine und mittelständische Unternehmen (KMU) aus der internen Nutzung der Internettechnologien ergeben können, und er weiß, daß diese bis jetzt bei weitem nicht ausgeschöpft werden, auch weil die spezifischen Bedingungen dieser großen Gruppe von Unternehmen für eine kostengünstige Nutzung dieses technologischen Konzepts zur Informationsaufbereitung und -darstellung, zur Kommunikation bis hin zur Sprachkommunikation sowie zur direkten Einbindung heterogener Applikationen bisher nicht thematisiert wurden. Hier schließt das Buch eine Lücke. Dabei vermeidet der Autor sorgsam jede Art pauschaler Urteile, macht jedoch an Hand konkreter Merkmale deutlich, daß gerade Intranets in beachtlichem Maße auch den Gegebenheiten in KMU entsprechen.

Die Thematik dieses Buches ist in hohem Maße aktuell und in ihrer speziellen Ausrichtung originell. Die Darlegungen sind nicht nur für die Wirtschaftspraxis bedeutsam. In einer aktuellen Delphi-Studie (2001) wird der Forschungsbedarf in der Wirtschaftsinformatik spezifiziert. Der Autor kann nachweisen, daß unter den 12 wichtigsten Fragestellungen der nächsten drei Jahre 8 einen starken oder mittleren Bezug zum Themenkreis seiner Arbeit aufweisen. So werden denn dieses Buch ganz unterschiedliche Adressatengruppen mit Gewinn lesen, nicht zuletzt auch Studierende insbesondere der Wirtschaftsinformatik. Ich wünsche ihm eine freundliche Aufnahme.

Prof. Dr. Wolfgang Uhr, Dresden

Vorwort

Die vorliegende Arbeit basiert auf meiner Dissertation, die unter dem Titel "Technologien, Komponenten und Anwendungsfelder von Intranets – Realisierungspfade und Entscheidungshilfen unter besonderer Berücksichtigung kleiner und mittelständischer Unternehmen", die im April 2002 an der Fakultät Wirtschaftswissenschaften der Technischen Universität Dresden angenommen und für die Veröffentliochung nochmals aktualisiert und ergänzt wurde.

Die umfassende Verarbeitung der Komplexität des hier behandelten Themas und die Vielzahl zu bewertender Technologien und Strategien erfordern die Zusammenarbeit mit Erfahrungsträgern in der Abwicklung wissenschaftlicher Projekte und mit Experten der behandelten Spezialgebiete.

Mein besonderer Dank gilt an dieser Stelle Herrn Prof. Dr. Wolfgang Uhr, der es mir ermöglichte, an diesem interessanten Thema zu arbeiten und mich auf dem gesamten Weg von der Themenfindung bis zur Veröffentlichung mit seiner Erfahrung und seinem Wissen unterstützend begleitete. Trotz seiner enormen Arbeitsbelastung nahm er sich immer wieder die Zeit, um durch Anregungen und Hinweise den Fortschritt der Arbeit zu unterstützen.

Mein Dank gilt weiterhin Prof. Dr. Schoop und Prof. Dr. Ehrenberg, sowie meinen Freunden und Kollegen, die durch Hinweise, Anregungen und fachlichen Diskussionen zur weiteren Verbesserung der inhaltlichen Qualität beigetragen haben.

Von ganzem Herzen danke ich auch meiner Frau Anja, die trotz eigener Berufstätigkeit ihre Kraft für meine zeitliche Entlastung insbesondere bei der Betreuung unserer Tochter Janine eingesetzt hat, sowie meinen Eltern, die mich insbesondere bei der Endbearbeitung tatkräftig unterstützt haben.

Dresden, im Mai 2002 Matthias Lohse

Inhaltsverzeichnis

Abkürzungsverzeichnis

3GPP	=	Third Generation Partnership Project
ADSL	=	Asymmetric Digital Subscriber Line
AH	=	Authentication Header
AMPS	=	Advanced Mobile Phone System
ANSI	=	American National Standards Institute
AOW	=	Asia – Oceania Workshop
API	=	Application Programming Interface
ARIS	=	Architektur integrierter Informationssysteme
ASCII	=	American Standard Code for Information Interchange
ASP	=	Active Server Pages / Application Service Providing
ATM	=	Asynchronous Transfer Mode
AVI	=	Audio Video Interleaved
AWS	=	Anwendungssystem
B2B	=	Business-to-Business
B2C	=	Business-to-Customer
B2E	=	Business-to-Employee
BBAE	=	Breitband-Anschlußeinheit
BDE	=	Betriebsdatenerfassung
BMPT	=	Bundesministerium für Post und Telekommunikation
BOF	=	Birds Of a Feather (IETF-Veranstaltung zu Innovationen)
BSI	=	British Standards Institute
BZT	=	Bundesamt für Zulassungen in der Telekommunikation
CAD	=	Computer Aided Design
CAM	=	Computer Aided Manufacturing
CBR	=	Constant Bit Rate
CCITT	=	Comité Consultativ International Télegraphique et Télephonique (seit 1993 → ITU-T)
CDMA	=	Code Division Multiple Access
CEN	=	Comité Européen da la Normalisation
CEPT	=	Conférence Européenne des Administrations des Postes et des Télécommunications
CF	=	Cold Fusion

CGI	=	Common Gateway Interface
CMS	=	Content-Management-System
CML	=	Chemical Markup Language
CORBA	=	Common Object Request Broker Architecture
COS	=	Community of Sience
CRM	=	Customer Relationship Management
CSMA/CD	=	Carrier Sense Multiple Access with Collision Detection
CSS	=	Cascading Style Sheets
CTI	=	Computer Telefon Integration
D2 MAC	=	Duobinäre Codierung - Multiplexed Analogue Components
DB	=	Datenbank
DBMS	=	Datenbank-Management-System
DCE	=	Distributed Computing Environment
DCOM	=	Distributed Component Object Model
DCS	=	Digital Cellular System
DEC	=	Digital Equipment Corporation
DECT	=	Digital Enhanced Cordless Telecommunication
DES	=	Data Encryption Standard
DHCP	=	Dynamic Host Configuration Protocol
DIHT	=	Deutscher Industrie- und Handelstag
DIN	=	Deutsches Institut für Normung / Deutsche Industrienorm
DKE	=	Deutsche Kommission für Elektrotechnik
DLL	=	Dynamic Link Library
DMS	=	Dokumentenmanagementsystem
DoD	=	Department of Defence
DSL	=	Digital Subscriber Line
DSSSL	=	Document Style Semantics and Specification Language
DTD	=	Document Type Definition
DV	=	Datenverarbeitung
EAI	=	Enterprise Application Integration
EBCDIC	=	Extended Binary-Coded Decimal Interchange Code
EBW	=	Endbenutzerwerkzeuge
ECI	=	External Call Interface
ECSD	=	Enhanced Circuit Switched Data
EDGE	=	Enhanced Data Rates for GSM Evolution

EDI	= Electronic Data Interchange
EGPRS	= Enhanced General Packet Radio Service
EIT	= Enterprise Integration Technologies
EIT / TIA	= Electronic Industry Association / Telecommunication Industry Association
EJB	= Enterprise Java Beans
EN	= Euro Norm
EOTC	= European Organisation for Conformity Accessment
EPI	= External Program Interface
ERM	= Enterprise Ressource Management
ERP	= Enterprise Ressource Planning
ESS	= Employee-Self-Service
ESP	= Encapsulated Security Payload
ETSI	= European Telecommunications Standards Institute
EU	= Europäische Union
EWOS	= European Workshop for Open Systems
FAQ	= Frequently Asked Questions
FDDI	= Fiber Distributed Data Interface
FPLMTS	= Future Public Land Mobile Telecommunication System
FSF	= Free Software Foundation
FTP	= File Transfer Protocol
FTZ	= Forschungs- und Technologiezentrum der Deutschen Telekom
GEO	= Geostationary Earth Orbit
GIF	= Graphics Interchange Format
GPL	= General Public Licence
GPRS	= General Packet Radio Service
GSM	= Global System for Mobile Telecommunication
HDSL	= High Data Rate Digital Subscriber Line
HMMP	= Hypermedia Management Protocol
HRMS	= Human Ressources Management System
HSCSD	= High Speed Circuit Switched Data
HTML	= Hypertext Markup Language
HTTP	= Hypertext Transfer Protocol
IAB	= Internet Architecture Board
IDC	= Internet Data Connector

IEC = Implementation and Effectiveness of International Environmental Commitments

IEEE = Institute of Electrical and Electronics Engineering

IESG = Internet Engineering Steering Group

IETF = Internet Engineering Task Force

IIOP = Internet Inter Object Request Broker Protokoll

IIS = Internet Information Server (Microsoft)

IKE = Internet Key Exchange

IM = Integrated Messaging

IMAP = Internet Message Access Protocol

IP = Internet Protocol

IPng = Internet Protocol next generation

IPSec = Internet Protocol Security

IPv6 = Internet Protocol Version 6

IPX = Internetwork Packet Exchange

IRC = Internet Relay Chat

IrDA = Infrared Data Association

IRTF = Internet Research Task Force

IS = Interim Standard / Informationssystem

ISAPI = Internet Server Application Programming Interface

ISO = International Standardization Organisation

ISOC = Internet Society

ISP = Internet Service Provider

ISDN = Integrated Services Digital Network

IT = Informationstechnologie

ITU-T = International Telecommunications Union - Telecommunication

IuK = Information und Kommunikations

IV = Informationsverarbeitung

JDBC = Java Database Connectivity

JPEG = Joint Photografic Expert Group

JSP = Java Server Pages

JTACS = Japanese Total Access Cellular System

JTC1 = Joint Technical Committee 1

JTC1 / SGFS = Joint Technical Committee 1 / Special Group on Functional Standardization

JVM = Java Virtual Machine

KMU	=	kleine und mittelständische Unternehmen
LAN	=	Local Area Networks
LDAP	=	Lightwight Directory Access Protocol
LEAP	=	Lightwight & Efficient Application Protocols
LOE	=	Low Earth Orbit
MAC	=	Media Access Control
MAP/TOP	=	Maintenance Analysis Procedure / Technical Office Protocol
MathML	=	Mathematical Markup Language
MDE	=	Maschinendatenerfassung
MIDI	=	Musical Instrument Digital Interface
MIME	=	Multi Purpose Internet Mail Extensions
MPEG	=	Motion Picture Expert Group
MS	=	Microsoft
NC	=	Network Computer
NFS	=	Network File System
NIS	=	Network Information Services
NMT	=	Nordic Mobile Telephone System
NNTP	=	Network News Transfer Protocol
NSAPI	=	Netscape Server Application Programming Interface
NTBBA	=	Netzwerkterminationspunkt-Breitbandangebot
NTP	=	Network Time Protocol
NVLAP	=	National Voluntary Laboratory Accreditation Program
OCR	=	Optical Character Recognition
ODBC	=	Open Database Connectivity
OIW	=	Open Systems Implementors Workshop
OLE	=	Object Linking and Embedding
OMG	=	Object Management Group
ÖPNV	=	Öffentlicher Personennahverkehr
OSF	=	Open Software Foundation
OSI	=	Open Systems Interconnection / Open Source Initiative
PAL	=	Phased Alternation Line
PC	=	Personal Computer
PCS	=	Personal Communication System; - Service
PDA	=	Personal Digital Assistant

PDC	=	Personal Digital Cellular
PDF	=	Portable Document Format
PEM	=	Privacy Enhanced Mail
Perl	=	Practical Extraction and Report Language
PGP	=	Pretty Good Privacy
PHP	=	Hypertext Preprozessor (Skriptsprache)
PLC	=	Powerline Communication
PNG	=	Portable Network Graphics
POP3	=	Post Office Protocol Version 3
PPS	=	Produktionsplanungs- und –steuerungssystem
PR	=	Public Relations
QoS	=	Quality of Service
RDA	=	Remote Data Access
RDF	=	Ressource Description Framework
RFC	=	Request for Comments
RIP	=	Routing Information Protocol
RPC	=	Remote Procedure Call
RSA	=	Ronald Rivest, Adi Shamir, Len Adleman (Verschlüsselungsverfahren)
RTP	=	Real-Time Transport Protocol
S-HTTP	=	Secure Hypertext Transfer Protocol
S/MIME	=	Secure Multi Purpose Internet Mail Extensions
SAA	=	System Application Architecture
SAP	=	Systeme, Anwendungen und Produkte in der Datenverarbeitung
SCM	=	Supply Chain Management
SDE	=	Satelliten-Direktempfang
SDSL	=	Single Line Digital Subscriber Line
SET	=	Secure Electronic Transaction
SGML	=	Standard Generalized Markup Language
SLIP	=	Serial Line IP
SMS	=	Short Message Service
SMTP	=	Simple Mail Transfer Protocol
SNA	=	Systems Network Architecture
SNMP	=	Simple Network Management Protocol
SOHO	=	Small and Home Offices
SQL	=	Structured Query Language

SSL	=	Secure Socket Layer
SSI	=	Server Side Include
SVG	=	Scalable Vector Graphics
T1	=	Standards Committee T1 Telecomunications
T-DSL	=	Telekom - Digital Subscriber Line
TACS	=	Total Access Communication System
TAE	=	Telefon-Anschlußeinheit
TCL	=	Tool Command Language
TCP	=	Transmission Control Protocol
TFTP	=	Trivial FTP
TK	=	Telekommunikation
TKG	=	Telekommunikationsgesetz
TP	=	Twisted Pair / Transaction Processing
UDP	=	User Datagram Protocol
UDSL	=	Universal Digital Subscriber Line
UM	=	Unified Messaging
UMTS	=	Universal Mobile Telecommunications System
URL	=	Uniform Ressource Locator
USDC	=	US Digital Cellular
VC	=	Videoconferencing
VDE	=	Verband Deutscher Elektrotechniker
VDSL	=	Very high speed data rate Digital Subscriber Line
VoIP	=	Voice over Internet Protocol
VPN	=	Virtual Private Network
VRML	=	Virtual Reality Modeling Language
VSAT	=	Very Small Aperture Terminal
WAN	=	Wide Area Networks
WAP	=	Wireless Application Protocol
WCMS	=	Web-Content-Management-System
WebGUI	=	Web-Graphical-User-Interface
WFMS	=	Workflow-Managementsystem
WLAN	=	Wireless Local Area Networks
WLL	=	Wireless Local Loop
WML	=	Wireless Markup Language

W3C	=	World Wide Web Consortium
WWW	=	World Wide Web
XHTML	=	Extensible Hypertext Markup Language
XML	=	Extensible Markup Language
XSL	=	Extensible Stylesheet Language
XSLT	=	Extensible Stylesheet Language Transformations
XTM	=	XML Topic MAPS

Abbildungsverzeichnis

Tabellenverzeichnis

1 Einleitung und Abgrenzung

1.1 Motivation

Kaum ein anderes technologisches Konzept hat innerhalb einer so kurzen Zeitspanne so hohe Akzeptanz in der Datenverarbeitung in Unternehmen gefunden [vgl. HEINRICH 99] und derart tiefgreifende Veränderungen der Möglichkeiten zur Information und Kommunikation im privaten und kommerziellen Bereich verursacht wie der Einsatz von Internettechnologien. Die Nutzung der TCP/IP-Protokollfamilie als Basistechnologie beeinflußt die Ausprägung der darunterliegenden Hardware (durch Abkehr von proprietären Netzwerkprodukten) und die darüberliegenden Protokolle und Standards (wie E-Mail, News, FTP, HTTP etc.). Die eigentlichen Innovationen bieten Internettechnologien jedoch über die Möglichkeiten zur Informationsaufbereitung und -darstellung sowie zur direkten Einbindung von Applikationen.

Unternehmensintern lassen sich diese Technologien in Form eines Intranets für die gesamte Abdeckung der Informations- und Kommunikationsprozesse bis hin zur Integration der Sprachkommunikation einsetzen. Die Kopplung von Intranets ermöglicht den Aufbau von Extranets, welche eine Erweiterung der unternehmensweiten Netze zu Geschäftspartnern, wie Lieferanten, Kunden und Logistikdienstleistern erlauben. Sie bieten damit die technologische Basis für eine umfassende zwischenbetriebliche Koordination und Kooperation [BOGASCHEWSKY u. a. 99, S. 83ff.].

Intranets, Extranets und die Nutzung des Internets ermöglichen die Erschließung einer breiten Palette innovativer Anwendungsfelder. Empirische Untersuchungen zeigen einen positiven Zusammenhang zwischen Unternehmenserfolg und eingesetztem Informations- und Kommunikationssystem [LYBAERT 96]. Aus diesen Gründen investieren Unternehmen in großem Umfang in Internettechnologien.

Nach einer DIHT-Umfrage zu den IT-Investitionen im Jahr 2001 planten 36% der befragten 22000 deutschen Unternehmen Neuinvestitionen in den Internet-Auftritt, 19% in Business-to-Business-Anwendungen und Internet-gestützte Kundenbetreuung sowie 15% in Intranets.

Dabei ist ein besonders hohes Engagement bei Industrie und Dienstleistern sowie bei großen Unternehmen zu verzeichnen [CW 00a].

Die in der Praxis auftretenden Problembereiche bei der Implementierung von Intranets sind u. a. die Integration von Altanwendungen, fehlende Komplettlösungen sowie Akzeptanz- und Sicherheitsprobleme [BURGHARDT 98, S. 33].

Die IT-Nutzung in kleinen und mittelständischen Unternehmen (KMU) beschränkt sich häufig auf die Unterstützung der primär wertschöpfenden Prozesse oder stark strukturierter Routinetätigkeiten in Form spezifischer Buchhaltungs-, Verkaufs- oder Produktionssteuerungsprogramme sowie auf die üblichen Endbenutzerwerkzeuge (Office-Pakete) im Bürobereich [vgl. JACOB 98, S. 4]. Müssen mehrere Computerarbeitsplätze vernetzt werden, erfolgt die Realisierung aufgrund der geringen Kosten und der großen Verbreitung entsprechender Hard- und Softwareprodukte auch hier zunehmend mit Internettechnologien. Durch die überschaubare IT-Infrastruktur und die größere Flexibilität bei der Ablösung von Altanwendungen besitzen KMU gegenüber Großunternehmen keine grundsätzlich schlechteren infrastrukturellen Voraussetzungen für die Ausweitung der Nutzung von Netzwerken für unternehmensinterne Informations- und Kommunikationsprozesse. Dennoch findet aus Kostengründen und wegen des fehlenden Know-hows in KMU oft nur die Nutzung einiger Basisfunktionen in Intranets statt.

In [HEINZL u. a. 01] wurden Ergebnisse einer Delphi-Studie zum Forschungsbedarf in der Wirtschaftsinformatik in den kommenden Jahren ermittelt, aus der eine Reihe von Themen hervorgeht, die eine hohe Relevanz bezüglich des Aufbaus und Einsatzes von Intranets besitzen (vgl. Tabelle 1).

Rang	Cluster	Mittelwert	Relevanz für Intranets
1	Netzmärkte und E-Commerce	3,74	Gering
2	Architektur von Informations- und Kommunikationssystemen	3,56	Hoch
3	Zusammenhang zwischen Informationstechnologie und Organisation	3,52	Mittel
4	Information als Produkt	3,49	---
5	Neue Techniken der Wirtschaftsinformatik	3,46	---
6	Wirtschaftlichkeit und Produktivität	3,41	Mittel
7	Strategische Wirkungen von Informationssystemen	3,39	Mittel
7	Wissensmanagement	3,39	Mittel
9	Beherrschbarkeit von Komplexität in Informations- und Kommunikationssystemen	3,32	Mittel
10	Neuartige Anwendungssysteme	3,29	Hoch
11	Management des Wandels von Informationssystemen	3,07	Hoch
12	Folgenabschätzung neuer Technologien	2,95	Mittel
13	Schnittstellen der Wirtschaftsinformatik zu anderen Wissenschaften	2,74	Gering
14	Grundlagen der Wirtschaftsinformatik	2,71	---
Die Bewertungen der Bedeutung der Cluster für die Forschung in der Wirtschaftsinformatik erfolgten auf einer Skala von 1 (sehr niedrig) bis 5 (sehr hoch)			

Tabelle 1: Mittelfristige Erkenntnisziele der Wirtschaftsinformatik und deren Relevanz für Intranets [nach HEINZL u. a. 01, S. 226]

Weiterhin ging aus der Studie hervor, daß die Anwendbarkeit von Forschungsergebnissen in der Praxis als wichtigste Einflußgröße für die Beurteilung von Erkenntniszielen der Wirtschaftsinformatik im Wettbewerbskontext zu den Nachbardisziplinen angesehen wird [HEINZL u. a. 01, S. 232].

Speziell in den ersten beiden Jahren nach Aufkommen des Intranetbegriffes ist eine Reihe von Titeln zu Intranets veröffentlicht worden. Viele haben sich nur aus Sicht der Informatik dem Thema genähert [z. B. PAUL u. a. 97; ECKEL u. a. 97; WYNKOOP 97], obwohl dieser Begriff eine Reihe strategischer, betriebswirtschaftlicher und organisatorischer Bereiche impliziert. Andere Betrachtungsdimensionen zu Intranets werden u. a. in [MOCKER u. a. 98] bezüglich Organisation und betriebswirtschaftlicher Aspekte, in [BLOCK 99; STRÄUBIG 00; GREER 97] aus Sicht des Managements oder in [HÖLLER u. a. 99] zu Fallstudien des Einsatzes von Internettechnologien behandelt.

Wissenschaftliche Defizite bestehen durch nur unzureichend vorhandene Beiträge zur

Darstellung von Realisierungsalternativen und in diesem Kontext vorgenommene Bewertungen von Technologien. Es existiert eine Lücke zwischen vorliegenden Erkenntnissen aus dem Bereich der Informatik zur Implementierung offener Standards und eher in der Metaebene angesiedelten allgemeinen [vgl. KAISER 00; ENGSTLER 99] Abhandlungen zu Intranets bzw. speziellen, auf bestimmte Branchen oder Bereiche bezogene Darstellungen [vgl. BOGASCHEWSKY u. a. 99; ITTER 99]. Weiterer konkreter Forschungsbedarf besteht zur Eignung und zu Besonderheiten des Intranet-Einsatzes in KMU.

1.2 Ziele

Die Arbeit widmet sich schwerpunktmäßig der Bewertung von Auswahloptionen beim Aufbau von Intranets, innovativen Anwendungsfeldern sowie strategischen und organisatorischen Fragen zur Erfolgssicherung von Intranets.

Folgende Forschungsfragen stehen im Mittelpunkt dieser Arbeit:

- Welche Entscheidungsalternativen bei wichtigen Aspekten des Aufbaus und des Betriebes von Intranets gibt es? Wie sind diese zu bewerten?
- Welche Anwendungsfelder können durch Intranets erschlossen werden?
- Wie lassen sich Produktivitätssteigerungen durch innovative Intranetkomponenten, wie Intranet-Portale, Content Management und Employee-Self-Service verwirklichen?
- Welche strategischen und organisatorischen Fragen sind bei der Einführung und zur Erfolgssicherung von Intranets zu beachten?
- Welche Handlungsempfehlungen können zu den einzelnen Forschungsfragen für kleine und mittelständische Unternehmen abgeleitet werden?

Als wissenschaftliche Methoden zur Untersuchung und Beantwortung der Forschungsfragen werden Sekundäranalysen und die Entwicklung von Modellen verwendet. Weiterhin fließen Erfahrungen in die Arbeit ein, die im Rahmen des Prototypenbaus auf den Gebieten der Web-Anbindung von Datenbanken und des Aufbaus von Portalen sowie beim Employee-Self-Service und der Integration von Inhalten und Anwendungen des Internets in Intranets gesammelt wurden.

Die Struktur dieser Arbeit ist charakterisiert durch aufeinander aufbauende Ebenen zu theoretischen und technischen Grundlagen, Alternativen beim Aufbau von Intranets, möglichen

Anwendungsfeldern, Betrachtungen ausgewählter Komponenten sowie strategischen Fragen.

Nach der Einleitung stehen im zweiten Kapitel die Definition, Einordnung und Bewertung von Intranets und deren Eignung für kleine und mittelständische Unternehmen im Mittelpunkt. Als Grundlage für das Verständnis der Betrachtungen in den weiteren Kapiteln werden für Intranets geeignete Technologien und Standards klassifiziert und bewertet. Dabei werden redundanzarme Darstellungsformen verwendet, um einen möglichst komprimierten, aber umfassenden Überblick zu ermöglichen.

Das dritte Kapitel liefert Realisierungspfade und Entscheidungshilfen für ausgewählte, strategisch wichtige Felder beim Aufbau von Intranets. Dazu werden im Kontext der betrachteten Gestaltungsaspekte die im Rahmen des zweiten Kapitels vorgestellten Standards und Technologien vertieft bzw. weitere neu eingeführt. Je nach Themenkreis werden Handlungsalternativen bewertet, Ausbaustufen und Vorgehensmodelle dargestellt und/oder Entwicklungstrends aufgezeigt.

Die Umstellung der IT-Infrastruktur auf Internettechnologien und die Anbindung von Altanwendungen stellt nur einen ersten Schritt zur Erschließung der möglichen Potentiale eines Intranets dar. Erst durch die konsequente Nutzung der durch Intranets realisierbaren Konzepte und Anwendungen lassen sich die wichtigen strategischen Innovationen aktivieren. Diese werden ab dem vierten Kapitel betrachtet.

Zu den strategischen Entscheidungen in der Phase des Fachkonzeptes zum Aufbau von Intranets zählen in erster Linie die Festlegung der Einsatzfelder und Anwendungen sowie die Wahl der Vorgehensweise zu deren Realisierung. Kapitel vier nennt und klassifiziert typische Anwendungsfelder in Intranets, während im fünften Kapitel drei innovative Komponenten für den Zugang, die Verwaltung von Inhalten sowie zu Realisierungsoptionen von Anwendungen des in der wissenschaftlichen Literatur bisher wenig betrachteten Konzeptes des Employee-Self-Service beschrieben werden.

Abschließend werden Fragen zur Intranet-Strategie und zur Erfolgssicherung erörtert. Dabei werden ökonomische, organisatorische und kulturelle Veränderungen beim Einsatz intranetgestützter Anwendungen betrachtet. Faktoren der Erfolgssicherung beim Aufbau von

Intranets werden genannt und Wege zur dauerhaften Akzeptanz bei den Anwendern beschrieben. Es wird ein Ausbaustufenkonzept entwickelt und daraus ein Vorgehensmodell für den Aufbau von Intranets abgeleitet.

Abbildung 1 zeigt die Struktur dieser Arbeit mit den Wechselwirkungen zwischen den behandelten Themen.

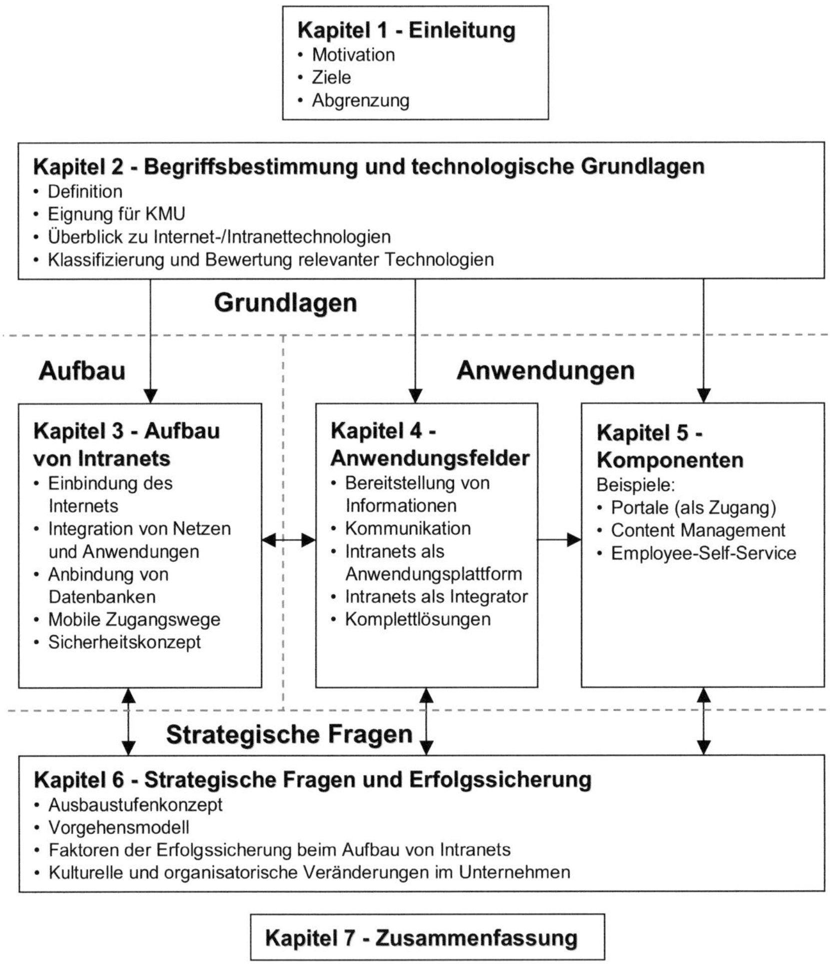

Abbildung 1: Aufbau der vorliegenden Arbeit

1.3 Abgrenzung

Durch die zunehmende Prozeßorientierung moderner IuK-Systeme ist eine isolierte Betrachtung des Intranets nur auf technologischer Ebene sinnvoll. Die Bedeutung der auch für Intranets relevanten Bereiche der unternehmensübergreifenden Zusammenarbeit wird aufgrund ausreichend vorhandener Quellen nur in die strategischen Betrachtungen einfließen. Dazu zählen die Business-to-Business (B2B)- und Business-to-Consumer (B2C)-Integration (E-Commerce, SCM, Elektronische Märkte, Virtuelle Unternehmen, Online Marketing etc.) und die Aspekte zur Online-Präsenz von Unternehmen im Internet. Die Problemkreise des Sicherheitsmanagements und Betrachtungen zum Informations- und Workflow-Management sowie zur computergestützten Gruppenarbeit werden im Rahmen dieser Arbeit nur im Überblick bzw. im Kontext zu speziellen Fragestellungen erörtert.

Aufgrund der breiten Behandlung in der Literatur wird auf die allgemeine Darstellung der historischen Entwicklung und auf detaillierte Beschreibungen der einzelnen Technologien und Dienste des Internets weitgehend verzichtet. Für diese wird eine Klassifikation vorgenommen, und die spezifischen Einsatzfelder werden zugeordnet und bewertet. Für strategisch kritische Anwendungen (wie z. B. zur Datenbankanbindung von Webseiten oder zur mobilen Anbindung von Endgeräten) werden vergleichende Gegenüberstellungen durchgeführt.

Zur Durchführung von großen DV-Projekten, wie dem Aufbau eines Intranets, ist eine strukturierte Vorgehensweise auf mehreren Ebenen notwendig. Als Vorgehensmodell eignet sich dabei eine an das Architekturmodell integrierter Informationssysteme von Scheer angelehnte schrittweise Betrachtung nach der Nähe zu den IuK-Technologien in den Stufen Fachkonzept, DV-Konzept und Implementierung [vgl. SCHWARZER u. a. 96, S. 112; SCHEER 92]. Die Darstellungen in dieser Arbeit werden sich vorrangig auf die Ebene des DV-Konzeptes beziehen. Betrachtungen zum Fachkonzept werden im vierten und fünften Kapitel jedoch ohne speziellen Bezug zu Branchen oder Betriebstypen vorgenommen.

Die Ebene der Implementierung wird nur eine untergeordnete Rolle in dieser Arbeit spielen. Zum einen sind für diese Ebene sehr umfangreiche Darstellungen mit eher geringem wissenschaftlichen Gehalt charakteristisch, zum anderen gibt es eine breite Auswahl an Literatur zur Programmierung und zum Einsatz von Internettechnologien und offenen Standards.

2 Das Intranet – offene Plattform für effiziente Information und Kommunikation in Unternehmen

2.1 Aktuelle technologische Rahmenbedingungen im Kontext zu Intranets

Die Entwicklung der Datenverarbeitung verlief in mehreren Innovationswellen, von der reinen Großrechnerwelt über den Einzelplatz-PC (der ab Mitte der 80er zunehmend vernetzt wurde) zum PC als flexibles offenes Werkzeug mit Zugang zu allen IT-Ressourcen wie lokalen Serveranwendungen, Mainframe, Internet und Intranet.

Die aktuelle Innovationswelle ermöglicht Unternehmen wesentliche Steigerungen von Effektivität und Effizienz der Wertschöpfung durch eine neue Qualität der Unterstützung der internen und unternehmensübergreifenden Kommunikations- und Informationsprozesse.

Diese Entwicklung wurde ermöglicht durch den Aufbau von Intranets und Extranets sowie die Nutzung des Internets in Verbindung mit den folgenden Trends und technologischen Neuerungen:

a) Computerleistung, Speicherkapazität und Übertragungsbandbreiten stehen im Überfluß zu immer niedrigeren Kosten zur Verfügung und ermöglichen damit eine stetige Erweiterung der Anwendungsfelder.

b) Lokale Unternehmensnetzwerke werden inzwischen nahezu ausschließlich auf Basis der TCP/IP-Protokollfamilie aufgebaut bzw. mittelfristig auf diese umgestellt [vgl. TANENBAUM 00, S. 13; HEINRICH 99], was zu Kosteneinsparungen, Fehlervermeidungen und Vereinfachungen bei Aufbau und Erweiterung der Netzinfrastruktur beiträgt.

c) Die wichtigsten Anbieter von Anwendungssystemen bieten Schnittstellen zu Internet-Protokollen und -standards an bzw. unterstützen diese direkt (vgl. Kapitel 3.3). So findet z. B. in der vormals rein proprietären Groupware-Plattform Lotus Notes ab der Version 4.0 eine starke Vermischung mit Intranet-Konzepten statt [KAUFFELS 00, S. 417]. Die betriebswirtschaftliche Standardsoftware SAP R/3 ermöglicht seit einiger Zeit neben dem Einsatz der eigenen Clientsoftware auch den Zugang über einen Webbrowser [vgl. SAP 01b, S. 43]. Der Zugriff auf Mainframeanwendungen wird zunehmend von Terminals und PC-Terminalemulationen auf Zugriffe über Webbrowser umgestellt, wie Abbildung 2 verdeutlicht.

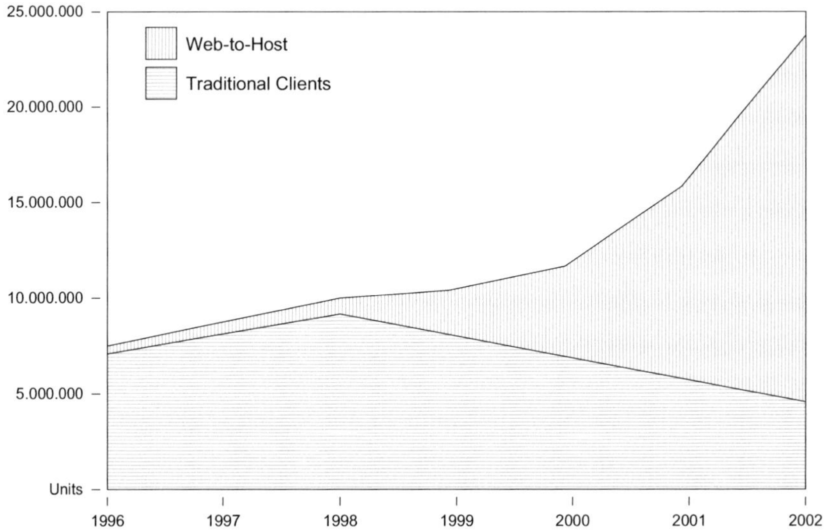

Abbildung 2: Entwicklung des Anteils der Web-Host-Kopplung [EWE 99, S. 18]

Die Unterstützung der Internetstandards vereinfacht die Integration der vorhandenen Anwendungssysteme, was wiederum Kosteneinsparungen und Produktivitätssteigerungen ermöglicht.

d) Es findet eine zunehmende Verteilung von Softwarekomponenten statt. Fragen der Softwarestrukturierung, d. h. der Aufgabenverteilung von Komponenten auf unterschiedliche Rechner, rücken weiter in den Vordergrund [vgl. KAUFFELS 00, S. 33ff.]. In diesem Zusammenhang wird auch das Ziel einer Steigerung der Interoperabilität verfolgt.

e) Bei DV-Systemen findet eine zunehmende Miniaturisierung und Mobilisierung statt. Dies hat zur Folge, daß die Durchdringung aller betrieblichen Prozesse durch DV-Anwendungsoptionen weiter voranschreitet. Als Beispiele können die Nutzung mobiler drahtlos angebundener Betriebsdatenerfassungs(BDE)-Geräte, die mobile Datenerfassung mit Persönlichen Digitalen Assistenten (PDA) und die funkgesteuerte Sendungsverfolgung bei Transportunternehmen genannt werden.

f) Zu Beginn der 80er Jahre wurden Systemlösungen vertikal eingekauft. Das bedeutet, daß nahezu alle Elemente eines Systems, also Mikroprozessoren, Hardware des Systems und des Netzwerks, Betriebssystem und Anwendungen von einem Hersteller erworben wurden. Geringe Verkaufszahlen und hohe Preise prägten das Bild. Ein Wechsel des Anbieters war mit extrem hohen Umstellungskosten verbunden. Die Einführung des PCs ermöglichte nach und nach Wahlmöglichkeiten auf den einzelnen Ebenen der Infrastruktur und einen innovationsfördernden Wettbewerb der Konkurrenten auf diesen Ebenen, wie in Abbildung 3 verdeutlicht wird [GATES 00, S. 421ff.].

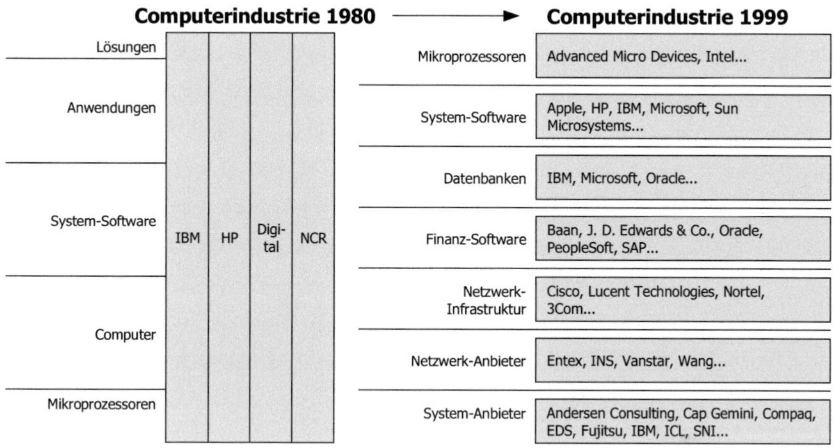

Abbildung 3: Veränderte Strukturen in der Computerbranche [GATES 00, S. 423]

g) Infrastruktur und Anwendungen der Computer- und Fernmeldetechnik wachsen zunehmend zusammen. Dies äußert sich z. B. in der gemeinsamen Nutzung der Verkabelung für Telefonie und Datenübertragung (Cat5 Verkabelung), der Sprachübertragung über Computernetze (Voice-over-IP) und der nahezu abgeschlossenen Digitalisierung des Fernmeldeverkehrs [vgl. MOCKER u. a. 98, S. 18; SIEGMUND 99, S. V].

Die neue Situation, wie sie auf der rechten Seite von Abbildung 3 dargestellt wird, führte zur Wandlung eines Verkäufermarktes in einen Käufermarkt. Die Kosten für die Gesamtlösungen sinken, und ein Wechsel des Anbieters wird wesentlich erleichtert.

Durch die dargestellten Entwicklungen des Einsatzes von TCP/IP und den Trend zu komponentenbasierter Software erfolgt ein zunehmender Einsatz offener Standards und Technologien in den Unternehmen. Die große Auswahl an konkurrierenden, offene Standards unterstützenden DV-Anbietern eröffnet den Unternehmen auf Nachfragerseite neue Möglichkeiten des IT-Designs (Interoperabilität und Flexibilität) und der Vertragsgestaltung (Outsourcing, Leasing) mit Systemanbietern.

2.2 Intranets – Definition, Eigenschaften und historische Einordnung

In Zusammenhang mit neuen Technologien oder Methoden gibt es häufig von Unternehmensberatungen oder Publikationen eingeführte intensiv genutzte Modebegriffe, die meist für den Zeitraum von einigen Jahren die fachliche Kommunikation prägen. Als Beispiele sollen hier „Business Process Reengineering", „Lean Production" und „Knowledge Management" genannt werden. Fast immer beschreiben diese Modebegriffe eine spezifische Eigenschaft oder Besonderheit und besitzen damit eine Existenzberechtigung. Die Gefahr besteht allerdings im falschen Gebrauch dieser Worte, um Unwissenheit zu verbergen, Geschäftsinteressen, insbesondere bei Unternehmensberatungen (alter Wein in neuen Schläuchen), zu verfolgen [vgl. MERTENS 00] oder banale Zusammenhänge durch unnötige Anglizismen (wie z. B. bei „Community", „Key Player", „Consulting" oder „Key-Account Manager") aufzuwerten [LOHSE 01, S. 321f.].

Auch der Begriff „Intranet" galt über einige Jahre als Modewort. Er löste als solches Ende 1995 / Anfang 1996 die als Fachbegriff weiterhin existierende „Client-Server-Architektur" ab (welche in der Softwaresicht durchaus als Vorläufer und notwendige Voraussetzung für Intranets gelten kann) [vgl. BABCOCK 96; SCHAFFNER 98, S. 32].

Während Anfang der 90er Jahre mit den PC-Netzen vor allem die hardwarebezogene Sicht auf die Vernetzung im Mittelpunkt stand, rückte einige Jahre später die Softwarearchitektur mit der Client-Server-Technologie in das Zentrum der Betrachtungen. Client-Server-Entwicklungen hatten den Ruf, teuer und kompliziert zu sein. Dies lag an dem schwer zu handhabenden Konglomerat aus proprietären Entwicklungswerkzeugen, Schnittstellen, Plattformen und Netzwerkprotokollen [BICHLER 97, S. VII].

Eine Lösung bot die nächste Stufe mit der Vereinheitlichung der Technologien durch offene Standards und Verbesserung der unternehmensweiten Informations- und Kommunikationsinfrastruktur im Rahmen der Errichtung von Intranets. Eine mögliche Ablösung von Intranets in der Modebegriffs-Welt der Unternehmens-IT steht möglicherweise mit dem Portal-Begriff bevor.

Portale sollen auf Basis der Internettechnologie eine weitere Optimierung der Anwendungen durch Integration, Personalisierung und einheitlichen Zugriff bewirken. Die Begriffe und die ihnen zugrundeliegenden Konzepte und Technologien bauen jeweils aufeinander auf. Sie verschwinden nach einem Zeitraum inflationärer Nutzung nicht, sondern werden fachlich indiziert weiterverwendet.

Abbildung 4 zeigt die historische Entwicklung der Begriffswelt im Zusammenhang mit der Häufigkeit der Verwendung, die etwas an den klassischen Produktlebenszyklus erinnert.

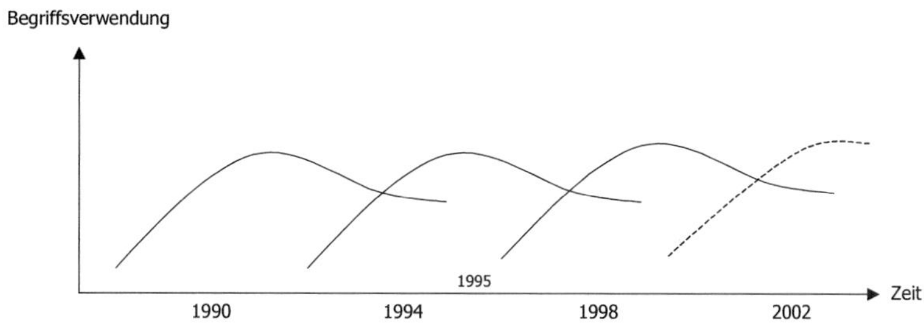

Begriff:	**PC - Netze**	**Client - Server**	**Intranet**	**Portale ?**
Betrachtungs-ebene:	Hardware-Sicht (Vernetzung) -> Möglichkeit der Vernetzung	Software-Sicht (Verteilung) -> Möglichkeit der Aufteilung von Anwendungssystemen auf zentrale und dezentrale Programmteile	Informations-Sicht (Integration und Kostensenkung) -> Möglichkeit der Standardisierung, Plattformunabhängig-keit und multimedialen Informationsdarstellung	Nutzer-Sicht (Optimierung des Zugangs) -> Möglichkeit der Nutzerorientierung und Vereinfachung (Personalisierung, Content-Verwaltung und transparente Nutzung von Anwendungen)

Abbildung 4: Historische Entwicklung betrieblicher DV-Strukturen am Beispiel verwendeter Modebegriffe

Nachfolgend findet eine intensivere Auseinandersetzung mit dem Intranetbegriff statt, um eine Basis für die folgenden Kapitel zu schaffen und eine Abgrenzung zwischen dem Intranet als spezifischem Technologiekonzept und dem Intranet als Modebegriff zu ermöglichen.

In den frühesten bei der Recherche aufgetauchten Veröffentlichungen, wie in der Computerwoche vom 27.10.95 [CW 95] und dem Fortune Magazin vom 27.11.95 [SPROUT 95], tauchte der Begriff Intranet nur in Anführungszeichen im Umfeld einer Beschreibung eines internen Unternehmensnetzes mit Web-Technologien auf. Die Recherchen zeigten weiter, daß in den darauf folgenden Jahren viele Publikationen mit dem Begriff Intranet im Titel erschienen sind, aber dabei oft den Kern des Begriffes, wie in [ECKEL u. a. 97], nur tangierten.

Nach [POTT 98, S. 2] und [SCHWARZE 97, S. 142] reicht es prinzipiell, Rechner mit dem Internetprotokoll TCP/IP zu verbinden, um das Ergebnis als Intranet zu bezeichnen. In [WYNKOOP 97, S. 31] wird dargestellt, daß im Intranet die Daten im Format der Standardanwendungsprogramme verschickt werden. Eine Konvertierung in HTML sei nicht notwendig.

Der Intranet-Begriff wird durch diese Charakterisierung nur sehr unscharf abgegrenzt. Unix-Systeme, die mit TCP/IP kommunizieren und evtl. per FTP Dateien austauschen, gibt es seit 20 Jahren. Auch der Austausch von Dateien im Standardformat der Anwendungen ist keine Innovation, die erst Mitte der neunziger Jahre verfügbar wurde.

Solche Beschreibungen des Begriffes hinterlassen beim Leser den Eindruck, es handele sich bei Intranets tatsächlich um ein Modewort, welches dazu dienen soll, Althergebrachtes eleganter zu benennen.

Die Spezifik eines Intranets liegt im Einsatz von Internettechnologien im Unternehmensnetz. Dabei reicht es nicht aus, das im Internet benutzte Protokoll TCP/IP auch im Firmennetz einzusetzen. Auch die Client-Server-Softwaretechnologie ist eine notwendige, aber nicht hinreichende Bedingung.

Besser abgrenzende Definitionen des Intranets, die neben dem Protokoll TCP/IP auch den Einsatz weiterer Standards und Dienste des Internet, insbesondere des WWW als Eigenschaften angeben, sind in [HÄCKELMANN u. a. 00, S. 21; SEIMERT 98, S. 179; MARTIUS 00, S. 6; HEINRICH u. a. 98, S. 282] enthalten. Dabei wird allerdings in der letzten Quelle fälschlicherweise HTML als Beispiel für ein Protokoll genannt.

In Anlehnung an [KARGL 98, S. 38] soll für die vorliegende Arbeit folgende Definition für ein Intranet gelten:

Das Intranet ist ein unternehmensinterner Verbund von Rechnern, in dem die gleichen Technologien und Funktionen wie im Internet genutzt werden. Für die IT-Infrastruktur bedeutet das den Einsatz von TCP/IP als Netzwerkprotokoll, der Internetdienste als Anwendungsbasis und von Webbrowsern als universelle Benutzeroberfläche.

Nach [STRÄUBIG 00, S. 111] können die wichtigsten Eigenschaften von Intranets folgendermaßen zusammengefaßt werden:

- Ein Intranet basiert technisch auf den gleichen Netzwerkprotokollen und Kommunikationsstandards wie das öffentliche Internet.

- Ein Intranet ist privat, d. h. der Zugriff auf Ressourcen ist auf organisationsinterne Benutzerkreise eingeschränkt.

- Auf der Seite der Anwenderprogramme ersetzt eine Browser-Suite die vormalige Vielfalt proprietärer Benutzerschnittstellen.

- Inhalte und Funktionen eines Intranets können auf die spezifischen Bedürfnisse des Unternehmens abgestimmt werden. Die Bereitstellung erfolgt durch Serverdienste.

Intranets setzen erstmals in der Computergeschichte ein Technologiekonzept um, das sich nicht an proprietären Architekturen, Betriebssystemen oder Kommunikationsprotokollen orientiert. Durch sie wird es möglich, die zu transportierenden oder zu verarbeitenden Daten und deren Vernetzung in den Mittelpunkt der zu realisierenden Anwendungen zu stellen [KYAS 97a, S. 17f.]. Durch Inkompatibilitäten oder fehlende Funktionalität proprietärer Systeme hervorgerufene Zwänge rücken in den Hintergrund.

Aus technischer Sicht ist die Realisierung eines Intranets schon mit der Vernetzung der Computer im Unternehmen und dem internen Einsatz der Web-Technologie vollzogen. Aus organisatorischer Sicht handelt es sich jedoch erst dann um ein Intranet, wenn konsequent die Informations- und Kommunikationsprozesse des Unternehmens auf TCP/IP-Basis in Form von konkreten Anwendungsdiensten umgesetzt werden [vgl. STRÄUBIG 00, S. 109].

Im Folgenden werden die wichtigsten Chancen und Risiken der Einführung von Intranets zusammengestellt. Dazu werden die Merkmalsklassen Kosten, Effizienzeinflüsse, organisatorische Einflüsse, strategische Optionen, Technik, Qualifikation der Mitarbeiter, Innovationspotentiale, Beeinflussung der Unternehmenskultur und Motivation der Mitarbeiter gebildet.

Tabelle 2 stellt die Chancen und Risiken des Intranet-Einsatzes gegenüber:

Ebene	Chancen	Risiken
Kosten	• Hoher Investitionsschutz • Geringe Einstiegskosten • Kostenreduktion durch elektronische Datenarchivierung, Verteilung und Recherche • Kostengünstige Wartung	• Entstehende Kosten durch Inbetriebnahme eines TCP/IP-Netzwerkes • Hohe Onlinekosten durch private Internetnutzung
Effizienz	• Aufbau und Erweiterung von Funktionen und Inhalten schnell und einfach möglich • Kommunikation und Verbreitung von internen Informationen ist sehr effizient möglich • Einfach zu bedienende Benutzeroberfläche • Zeiteinsparungen durch elektronische Absprachen, Konferenzen etc.	• Private, betriebsinterne Kommunikation über das Intranet • Nutzung des Internetzuganges für private Zwecke
Organisation	• Gemeinsame Kommunikationsplattform • Integration von internen und externen (Internet) Informationsquellen	• Gefahr des „Information-Overhead“ • Schulungsmaßnahmen erforderlich
Strategie	• Zukunftssicherheit durch stark zunehmende Unterstützung der Hersteller • Lösung von Abhängigkeiten gegenüber Herstellern	• Unsicherheiten durch Ablösung eingeführter funktionierender Lösungen
Technik	• Gute Skalierbarkeit, • Hohe Robustheit (siehe Internet), • Leichte Integration von Formaten, Anwendungen, Netzen und Plattformen, • Einfache Erstellung von HTML-Seiten durch Editoren • Reduktion von Redundanzen	• Gefahren der Nichtverfügbarkeit von Daten und Anwendungen, • Sicherheitsprobleme/ Manipulation von Daten • Geringe Leistungsfähigkeit von HTML, • Noch wenige Internetapplikationen verfügbar
Innovation	• Förderung neuer Ideen, z. B. durch Diskussionsforen • Neue Anwendungsfelder, z. B. durch Multimedia oder ESS • Hohe Aktualität der Inhalte möglich	• Gefahr der Spionage im Netz
Kultur	• Förderung einer einheitlichen, offenen, kreativen Unternehmenskultur möglich	• Eventuell Ablehnung durch Mitarbeiter oder das Management, vor allem bei technischen Problemen
Qualifikation	• Asynchrone Online-Schulung für Mitarbeiter • Gemeinsame Daten-/ Wissensbasis	• Eventuell höhere Anforderungen an die Qualifikation der Mitarbeiter
Motivation	• Eigenpräsentation der Unternehmensbereiche fördert Identifikation, Teamgeist, Kreativität und Verständnis der Zusammenhänge bei den Mitarbeitern	• Gefahr der Ablenkung von eigentlichen Arbeitsaufgaben

Tabelle 2: Chancen und Risiken des Intranet-Einsatzes [KOSTER 99, S. 120; KAUFFELS 00, S. 430f.; HZ 96; STRÄUBIG 01a, S. 16f.; BLOCK 99, S. 215ff.; MIEZE 97; WINFOLINE 00; HÖLLER u. a. 99, S. 155f.]

Abbildung 5 stellt die Einflußgrößen, Strategien und Konsequenzen des Einsatzes von Intranets und deren gegenseitige Beeinflussung dar.

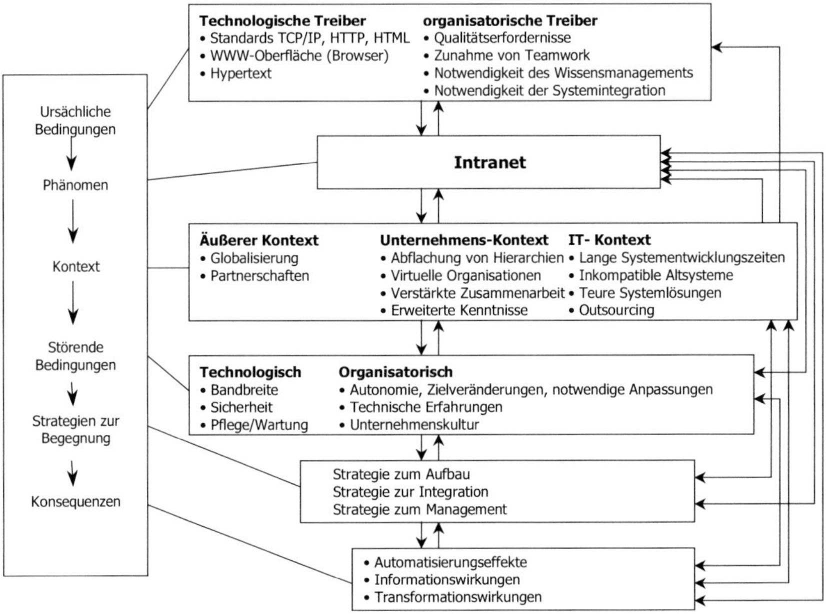

Abbildung: 5: Einflußgrößen und Wechselbeziehungen bei der Einführung von Intranets [nach SCOTT 98, S. 5]

Intranets sind eng in die Organisation eingebunden und bilden dabei eine Basis für innovative Strategien. Sie besitzen mehr als die zuvor verbreiteten eher starren proprietären Systeme starke Wechselbeziehungen zu verschiedenen Ebenen der betrieblichen Struktur und den Geschäftsabläufen.

Der Einsatz von Intranets stellt einen Qualitätssprung in der betrieblichen Informationsverarbeitung dar. Zur Einführung muß ein über den technischen Bereich hinausgehendes Gesamtkonzept für das Unternehmen entwickelt werden. Durch die vielfältigen Interdependenzen sind Intranets einem ständig fortlaufenden evolutionären Prozeß unterworfen.

Eine moderne unternehmensweite IT-Landschaft erschließt stetig weitere Anwendungsfelder und integriert vorhandene Insellösungen. Durch diese Entwicklung entsteht oft eine Architektur einzelner Komponenten, die über technische Maßnahmen verbunden sind [vgl. MERTENS u. a. 00, S. 111].

Intranets eignen sich in besonderem Maße zur Realisierung einer solchen Architektur. Sie ermöglichen die Integration von Netzen und Anwendungen und bilden eine leistungsfähige Plattform für Eigenentwicklungen. Die besondere Stärke besteht also in der Bereitstellung und Integration von an die Unternehmensbedürfnisse angepaßten Komponenten. Anforderungen für diese Anwendungskomponenten werden aus Unternehmensparametern abgeleitet.

Die breite Unterstützung von Internettechnologien durch Anbieter von Hard- und Software führt dazu, daß die Grenzen von Intranets und proprietären Systemen unscharf werden und häufig gemischte IT-Landschaften fortbestehen. Diese Vermischung ist teilweise historisch begründet (z. B. bei der Einbindung von Großrechnern) oder hat ihre Ursachen in der fehlenden Verfügbarkeit leistungsfähiger Intranetlösungen (z. B. bei Groupware).

Abbildung 6 skizziert eine typische Struktur eines Unternehmensnetzwerkes auf Basis von Internettechnologien. Sie enthält Einbindungen von Anwendungen, Datenbanken, verschiedenen Serverdiensten, Möglichkeiten zur Nutzung des Internets und Extranets sowie die Anbindung von Mainframeressourcen.

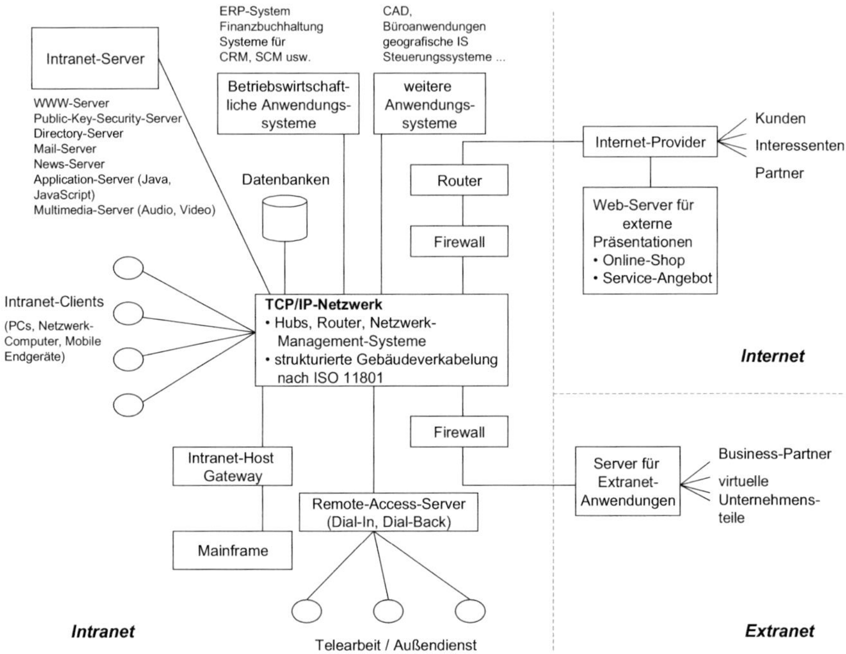

Abbildung 6: Typische Struktur eines Unternehmensnetzwerkes auf Basis von Internettechnologien [in Anlehnung an KYAS 97a, S. 48]

2.3 Intranets in kleinen und mittelständischen Unternehmen (KMU)

2.3.1 Besonderheiten von KMU aus DV-Sicht

Nach [IFM 93] kann die Grenze von KMU zu Großunternehmen bei einer Mitarbeiterzahl von 500 Beschäftigten und 50 Millionen Euro Jahresumsatz gezogen werden.

Diese rein nach quantitativen Merkmalen durchgeführte Zuordnung birgt jedoch Fehlerquellen. Zum einen unterliegt insbesondere der Umsatz konjunkturellen Schwankungen, zum anderen haben einige Branchen sehr unterschiedliche Umsätze bei gleicher Wertschöpfung (z. B. Tankstellen gegenüber Reinigungsfirmen) und werden so leicht der falschen Unternehmensgröße zugeordnet [vgl. PFOHL 97, S. 11].

Aus diesen Gründen und als Basis zur Betrachtung der besonderen Eigenschaften von KMU müssen zusätzlich qualitative Merkmale definiert werden [DASCHMANN 94; PFOHL 97, S. 19ff.]. Nach [HAMER 97] können dazu die folgenden Eigenschaften zur weiteren Abgrenzung kleiner und mittelständischer Unternehmen dienen:

- eng beschränkte Ressourcen
- inhaberbezogene Geschäftsführung
- Wunsch nach unternehmerischer Unabhängigkeit
- personengebundenes und schwer austauschbares Führungspotential
- kurze überschaubare Informationswege
- geringe Bedeutung strategischer Planung

Bei stärkerer Fokussierung auf die DV-Sicht können die folgenden spezifischen Merkmale für KMU zusammengetragen werden:

a) Vor allem in vielen kleineren Unternehmen existiert nur eine rudimentäre IuK-Infrastruktur [REICHWALD u. a. 99, S. 332; PAPENFUß 98, S. 3, 15], die oft nur mit relativ hohem Aufwand auszubauen oder zu erneuern ist. Hier spielt auch die zuvor genannte geringe Bedeutung strategischer Planung, z. B. beim Vernetzungskonzept oder der PC-Verfügbarkeit an den Arbeitsplätzen, eine Rolle.

b) KMU besitzen meist nur eine kleine DV-Abteilung mit durchschnittlich 3-5 Mitarbeitern, die das gesamte Spektrum der notwendigen Entscheidungen und Arbeiten von der Beschaffung, Installation und Wartung von Hardware, Software und Netzwerken bis hin zur Programmierung und Pflege von Individualsoftware abzudecken haben [UHINK 98, S. 33].

c) KMU sind besonders kostenbewußt und können nicht wie Großunternehmen von Größendegressionen bei Softwarelizenzen, Beratungsleistungen oder Hardwarebeschaffungen profitieren. Weiterhin können eigene Mitarbeiter wegen Unabkömmlichkeit (aufgrund der geringeren Personalstärke) oder fehlender Kenntnisse und Erfahrungen in Projektteams oft nicht mitwirken. Dies gilt für alle Phasen vom Fachkonzept bis zur Implementierung und Wartung sowohl bei Individualsoftware als auch bei Standardsoftware wie SAP R/3 [UHINK 98, S. 33; BAHLE 99]. Der daraus folgende höhere Bedarf an Dienstleistungen erhöht die Gefahr nicht abzuschätzender Kosten.

d) Mitarbeiter mit Know-how zum Aufbau professioneller Lösungen, wie Datenbankspezialisten, Systemprogrammierer, CAD-Experten und Webdesigner, stehen nicht oder nur für einzelne Bereiche zur Verfügung [UHINK 98, S. 33; METWERDT 98, S. 17].

e) Durch die inhaberbezogene Geschäftsführung gibt es klare Vorstellungen zum Unternehmensziel und einfache Entscheidungsmechanismen [NOWACK 98, S. 83; METWERDT 98, S. 17]. Die Einstellung des Inhabers zu DV-Projekten hat durch die in diesem Sektor üblichen Unternehmensformen und die überschaubare Größe bei KMU einen wesentlich höheren Einfluß als bei großen Unternehmen.

f) Infolge der begrenzten Erfahrungen, fehlenden Know-hows und beschränkter Mitarbeiterkapazität besteht die Gefahr der unkritischen Akzeptanz von Darstellungen der Softwareanbieter zu ihren Produkten, ohne eigene Nachprüfungen durchführen zu können oder Referenzen anzufordern. Dies betrifft insbesondere die Frage zu erwartender Kosten [vgl. SPITTA u. a. 99, S. 509f.].

g) KMU haben kaum Möglichkeiten, umfangreiche Planungen und Pilotversuche bei der Einführung neuer IuK-Systeme durchzuführen, da sie wenig Ressourcen für experimentelle Studien besitzen. Statt dessen ist ein höherer Anteil an Improvisation zu erkennen [GRONAU 97, S. E12f.].

Trotz geringer personeller Eigenressourcen sollten KMU die Mitwirkung bei Projekten sichern (z. B. Ausnutzung saisonaler Schwankungen oder Einsatz von Aushilfen am eigentlichen Arbeitsplatz), um die Unternehmensziele besser einzubringen und wichtiges Eigenwissen aufzubauen. Bei Entscheidungen bezüglich des Einsatzes von Anwendungen und Technologien muß darauf geachtet werden, daß der notwendige Wartungsaufwand minimiert wird, um die Basis für eine langfristige Erfolgssicherung zu legen.

2.3.2 Eignung von Intranets für KMU

Zu den wichtigsten Gründen für die Verbreitung von TCP/IP-Netzen gehört weniger die technische Überlegenheit als vielmehr die preisgünstige Verfügbarkeit auf allen Plattformen und die breite Anwendungspalette der Protokollfamilie [KAUFFELS 00, S. 261], die sich gegenüber den sonst nahezu immer proprietären Netzwerkalternativen durch einige sehr attraktive Eigenschaften darstellt, wie Tabelle 3 verdeutlicht.

	Traditionelles Netzwerk	Netzwerk auf Basis von Internet-Protokollen
Benutzerfreundlichkeit	Gering	Hoch
Entwicklungs- und Implementierungskosten	Hoch	Niedrig
Wartungskosten	Mittel bis hoch	Mittel
Skalierbarkeit	Beschränkt	Hoch
Interoperabilität	Schwierig	Einfach

Tabelle 3: Vorteile von Netzwerken auf Basis von Internet-Protokollen [GREER 97, S. 13]

Die offenen Standards der Internet-Protokolle und die Vielzahl verfügbarer Tools ermöglichen neben den Vorteilen der hohen Benutzerfreundlichkeit (Web-Oberfläche) und der hohen Skalierbarkeit (einfache Erweiterung, Verteilung) eine einfache Realisierung des Zusammenspiels mit anderen Netzen und Anwendungen auf verschiedenen Ebenen.

Es kann an dieser Stelle keine pauschale Antwort gegeben werden, ob der Einsatz von Intranets in allen KMU ökonomisch sinnvoll ist. Aufgrund der spezifischen Eigenschaften von Intranets und den im Kapitel 2.3.1 getroffenen Aussagen kann jedoch festgestellt werden, daß Intranets den Gegebenheiten kleiner und mittlerer Unternehmen entgegenkommen.

Tabelle 4 beschreibt, wie die in Abschnitt 2.3.1 ermittelten DV-spezifischen Eigenschaften von KMU beim Einsatz von Intranets zu bewerten sind.

Punkt	DV-bezogene Eigenschaft von KMU	Bewertung bezüglich Intranets
a	**Rudimentäre IuK-Infrastruktur**	Intranets stellen nur geringe Anforderungen an Netzwerke, Server und Clients, die heute von allen Standardprodukten erfüllt werden.
b	**Kleine DV-Abteilung**	Intranets stellen bereits in der ersten Ausbaustufe eine Reihe von Basisdiensten bereit, die mit geringem Aufwand genutzt werden können.
c	**Geringes DV-Budget/ knappe Mitarbeiter-ressourcen**	Intranets erfordern relativ geringe Ressourcen zum Aufbau und zur Wartung. Die einfache Vernetzung von Büros ohne feste Verkabelung ist bereits mit dreistelligen Euro-Beträgen und geringem Arbeitsaufwand realisierbar.
d	**Wenig Spezialkenntnisse bei den eigenen DV-Mitarbeitern**	Erst in höheren Ausbaustufen werden für Intranets Spezialkenntnisse benötigt. Einfache Intranets lassen sich kurzfristig durch erfahrene DV-Mitarbeiter realisieren.
e	**Inhaberbezogene Geschäftsführung**	Die Überzeugung des Inhabers wird durch positive Erfahrungen nach Realisierung einer mit nur geringen Kosten verbundenen niedrigen Ausbaustufe erleichtert, die dann die Basis für Erweiterungen bildet.
f	**Begrenzte Möglichkeiten zur eigenen Evaluierung von DV-Produkten oder DV-Leistungen**	Intranets niedriger Ausbaustufe können ohne kostenpflichtige Software realisiert werden. Spezielle Intranetprodukte können als Einzelplatzversion kostenfrei im eigenen Intranet evaluiert werden.
g	**Wenig strategische Planung/ häufige Improvisation**	Intranets eignen sich durch ihre offene komponentenorientierte Struktur in besonderem Maß zur Improvisation. Veränderungen lassen sich mit geringem Aufwand realisieren.

Tabelle 4: Bewertung der Eignung von Intranets für KMU

Tabelle 4 zeigt, daß Intranets insbesondere durch ihre Skalierbarkeit und Flexibilität sowie die geringen Kosten sogar im besonderen Maß für den Einsatz in KMU geeignet sind. Sie ermöglichen es auch kleinen Unternehmen und solchen, die für die Wertschöpfung nicht primär auf Netzwerke (wie das bei IT-Systemhäusern, Unternehmensberatungen oder E-Commerce-Anbietern der Fall ist) angewiesen sind, die Vorteile netzwerkbasierter Anwendungen (wie E-Mail, computergestützte Gruppenarbeit oder interne Informationssysteme) zu nutzen.

Unter Berücksichtigung der in Abschnitt 2.3.1 genannten Merkmalen können als Ziel für KMU pragmatische Lösungen im Sinne eines Kompromisses aus Funktionalität und Aufwand bei gleichzeitiger Minimierung von Programmierung und Wartung abgeleitet werden. Eingesetzte Systeme sollten sich leicht in die vorhandene Hard- und Softwarearchitektur einbinden lassen und sich weitestgehend an verbreiteten Standards orientieren, um beim Aufbau und Betrieb keine Probleme durch fehlende Spezialisten zu bekommen.

Intranets bieten für diese Anforderungen die notwendigen Lösungen. Sie sind leicht aufzubauen, anzupassen und skalierbar. Die einfach zu bedienende Benutzeroberfläche ermöglicht eine Einführung ohne gesonderte Schulung der Mitarbeiter und eröffnet Einsatzfelder für Nebentätigkeiten wie das Abrufen aktueller Unternehmensinformationen, welche mit höherem Einarbeitungsaufwand nicht realisiert werden könnten. Weitere Vorteile liegen in der leichten Implementierung von Anwendungen, der einfachen Administration und den Möglichkeiten der direkten Einbindung von Dokumenten.

Durch den extremen Preisverfall bei Hard- und Software und die nochmalige Verstärkung dieses Faktors durch die Möglichkeit der freien Produktwahl aufgrund des Einsatzes offener Standards bei Intranets haben auch Unternehmen mit geringem Budget die Möglichkeit, moderne IuK-Technologien einzusetzen. In diesem Zusammenhang besteht erstmals die Möglichkeit für KMU, über das Internet weltweite Präsenz und Kommunikation über Datennetze anzubieten.

2.4 Technologien und Standards zur Realisierung von Intranets

Nachfolgend werden wichtige in diesem Abschnitt verwendete Begriffe definiert und gegen teilweise abweichende Interpretationen in anderen Veröffentlichungen abgegrenzt.

Ein Protokoll beinhaltet sämtliche Vereinbarungen und Regeln die auf der jeweils betrachteten Netzebene zur Kommunikation zwischen Partnern (z. B. Netzwerkkomponenten, Arbeitsplatzrechner, Anwendungen oder Kommunikations-Subsysteme) beachtet werden müssen [vgl. HEINRICH u. a. 98, S. 432].

Unter einer Technologie werden in dieser Arbeit technische Methoden (Handlungsanweisungen) und Verfahren (Abfolge einzelner Prozesse) verstanden, die mit Technik (technische Objekte, wie z. B. Hardwarekomponenten) umgesetzt werden. Der Technologiebegriff ist daher umfassender als der der Technik [vgl. SEIFERT 00, S. 3f.; HEINRICH u. a. 98, S. 524f.].

Standards bilden ein allgemein akzeptiertes Niveau, welches als vorbildlich oder mustergültig angesehen und an dem das Handeln ausgerichtet wird. Sie werden von einzelnen Firmen mit starker Marktposition oder lockeren Zusammenschlüssen von Institutionen und Firmen (z. B. Konsortien) festgelegt und publiziert bzw. ergeben sich aufgrund ihrer hohen Verbreitung. Im Rahmen dieser Arbeit werden auch Normen, welche im Gegensatz zu Standards von staatlich anerkannten Gremien entwickelt wurden, unter dem Begriff Standard subsumiert [STEIN 01, S. 458f.; HEINRICH u. a. 98, S. 499]. Der folgende Abschnitt 2.4.1 enthält eine weiterführende Diskussion des Standardbegriffs, die Beschreibung verantwortlicher Organisationen sowie Verfahren zur Standardisierung.

Als Systemsoftware werden im Rahmen dieser Arbeit Dienste und Programme verstanden, die anwendungsneutral die Grundfunktionen für Systeme bereitstellen. Die zentralen Dienste als Gesamtheit werden als Betriebssystem bezeichnet [vgl. HANSEN u. a. 01, S. 150f.]. Die Auswahl der Systemsoftware besitzt eine besondere Bedeutung für Intranets, weil sie neben den einsetzbaren Anwendungen die zur Verfügung stehenden Entwicklungsumgebungen und Komponenten zur Bereitstellung von Diensten, wie WWW oder FTP bestimmt.

2.4.1 Standardisierung von Internet/Intranet-Technologien

Ihre hohe Akzeptanz verdanken Internettechnologien vor allem der weitgehenden Standardisierung. Dieser Abschnitt beschreibt die verschiedenen Standardisierungsformen und -wege für diesen Bereich.

Standards sind notwendig, um eine reibungslose Kooperation voneinander unabhängiger Systeme zu ermöglichen. Die Trennlinie zwischen diesen Systemen wird als Schnittstelle bezeichnet [vgl. ECKARDT u. a. 98, S. 59f.]. Nach [ISO 01] sind Standards schriftlich festgehaltene Abkommen, welche technische Spezifikationen oder andere präzise Festlegungen zu Regeln, Richtlinien oder definierten Eigenschaften enthalten, um die beabsichtigte Funktionalität von Materialien, Produkten, Prozessen und Diensten sicherzustellen. Die schriftliche Festlegung eines Standards kann durch den Staat, durch eine Organisation oder durch Unternehmen erfolgen.

Standards können unterschieden werden nach dem eigentumsrechtlichen Schutz und der Offenheit des Zugangs. Tabelle 5 ordnet den möglichen Ausprägungen entsprechende Beispiele zu.

	Beschränkter Zugang	Offener Zugang
Eigentumsrechtlich geschützt	*geschlossener Herstellerstandard, proprietärer Standard* z. B. AS400, SNA, Nintendo, AppleTalk, SAPGUI, SAA	*offener Herstellerstandard* z. B. PDF, Postscript, Java
Öffentlich	*nicht möglich*	*offener Standard* z. B. SGML, OSI Modell

Tabelle 5: Klassifizierung von Standards bezüglich Offenheit [nach NAPPENBACH 98]

Die Grenzen bezüglich der Offenheit sind unscharf, da teilweise nicht alle Spezifikationen veröffentlicht werden oder die Nutzung mit bestimmten Bedingungen verknüpft wird. Nach [PAYER 01] sollten offene Systeme mindestens die folgenden Voraussetzungen erfüllen:

- offene Publikation: d. h. kostenfreier Zugang zu den Normen
- offenes Eigentum: keine Lizenzgebühren oder dergleichen
- offene Entwicklung: d. h. die Entwicklung soll nicht irgendwelchen exklusiven Gruppen vorbehalten sein

Aufgrund der schweren Abgrenzung der Offenheit soll die in Tabelle 5 vorgenommene Einteilung nur zur Grobklassifizierung dienen.

Wird zum beschriebenen Merkmal Offenheit als weitere Dimension die Verbreitung hinzugezogen, entsteht ein Portfolio mit vier Quadranten, die wie folgt beschrieben werden können [NAPPENBACH 98]:

- Bei hoher Verbreitung und geringer Offenheit entsteht für die standardisierende Firma ein Monopol, welches hohe Erträge in Aussicht stellt.

- Die etablierten offenen Standards erzeugen eine hohe Kundenakzeptanz und fördern den Wettbewerb bei den Anbietern.

- Der dritte Quadrant umfaßt sogenannte Insel- oder Nischenlösungen mit geringer Offenheit für begrenzte Marktsegmente.

- Offene Standards mit geringer Verbreitung enthalten Technologien, die sich nicht etablieren konnten, ähnlich der „Weltsprache“ Esperanto, die zwar als Standard vorgesehen war, für die sich aber verschwindend wenige interessieren. Ein bekanntes Beispiel dieses

Bereiches ist der Versuch der Etablierung des D2-MAC-Standards als Nachfolger des westeuropäischen PAL-Farbfernsehstandards [vgl. KLUßMANN 97, S. 103].

Abbildung 7 zeigt die Standardausprägungen in den Dimensionen Offenheit und Verbreitung. Technologien des Internet/Intranet sind schwerpunktmäßig bei den offenen Standards anzusiedeln. Im Grenzbereich zwischen Monopol und offenem Standard können im Bereich hoher Verbreitung halboffene bzw. offene Firmenstandards angesiedelt werden. Diese spielen durch die Kommerzialisierung des Internets und das infolge der steigenden Verbreitung von Intranets verursachte hohe Interesse kommerzieller Anbieter für diesen Bereich eine zunehmende Rolle.

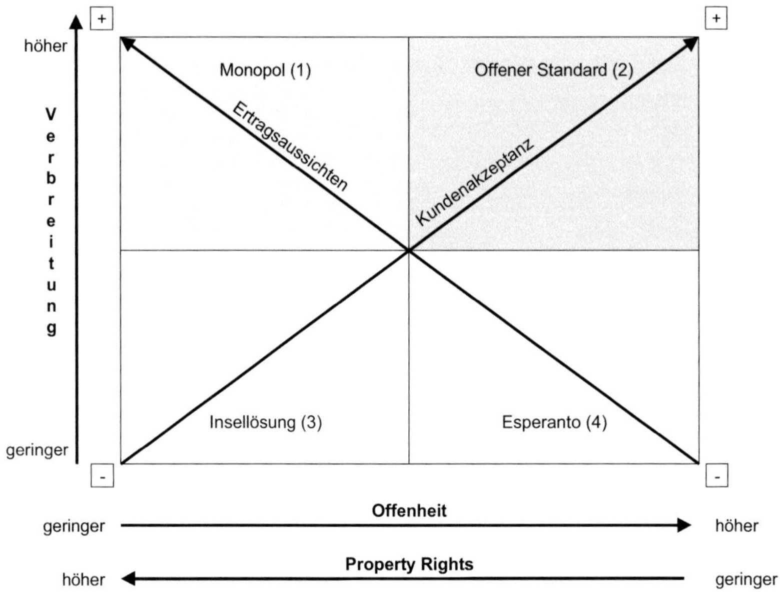

Abbildung 7: Formen der Verbreitung und Offenheit von Standards [NAPPENBACH 98]

Standardisierungen und Empfehlungen müssen national und international koordiniert werden. In Tabelle 6 werden dazu einige wichtige Organisationen genannt.

	Organisationen		
	National	**Europäisch**	**Weltweit**
Standardisierung	DIN, DKE, ANSI, BSI	CEN, ETSI	ISO, IEC
Entwicklung von Empfehlungen	VDE, FTZ, BZT	CEPT	ITU

Tabelle 6: Wichtige Organisationen für Standards und Empfehlungen [HÄCKELMANN u. a. 00, S. 49]

Die Herausbildung eines Standards stellt nach [KLEINALTENKAMP 97, S. 6f.] das Ergebnis eines Prozesses dar, an dessen Ende die vereinbarten Merkmale durch die Anbieter- und Nachfragerseite anerkannt werden.

Grundsätzlich können folgende Arten von Standards unterschieden werden:

- De-jure-Standards werden im deutschsprachigen Raum als Normen bezeichnet. Sie werden in der Regel bereits vor der Markteinführung von einer entsprechenden Instanz definiert. Dieser eher bürokratische Weg der Standardisierung ist zum Beispiel in der EU häufig anzutreffen [HÄCKELMANN u. a. 00, S. 43; NAPPENBACH 98].

- Hersteller-Standards sind interne Vereinheitlichungen großer Unternehmen. Häufig werden diese Standards durch eine dominierende Marktposition auch außerhalb des Unternehmens akzeptiert [HÄCKELMANN u. a. 00, S. 44].

- Industrie-Standards besitzen eine größere Reichweite als Herstellerstandards und werden oft durch Organisationen verabschiedet, in denen Hersteller und Anwender zusammenarbeiten. Als Beispiele können die Open Management Group (OMG) oder die Open-Software-Foundation (OSF) genannt werden [HÄCKELMANN u. a. 00, S. 44].

- De-facto-Standards entstehen, wenn bestimmte, oft herstellerspezifische Standards ohne Mitwirkung eines Standardisierungsgremiums am Markt eine so hohe Verbreitung erlangen, daß für andere Hersteller die Nichtunterstützung einen Wettbewerbsnachteil bedeuten würde. Diese Standards werden anschließend von Normungsgremien übernommen [PAYER 01; NAPPENBACH 98; TANENBAUM 00, S. 839].

Die genannten Arten von Standards werden in der Literatur teilweise widersprüchlich definiert. Auch die Einordnung der Internet-Protokolle wird unterschiedlich vorgenommen. So ordnen [PAYER 01] diese als De-facto-Standards und [HÄCKELMANN u. a. 00, S. 44] als Industrie-Standards ein.

Der Standardisierungsprozeß für Internettechnologien unterscheidet sich stark von dem traditionellen Weg der internationalen Standardisierung. Die Lösung kurzfristiger technischer Fragen und Vorschläge für die Standardisierung der für Internet und Intranet relevanten Protokolle und Architekturen wird durch die Internet Engineering Task Force (IETF) erarbeitet. Die Internet Research Task Force (IRTF) erforscht und entwickelt über langfristige Forschungsprojekte Technologien für das Internet. Diese Projekte bilden Unterabteilungen des Internet Architecture Board (IAB), welches als Beratungsgremium für die Internet Society arbeitet [vgl. BOGNAR 98, S. 3; WZIONTEK 00; TANENBAUM 00, S. 90].

Abbildung 8 verdeutlicht die unterschiedlichen Abläufe der Standardisierung im Internet und auf traditionellem Weg.

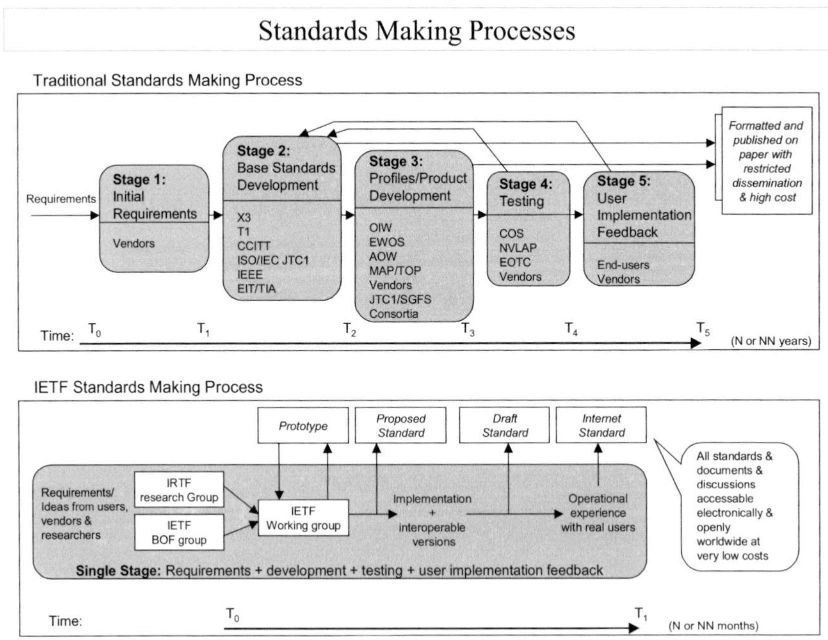

Abbildung 8: Standardisierung - Vergleich der Vorgehensweisen [ISOC 01]

Der traditionelle Prozeß der Standardisierung ist geprägt durch zeit- und kostenaufwendige Abläufe auf verschiedenen Ebenen unter Mitwirkung unterschiedlicher Institutionen, Unternehmen und Regierungsstellen [vgl. TANENBAUM 00, S. 89].

Im Gegensatz zum traditionellen Weg der Standardisierung, insbesondere der ISO/ITU-Kultur, bei welcher auf einem langwierigen Weg erst spezifiziert und dann implementiert wird, entwickelt sich das Internet aus sich selbst heraus über eine weltweite öffentliche Diskussion weiter [vgl. PETERSON u. a. 00, S. 39f.; GRÖTSCHEL u. a. 96]. Dazu werden Spezifikationen, Vorschläge, Ideen, Richtlinien und Standards als sogenannte Requests for Comments (RFC) veröffentlicht. Diese werden chronologisch fortlaufend numeriert und ersetzen aufgrund neuer Spezifikationen teilweise ältere RFC´s. Jeder Interessierte kann bei einem sogenannten RFC-Editor einen eigenen RFC einreichen. Der Verfasser eines RFC ist angehalten, bestimmte Vorschriften bei der Einsendung zu beachten, diese sind im RFC 1543 festgelegt [vgl. BOGNAR 98, S. 9; ALPAR 96, S. 39f.; TANENBAUM 00, S. 91].

Der Weg der Internet-Standardisierung beginnt mit einem als RFC veröffentlichten Standardisierungsvorschlag. Ist die Beschreibung vollständig, wird der Status Proposed Standard vergeben. Besteht genügend Interesse in der Internetgemeinde und wurden zwei erfolgreiche Implementierungen nachgewiesen, avanciert der Standardvorschlag zum Standardentwurf (Draft Standard). Ist der IAB von der Reife der Technologie überzeugt, kann er den RFC als Internetstandard ausrufen [TANENBAUM 00, S. 91].

Der Prozeß der Standardisierung im Internet findet unter offener elektronischer Bereitstellung aller Inhalte auf Basis eines formellen Standardisierungsmusters statt.

Dieser in Abbildung 9 dargestellte Ablauf ist effizienter und kostengünstiger als der Standardisierungsprozeß auf traditionellem Weg.

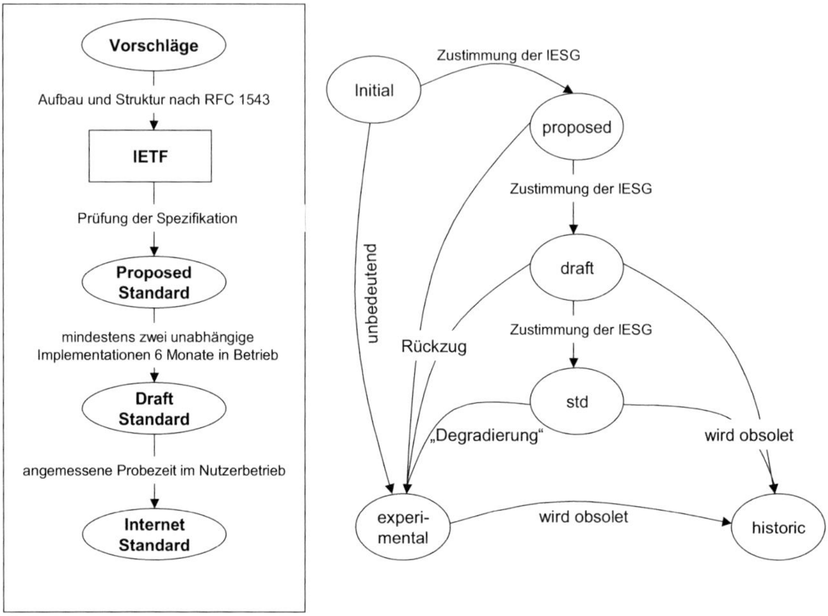

Abbildung 9: Standardisierungsprozeß für Internetstandards [ALPAR 96, S. 40; PLATTNER u. a. 00, S. 10]

Die detaillierte Beschreibung des Standardisierungsprozesses im Internet und der Herangehensweise bei der Nutzung von externen Standards ist im RFC 2026 enthalten [RFC 02].

Ein Überblick über die offiziellen Internet-Protokollstandards wird regelmäßig ebenfalls als RFC veröffentlicht. Die aktuelle Version (Stand: Mai 2002) ist der RFC 3000. Neben der Internet Engineering Task Force (IETF), die für alle RFC´s und fast alle Internet-Protokolle zuständig ist, gibt es weitere Gremien für die Standardisierung von Internet/Intranet–Technologien. Dazu zählen das World Wide Web Consortium (W3C), welches für die Standardisierung der Dokumentenbeschreibungssprache HTML und des Transportprotokolls HTTP verantwortlich ist, und die Open Management Group (OMG), welche sich mit der Spezifikation des Internet Inter-ORB–Protokolls (IIOP) beschäftigt.

Neben den Standards, die direkt durch Organisationen des Internets definiert werden, existieren weitere für Intranets relevante Standards (lt. RFC 2026 als externe Standards bezeichnet), die durch andere Organisationen zertifiziert werden [vgl. TANENBAUM 00, S. 88f.; PAYER 01; LOSHIN 99]:

- Die International Standardization Organisation (ISO) bildet einen Dachverband für nationale Normungsinstitute, wie das Deutsche Institut für Normung (DIN) oder das American National Standards Institute (ANSI) und erhebt teilweise Standards seiner Mitglieder zu internationalen Standards. Durch die ISO wurde beispielsweise das Open Systems Interconnection (OSI)-Modell normiert.

- Das American National Standards Institute (ANSI) bezeichnet trotz des Namens eine private gemeinnützige Organisation verschiedener Hersteller, Telekommunikationsbetreiber und –anbieter und weiterer Interessengruppen. ANSI-Normen sind beispielsweise der American Standard Code für Information Interchange (ASCII) und die Datenbankabfragesprache Structured Query Language (SQL).

- Das Institute of Electrical and Electronic Engineers (IEEE) übernimmt als größter Fachverband der Welt die Normung in vielen Bereichen der Computer- und Kommunikationstechnik. So dient z. B. die LAN-Spezifikation 802.x als Grundlage für die ISO-Norm 8802.

- Die International Telecommunications Union ITU teilt sich in die Sektoren ITU-R für Radiokommunikation, ITU-T für die Telekommunikation und ITU-D für technische Entwicklungen. Die ITU-T ist seit 1993 Nachfolger des Comité Consultativ International Télegraphique et Télephonique (CCITT). Sie veröffentlicht Empfehlungen für dienstintegrierende Netze (I.xx), Datenkommunikation über Telefonnetze (V.xx, z.B: V.24) und öffentliche Datenkommunikationsnetze (X.xx, z. B. X.25).

- Das ATM-Forum bezeichnet ein Konsortium, welches sich mit der Standardisierung der ATM-Technologie (Asynchronous Transfer Mode) befaßt.

Mit der Kommerzialisierung des Internets und noch mehr mit der zunehmenden Verbreitung von Intranets in Unternehmen stieg das Interesse bei den Anbietern von Software und Dienstleistungen, an den neuen Einsatzfeldern Marktanteile zu sichern. Dies wurde insbesondere dadurch verstärkt, daß zuvor sicher geglaubte Märkte durch den Einsatz der neuen preiswerten nicht proprietären Technologien weggebrochen sind.

Vor allem von Microsoft, aber auch von Firmen wie Netscape und Lotus, wird versucht, das von Open-Source-Programmen und offenen Standards geprägte Internet und Intranet durch eigene Firmenstandards (z. B. mit ActiveX) oder Erweiterung der verbreiteten Standards wie HTML mit eigenen Features zum eigenen Vorteil zu beeinflussen. Dadurch entsteht zum Teil ein starkes Vordringen von Firmenstandards in zuvor durch Internetstandards geprägte Bereiche.

Diese Entwicklung ist jedoch nicht nur negativ zu bewerten, sondern ist auch als Ausdruck einer revolutionären Neuausrichtung der gesamten IT-Welt auf den flexiblen Einsatz zueinander kompatibler Technologieoptionen zu sehen. Auch wenn keine allgemein gültigen Aussagen getroffen werden können, so kann doch festgestellt werden, daß Internettechnologien und offene Standards in der Leistungsfähigkeit, z. B. in der Kombination der Komponenten **L**inux (als Betriebssystem), **A**pache (als Webserver), **M**ySQL (als Datenbank) und **P**HP (als Programmiersprache für die Anbindung) kommerziellen Produkten gleichwertig sind (vgl. Abschnitt 3.4).

Der Vorteil kommerzieller Lösungen liegt dagegen oft im Vorhandensein fertiger Lösungen (z. B. Groupware: Lotus Notes) oder in der besseren Abstimmung der einzelnen Produkte (wie z. B. bei Microsoft). Gerade diese beiden Eigenschaften können für KMU einen Vorteil bedeuten, weil speziell in diesem Sektor aufgrund fehlender personeller und finanzieller Ressourcen fertige Lösungen gefragt sind.

Zusammenfassend kann festgestellt werden, daß die Bereitstellung der wichtigsten Internettechnologien als offene Standards der Schlüssel zur hohen Akzeptanz als Netzwerktechnologie ist. Durch die Begrenzung der Möglichkeiten zur Einflußnahme einzelner Unternehmen auf die im Internet/Intranet eingesetzten Standards hat sich ein Prozeß des zunehmenden Wettbewerbs der Lösungsanbieter zugunsten der nachfragenden Unternehmen gebildet.

Der für Internettechnologien übliche Prozeß der Standardisierung über RFCs unterscheidet sich vom traditionellen Weg der Standardisierung durch eine schnellere Abwicklung sowie eine höhere Transparenz und Offenheit. Diese Struktur bildet eine Absicherung gegen die

Vereinnahmung von Basistechnologien des Internets durch einzelne Unternehmen.

Neben den zahlreichen über RFCs standardisierten Technologien spielen für spezielle Anwendungsbereiche offene Firmenstandards eine zunehmende Rolle im Internet/Intranet. Im folgenden Abschnitt werden wichtige und für die kommenden Kapitel relevante Technologien mit großer Verbreitung im Internet/Intranet bewertet und den für die Standardisierung verantwortlichen Normungsgremien bzw. Firmen zugeordnet.

2.4.2 Überblick über relevante Technologien

Das Ziel dieses Abschnittes ist es, einen Überblick über die wichtigsten für Intranets relevanten Technologien zu geben, ohne auf die Funktionsweise jeder Technologie detailliert einzugehen. Statt dessen werden spezifische Eigenschaften dieser Standards in Tabellenform dargestellt. Die Darstellungen haben das Ziel, das Verständnis von Intranets als komplexes Technologiekonzept zu fördern und dem Leser eine Basis zur Einordnung und Bewertung der einzelnen Technologien bereitzustellen. Sie bilden weiterhin die Grundlage für vertiefende Betrachtungen in späteren Abschnitten dieser Arbeit.

Zur leichteren Klassifikation von Technologien zum Aufbau von Intranets und zur Implementierung von Anwendungen bietet sich eine Unterteilung in nachfolgende drei Schichten an:

a) Hardware und transportorientierte Protokolle

Diese Ebene beschreibt die Basis-Infrastruktur zum Aufbau von Unternehmensnetzen. Zu ihr zählen die einzusetzende Hardware, die transportorientierten Protokolle und weitere Technologien zur Einbettung von Systemen.

b) Software und anwendungsorientierte Protokolle

Die zweite Ebene nutzt die Funktionen der ersten Schicht und ergänzt diese um anwendungsorientierte Protokolle, Systemsoftware und Anwendungssysteme.

c) Oberfläche

Die dritte Ebene bildet die Schnittstelle zum Anwender. In ihr werden der Einsatz von Clientkomponenten, insbesondere von Browsern, sowie die Organisation und Realisierung von Oberflächen und Zugangsmechanismen betrachtet.

Das vorgestellte Modell, welches nachfolgend als 3-Schichten-Modell bezeichnet wird, soll an verschiedenen Stellen der Arbeit angewendet werden, um eine leichtere Einordnung der betrachteten Standards, Technologien und Systeme zu ermöglichen.

Abbildung 10 zeigt mögliche Kategorien von für Intranets relevanten Technologien im Kontext zum 3-Schichten-Modell. Sie bilden die Grundlage für die Strukturierung der in diesem Abschnitt vorgestellten Standards.

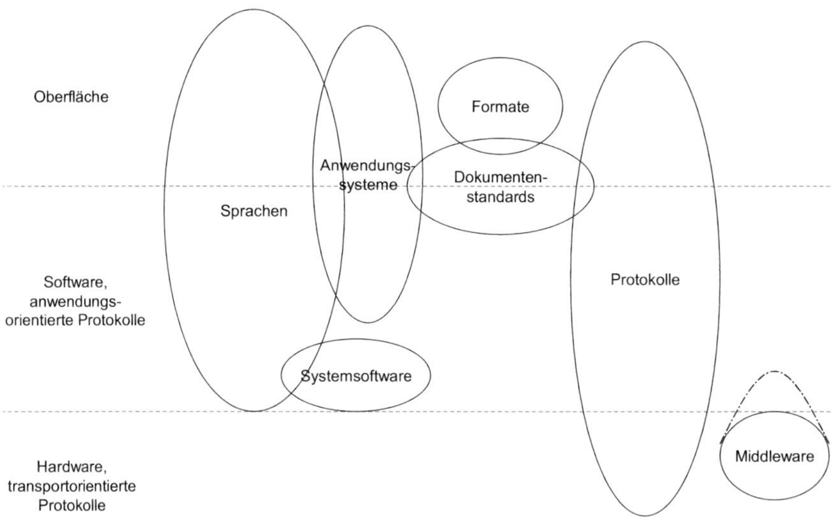

Abbildung 10: Kategorien von Intranet-relevanten Technologien

Für eine vergleichende Betrachtung der Eignung als Basistechnologie für den Aufbau und Betrieb von Intranets eignen sich an dieser Stelle nur die durch Standards geprägten Kategorien der Sprachen, Formate, Protokolle und Middleware. Sie stellen die Basisfunktionen für die Verarbeitung (Programmier- und Abfragesprachen), Kommunikation (Protokolle,

Middleware) und die Darstellung/Speicherung (Formate, Dokumentenstandards) im Intranet bereit.

Systemsoftware und Anwendungssysteme nutzen die bereitgestellten Funktionen der zuvor genannten Kategorien. Vergleichende Darstellungen zu den Eigenschaften sind insbesondere bei Anwendungssystemen schwer auf allgemeinem Niveau zu realisieren, da das Einsatzfeld eine besondere Rolle spielt. Aus diesem Grund wird dieser Bereich vorrangig in Kapitel 4 betrachtet.

Die folgenden Teilabschnitte beinhalten Übersichten zur Standardisierung und zu wichtigen Eigenschaften von Technologien in den Kategorien:

- Protokolle (Transport-, Anwendungs- und Protokollerweiterungen) und Vernetzung
- Formate (diskrete und kontinuierliche) und Standards zur Beschreibung von Dokumenten
- Technologien zur Programmierung und Anwendungsintegration
- Middleware
- Systemsoftware

Weitere Kategorien, z. B. zur Dateikomprimierung (ZIP, ARJ, TAR) oder für Funktionserweiterungen bei Browsern (Plug-Ins) und Webservern (Server-API, CGI), sind für den behandelten Themenkreis nicht relevant bzw. werden in späteren Kapiteln im Kontext spezifischer Betrachtungen behandelt.

2.4.2.1 Protokolle

Protokolle definieren Vereinbarungen für den Informationsaustausch zwischen Rechnersystemen (z. B. Regelung des Aufbaus, Betriebs und Abbaus von Verbindungen) [BUXMANN 97, S. 331f.]. Wie Abbildung 10 darstellt, können Protokolle Aufgaben in allen Ebenen der Softwarearchitektur erfüllen, also für den Datentransport durch Netze, für die Abwicklung des Datenaustausches oder zur Automatisierung von Abläufen zwischen Anwendungen.

Um eine möglichst leicht zu realisierende Interoperabilität zwischen Systemen und Anwendungen zu ermöglichen und klare Schnittstellen mit definierten Aufgaben bereitzustellen, wird die Funktionalität zur Übertragung von Daten nicht direkt in das Anwendungsprogramm integriert, sondern zur Steigerung der Flexibilität und Erleichterung des Aufbaus der Systeminfrastruktur durch Protokolle mit spezifischen Aufgaben realisiert [vgl. KAUFFELS 00, S. 52]. Diese spezifischen Aufgaben werden innerhalb von Netzwerk-Referenzmodellen standardisiert. Ein Beispiel für ein solches Referenzmodell ist das von IBM entwickelte SNA-Schichtenmodell für Großrechner. Um einen offenen Standard zu definieren, wurde von der ISO das sogenannte Open-Systems-Interconnection (OSI)-Referenzmodell entwickelt, welches sich sicher auch aufgrund der erdrückenden Marktmacht von IBM zum Zeitpunkt der Erstellung an den sieben Schichten des SNA-Modells orientiert und diesem auch inhaltlich sehr ähnelt [vgl. ECKEL u. a. 97, S. 57; TANENBAUM 00, S. 59].

Trotz hoher Erwartungen konnte sich das OSI-Modell jedoch nie richtig durchsetzen [vgl. TANENBAUM 00, S. 57ff.] und wird spätestens seit der schnellen Verbreitung der Internettechnologie in den Unternehmen durch das TCP/IP-Modell, welches nach der veröffentlichenden Organisation als Department of Defence (DoD)-Referenzmodell bezeichnet wird, verdrängt.

Die DoD-Architektur ist gegenüber dem OSI-Modell wesentlich einfacher aufgebaut und besteht aus den vier Schichten Netz-Zugang, Internet, Transport (Ende zu Ende) und Anwendung.

Aufgrund der unterschiedlichen Philosophien der Modelle sind unterschiedliche Interpretationen bei der Zuordnung der Schichten beider Modelle möglich [vgl. SCHWARZER u. a. 96, S. 64; HEIN 98, S. 70; TANENBAUM 00, S. 56f.], deren Abweichungen für die folgenden Ausführungen aber nicht relevant sind. Aus diesem Grund wird nachfolgend auf die in Abbildung 11 skizzierte Gegenüberstellung von Tanenbaum zurückgegriffen. Beim Vergleich des TCP/IP- und OSI-Modells zeigt sich, daß im TCP/IP-Modell keine adäquate Schicht für die Darstellungs- und Sitzungsebene existiert. Für diese Ebenen wurde kein Bedarf gesehen, was durch die Praxis bei den meisten Anwendungen bestätigt wurde.

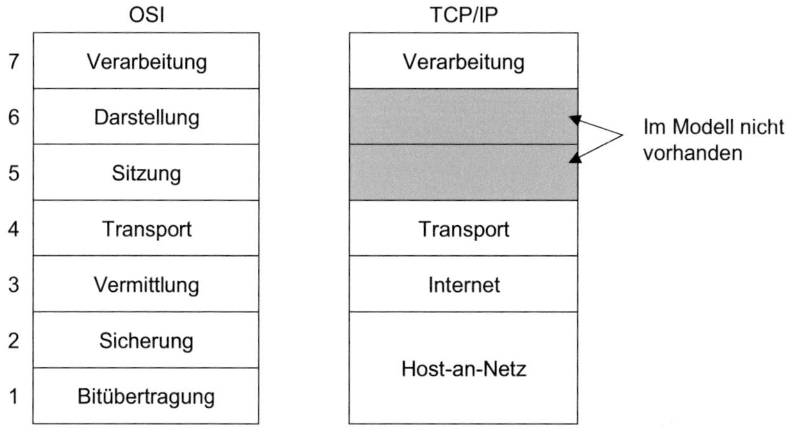

Abbildung 11: Einordnung der TCP/IP-Protokollfamilie in das ISO/OSI-Modell [TANENBAUM 00, S. 54]

In beiden Modellen sind die Schichten 3 und 4 ähnlich und werden beim TCP/IP-Modell durch die Protokolle IP (Schicht 3) und TCP bzw. UDP (Schicht 4) abgedeckt. Die OSI-Schichten 1 und 2 werden durch das TCP/IP-Modell nur allgemein als Grundlage für die höheren Schichten in Form der einzusetzenden Netzwerkhardware gesehen [vgl. TANENBAUM 00, S. 55; LARISCH 98, S. 38], wie die Abbildung 12 verdeutlicht.

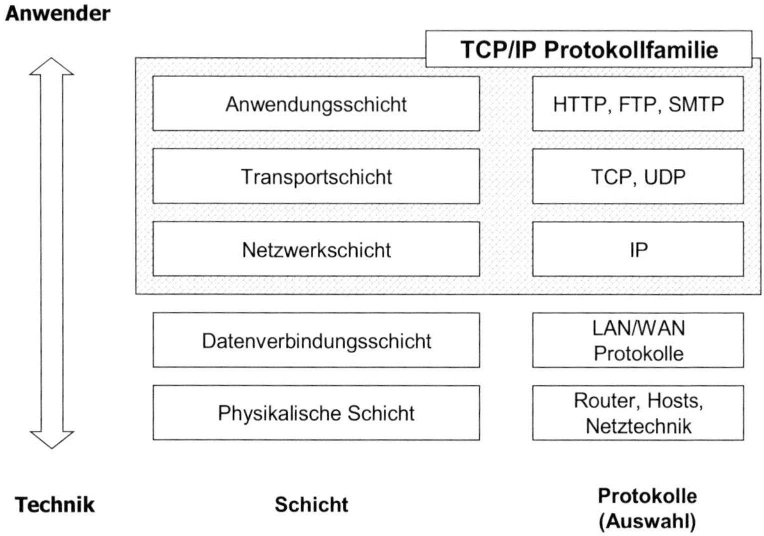

Abbildung 12: Vereinfachte Darstellung des TCP/IP-Modells [STRÄUBIG 00, S. 9]

Für die Zusammenstellung der Technologieoptionen werden nachfolgend die Protokolltypen Transportprotokolle (untere Schichten bis einschließlich Transportschicht), anwendungsorientierte Protokolle und Protokollerweiterungen getrennt betrachtet.

a) Transportprotokolle und Vernetzungstechnologien

Aus Abbildung 12 läßt sich ableiten, daß als Basis für Intranets unterhalb von IP jedes beliebige Protokoll/Netz eingesetzt werden kann, welches die Spezifikation der beiden unteren Schichten erfüllt. Dies führt zu einer hohen Flexibilität, weil so Intranets ohne weiteres auf Basis von Ethernet, Token Ring, Wireless LAN, ATM, PLC und weiteren Standards realisiert werden können.

Gerade für KMU mit rudimentärer oder nicht vorhandener Netzwerk-Infrastruktur ergeben sich dadurch interessante Alternativen gegenüber dem Neuaufbau einer strukturierten Verkabelung. So bietet sich der Aufbau von Funk-LAN nach dem IEEE-Standard 802.11 bzw. 802.11b an, für welchen inzwischen eine Reihe von Komponenten für den Indoor-Bereich angeboten werden [vgl. HEYER 00, S. N18f.; siehe auch Kapitel 3.5]. Eine weitere Alternative besteht im Einsatz vorhandener drahtgebundener Infrastruktur für die Datenkommunikation. Neben der Nutzung vorhandener Telefonleitungen besteht die Option der Übertragung über das in nahezu allen Gebäuden vorhandene Niederspannungsnetz mit Hilfe der Powerline-Communication-Technologie, deren Vor- und Nachteile in Tabelle 7 verglichen werden.

Attraktivität	Probleme
Infrastruktur	**Geringe Übertragungsraten**
• Bereits vorhanden • Flächendeckend • Fein verzweigt	• Geteilte Bandbreite • Störungen im Stromversorgungsnetz
Strukturierung der Powerline-Netze	**Elektromagnetische Verträglichkeit**
• Schrittweise Einführung möglich	• Abstrahlung elektrischer Geräte • Wirkung auf menschlichen Organismus
Feste Anbindung	**Schleppende flächendeckende Einführung**
• An Provider (Outhouse) • An Geräte (Inhouse)	• Konkurrierende Standards (Ascom, Oneline, PPC) • Sehr hohe Anzahl von Ortsnetzen

Tabelle 7: Attraktivität und Probleme der Powerline-Communication-Technologie [vgl. SEIFERT 00, S. 42; AHLERS u. a. 01, S. 116]

Die ersten Anbieter (Energieversorger) bieten bereits Zugänge zu dieser Technologie in Form einer Internetanbindung an. Inhouse-Verbindungen können über „Powerline Communication (PLC)-Modems“ zum Preis von mehreren 100 Euro realisiert werden. Die Übertragungsraten betragen je nach Standard 2 bis 4,2 MBit/s. Eine Erhöhung auf 10 MBit/s ist geplant [AHLERS u. a. 01].

Weitere Optionen bestehen in der Nutzung von Richtfunk bei gering entfernten und Satellitenfunk bei weit entfernten Standorten, oder der Nutzung öffentlicher Netze zum Aufbau eigener Intranets. Tabelle 8 gibt einen Überblick zu den Alternativen beim Aufbau von Netzwerken.

	Richtfunk (privat)	Mobilfunk (öffentlich)	Wireless-LAN	Kabel (privates LAN)	PLC	ISDN	Kabel (öffentliches WAN)	Satellitensystem
Kommunikationspartner	Interne	Interne/ externe	Interne	Interne	Interne/ externe	Interne/ externe	Interne/ externe	Interne/ externe
Anschaffungskosten	Hoch	Niedrig	Hoch	Hoch	Mittel	Niedrig	Niedrig	SDE, LEO mittel; VSAT hoch
laufende Kosten	Sehr gering	Hoch	Sehr gering	Niedrig	Intern sehr gering	Mittel	Internet mittel, Mietleitung nach Bedarf	Hoch
max. Entfernung	Niedrig	Unbegrenzt	Sehr niedrig	Niedrig	Niedrig	Unbegrenzt	Unbegrenzt	Unbegrenzt
Übertragungskapazität	Hoch	Niedrig/ mittel je nach Standard	Mittel	Sehr hoch	Mittel	Mittel	Internet mittel, Mietleitung nach Bedarf	SDE, VSAT: hoch; LEO: niedrig
Frequenzrestriktionen (für Betreiber)	Niedrig	Hoch; nationale Ausschreibungen;	Hoch; verhindern hohe Datenraten	Keine	Hoch; verhindern hohe Datenraten	Keine	Keine	Niedrig bei gerichtetem Empfang (Parabolantennen); hoch bei ungerichtetem (Stabantennen)

Tabelle 8: Alternative Übertragungssysteme [nach MÖCKEL 98, S. 40]

In den meisten Fällen wird in den Unternehmen jedoch der klassische Weg des Aufbaus einer strukturierten Verkabelung nach dem ISO-Standard 11801 / EN 50173 beschritten [vgl. TANENBAUM 00, S. 132ff.; LARISCH 98, S. 98ff.]. Bei geringeren Datenraten kann der Aufbau eines Wireless-LAN in Betracht gezogen werden, da nach aktuellen Untersuchungen in diesem Fall nur ca. 60 % der Kosten eines konventionellen drahtgebundenen Netzwerkes anfallen [SCHWÖGLER 02].

In Tabelle 9 wird eine Auswahl für Intranets geeigneter Protokolle auf Transportebene nach ihren Aufgaben und ihrer Standardisierung (in vielen Fällen gibt es weitere RFCs zu speziellen Aspekten des Standards) zusammengefaßt.

Technologie	Name	Art	Bemerkung	Standardisierung
ATM	Asynchronous Transfer Mode	Transportprotokoll	Zögernde Akzeptanz	ATMFORUM, ETSI RFC 1755, ITU-T
Ethernet	---	LAN-Standard	Weite Verbreitung, hohe Akzeptanz	IEEE 802.3
FDDI	Fiber Distributed Data Interface	LAN-Standard	Verbreitung nur im Backbonebereich, teuer	ANSI X3T9.5
GPRS	General Packet Radio Service	Mobilfunkstandard	Höhere Bandbreite gegenüber Standard-GSM	3GPP (ETSI)
GSM	Global System for Mobile Telecom-munication	Mobilfunkstandard	Hohe Verbreitung, geringe Bandbreite	3GPP (ETSI)
ICMP	Internet Control Message Protocol	Transportprotokoll	Zur Behandlung von Netzwerkfehlern	RFC 792
IP	Internet Protocol	Transportprotokoll		RFC 791
IPnG	Internet Protocol next Generation	Transportprotokoll	Version 6, neue Funk-tionen, erweiterter Adreßraum	RFC 2463
ISDN	Integrated Services Digital Network	Fernmeldenetz-Standard	Geeignet zum Aufbau virtueller Netze	ITU-T
PLC	Powerline Com-munication	LAN-Standard	Noch geringe Verbreitung	Konkurrierend: Ascom, Oneline, PPC
PPP	Point to Point Protocol	Transportprotokoll	Verbesserte Eigen-schaften gegenüber SLIP	RFC 1661
SLIP	Serial Line IP	Transportprotokoll	Modem-IP Anbindung	RFC 1055
TCP	Transmission Control Protocol	Transportprotokoll		RFC 793
Token Ring	---	LAN-Standard		IEEE 802.5
UDP	User Datagram Protocol	Transportprotokoll	Vereinfachtes TCP	RFC 768
UMTS	Universal Mobile Telecommunicati-ons System	Mobilfunkstandard	Ab 2002, hohe Band-breite	ITU-T, 3GPP (ETSI)
WLAN	Wireless LAN	LAN-Standard	Zunehmende Verbreitung	IEEE 802.11

Tabelle 9: Transporttechnologien für Intranets [KYAS 97a; HEIN 98, S. 86ff.; RFC 02; TANENBAUM 00; AHLERS u. a. 01; FRANZ 01; 3GPP 01]

b) Anwendungsprotokolle

Anwendungsprotokolle regeln die Kommunikation und Interaktion zwischen Programmen in der obersten, vierten Schicht des DoD-Referenzmodells. Sie sind aus diesem Grund abhängig vom entsprechenden Einsatzfeld.

Die wichtigste Anwendung des Internet/Intranet ist neben dem WWW die Nutzung des E-Mail-Dienstes. Zum Verständnis der unterschiedlichen Aufgaben werden die zur Übertragung von E-Mails von den meisten Client-Anwendungen unterstützten drei Protokolle vorgestellt [vgl. TISCHER u. a. 97, S. 817f.; BARRON u. a. 96, S. 208ff.]:

- **SMTP (Simple Mail Transfer Protocol) - RFC 821:** SMTP dient zur Übertragung von E-Mails (z. B. vom lokalen Mail-Client) in ein Mail-System, dessen Message Transfer Agent (MTA) die Weiterleitung zum Empfänger-Postfach mittels dieses Übertragungsprotokolls übernimmt.

- **POP3 (Post Office Protocol Version 3) - RFC 1725:** POP3 dient als Protokoll zur Übertragung von Nachrichten aus dem Postfach eines Mail-Servers in die Client-Anwendung des lokalen Rechners. Es besteht die Möglichkeit, sowohl die gesamte E-Mail als auch nur den Nachrichtenkopf zu übertragen.

- **IMAP4 (Internet Message Access Protocol Version 4) - RFC 1730/2060:** Das IMAP4-Protokoll ist eine Weiterentwicklung von POP3, bei dem E-Mails nicht von der Client-Anwendung auf den lokalen Computer übertragen, sondern vom Mail-Server gespeichert und auch dort verwaltet werden. Der Mail-Server hat hierbei die Rolle des zentralen Nachrichtenspeichers.

Diese und weitere anwendungsnahe Protokolle werden in Tabelle 10 zusammengefaßt.

Technologie	Name	Dienst	Aufgabe	Standardisierung
FTP	File Transfer Protocol	FTP	Dateiübertragung	RFC 959
H.323	---	Echtzeitdienste	Standard für Bildtelefone und Videokonferenzsysteme	ITU H.323
HTTP	Hypertext Transfer Protocol	WWW	Abwicklung von Webzugriffen	RFC 2616
IMAP	Internet Mail Access Protocol	Mail	Mailzugang und -verwaltung	RFC 1730/ 2060, 1203
LDAP	Lightweight Directory Access Protocol	Verzeichnisdienste	Geregelter Zugriff auf Informationen, Vereinfachung des X.500 Standards	RFC 1777, 2251
NNTP	Network News Transfer Protocol	Usenet	Transfer von Usenet-Nachrichten	RFC 977
POP3	Post Office Protocol	Mail	Mailabruf	RFC 1725, 193
RTP	Real-Time Transport Protocol	Echtzeitdienste	Konkurrenz zu H.323, nutzt UDP	RFC 1889
SMTP	Simple Mail Transfer Protocol	Mail	Mailversand	RFC 821
SNMP	Simple Network Management Protocol	Netzwerkmanag.	Netzwerkmanagement	RFC 1157
Telnet	Teletype Network	Telnet	Entfernter Rechnerzugriff	RFC 854/855
VoIP	Voice over IP	Telefonie	Telefonie über IP-Netze	basiert auf H.323

Tabelle 10: Anwendungsorientierte Internet-Protokolle [STRÄUBIG 00, S. 11; KYAS 97a; HEIN 98, S. 86ff.; RFC 02; HORN 99; PROTOCOLS 01; GOLDMANN u. a. 00]

c) Protokollerweiterungen

Für die Bereitstellung zusätzlicher Funktionen, wie z. B. zur Verschlüsselung oder zur Bereitstellung weiterer Sicherheitsfunktionen, können existierende akzeptierte Technologien mit Hilfe von Erweiterungen angepaßt werden, ohne diese ersetzen zu müssen (vgl. Tabelle 11).

Technologie	Name	Dienst	Aufgabe	Standardisierung
DHCP	Dynamic Host Configuration Protocol	Übergreifend	Dynamische IP-Adreßvergabe	RFC 2131
IPsec	Internet Protocol Security	Übergreifend	Sicherheitserweiterung auf Netzwerkebene, nutzt AH und ESP	RFC 2401
MIME	Multipurpose Internet Mail Extensions	Mail, WWW	Mail- und Web-Multimediaerweiterungen	RFC 2045-2049 u. a.
PGP	Pretty Good Privacy	Mail	Verschlüsselung, digitale Signatur	RFC 1991
S-HTTP	Secure Hypertext Transfer Protocol	WWW	Erweiterung zu HTTP auf Nachrichtenebene, geringe Verbreitung	EIT-Firmenstandard
S/MIME	Secure Multipurpose Internet Mail Extensions	Mail, WWW	Erweiterung von MIME (Verschlüsselung und digitale Unterschrift)	RFC 2633/2634
SSL	Secure Socket Layer	Übergreifend	verbindungsorientiert, anwendungsunabhängig, große Akzeptanz z. B. über HTTPS (HTTP über SSL)	Netscape-Firmenstandard

Tabelle 11: Erweiterungen für Internet-Protokolle [STRÄUBIG 00, S. 11; LUCKHARDT 99; HEIN 98, S. 86ff.; RFC 02; Hansen u. a. 01, S. 1188ff.; MERSCH 02]

Die Bereitstellung der Sicherheitsfunktionen erfolgt in unterschiedlichen Netzwerkschichten. Abbildung 13 nimmt eine Einordnung der in Tabelle 11 genannten Sicherheitsstandards in das DoD-Schichtenmodell vor.

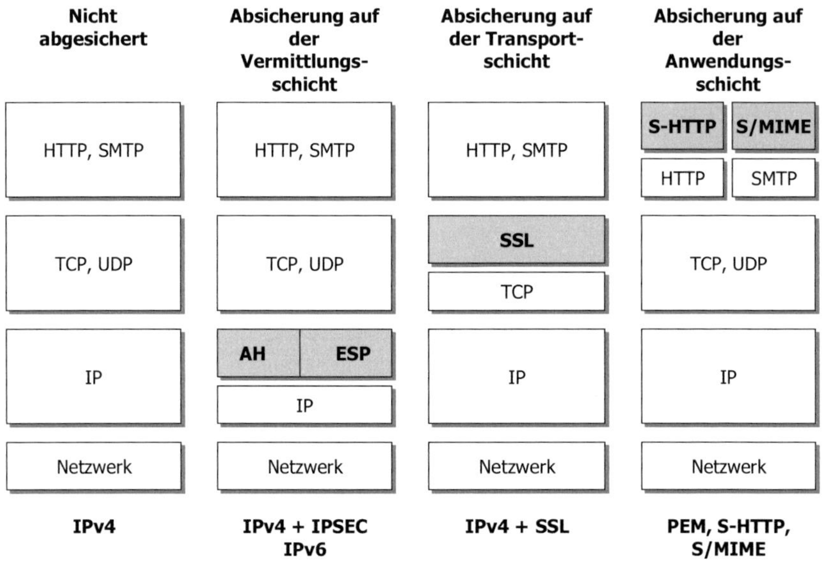

Abbildung 13: Absicherung auf verschiedenen Protokollebenen [NUSSER 98, S. 118]

2.4.2.2 Formate und Standards zur Beschreibung von Dokumenten

Durch die exponentielle Steigerung der wichtigsten Leistungsparameter der Rechentechnik und der speziell im Internet und Intranet verfügbaren Funktionen zur multimedialen Informationsdarstellung entstanden völlig neue Möglichkeiten der Abwicklung kommerzieller Informationsflüsse.

Während bis Ende der achtziger Jahre aufgrund des Speicherplatzes und der Verarbeitungsgeschwindigkeit nur die Darstellung alphanumerischer Zeichen und darauf aufbauender Pseudografiken möglich war, wurde Anfang der neunziger Jahre zumindest die Darstellung diskreter (zeitunabhängiger) Daten wie Grafiken und Fotos für breite Anwenderkreise möglich.

Mit der weiteren Entwicklung wurde in den kommenden Jahren auch die Verwendung kontinuierlicher (zeitabhängiger) Medien, wie Video, Audio und Animation, zur multimedialen Aufbereitung von Informationen zunehmend unterstützt. Von multimedialen Anwendungen kann gesprochen werden, wenn mindestens ein diskretes und ein kontinuierliches Medium verarbeitet werden kann [STEINMETZ 00, S. 13].

Tabelle 12 gibt eine Übersicht zu wichtigen für Intranets relevanten Formaten.

Technologie	Name	Art	Bemerkung	Standardisierung
ASCII	American Standard Code für Information Interchange	Textformat	Universeller Standard für alphanumerische Zeichen	ANSI, amerikanische Version von ISO 646
AVI	Audio Video Interleave	Video-Dateiformat	Kompression audiovisueller Informationen	Von Microsoft für Intel entwickelt, proprietär
Flash	---	Videoformat	Möglichkeit der Integration dynamischer Inhalte	Offener Firmenstandard von Macromedia
GIF	Graphics Interchange Format	Grafikformat	Verlustfrei komprimiert, durch JPEG abgelöst	Compuserve
JPEG/ JPG	Joint Photografic Expert Group	Grafikformat	Hohe Kompression möglich, verbreitet	ISO 10918 ITU-T T.81
MIDI	Musical Instrument Digital Interface	Steuerungsformat	Nur Steuerungsdaten für Musikinstrumente	Firmenstandard der Musikindustrie
MP3	MPEG Audio Layer 3	Audioformat	Hohe Kompression, hohe Akzeptanz	MPEG (WG11; Gruppe der ISO/ITU-T/JTC1) Fraunhofer-Institut
MPEG	Moving Picture Expert Group	Videoformat	Kompression audiovisueller Informationen, hohe Akzeptanz	MPEG (WG11; Gruppe der ISO/ITU-T/JTC1)
PDF	Portable Document Format	Dokumentenformat	Nutzung über Plug-Ins möglich, Postscriptderivat	Firmenstandard von Adobe
PNG	Portable Network Graphics	Grafikformat	Ersatz für GIF und TIFF- Format, Kompression	W3C-Empfehlung RFC 2083
WAV	Waveform Audio File Format	Audioformat	Coding-Technik, unkomprimiert	Microsoft und IBM

Tabelle 12: Für Intranets geeignete Formate [vgl. DIFFUSE 01; HENNING 01; HORN 99; TANENBAUM 00; WOLTER 00]

Die Bedeutung standardisierter Formate kann nicht hoch genug eingeschätzt werden. Ein Großteil der unternehmensrelevanten Dokumente liegen in elektronischer Form vor bzw. können mit geringem Aufwand dahin konvertiert werden. Die Speicherung in allgemein unterstützten Standardformaten ermöglicht die Nutzung und Verarbeitung der Dokumente an den Arbeitsplätzen ohne Medienbrüche und Verzögerungen.

Die dabei realisierbaren Qualitäts- und Produktivitätssteigerungen lassen sich nochmals durch die Nutzung von Standards zur Beschreibung von Dokumenten verstärken. Sie ermöglichen die Trennung der Rohdaten von Struktur- und Layoutinformationen. Dadurch wird die Voraussetzung zum Austausch von Dokumenten in offenen Systemen geschaffen [vgl. RIGGERT 00, S. 34].

Die Hypertext Markup Language (HTML) bietet für Intranets eine kostengünstige, leicht realisierbare, leistungsfähige Basis zur Bereitstellung von Dokumenten auf Basis des WWW-Dienstes. HTML bietet eine Reihe von Möglichkeiten zur Präsentation von Inhalten bis hin zu Pull-down-Menüs, Verknüpfungen zu anderen Inhalten (Links) und Einbindung sensitiver Areale (z. B. zur Realisierung von Links auf Landkarten), beschreibt jedoch nur die formalen Eigenschaften eines Dokuments und nicht dessen Struktur und Semantik [vgl. LOBIN 00, S. 190]. Weiterhin findet keine Trennung von Daten und Präsentationslogik statt [vgl. GÖTZER u. a. 01, S. 188]. Aufgrund dieser Nachteile und fehlender Erweiterbarkeit ohne eine Neudefinition ist HTML für viele Einsatzfelder, wie dem Austausch von Dokumenten zwischen Systemen oder Zusammenführung stark und schwach strukturierter Daten, nicht geeignet.

An dieser Stelle setzt die Extensible Markup Language (XML) an, eine Metasprache die es ermöglicht, Dokumenttypen auf semantischer Ebene zu beschreiben und deren Struktur zu definieren. XML bildet eine echte Teilmenge der bereits 1986 standardisierten aber aufgrund ihrer hohen Komplexität nur schwer anzuwendenden und zu verarbeitenden Standard Generalized Markup Language (SGML) [vgl. LOBIN 00, S. 69ff.; ROTHFUSS u. a. 01, S. 132]. SGML und XML ermöglichen die Definition von Dokumententypen (Document Type Definition, DTD). HTML als Sprache zur Präsentation von Inhalten im WWW ist eine solche DTD auf Basis von SGML [vgl. PHILLIPS 02, S. 44; LOBIN 00, S. 1]. Da HTML bereits eine DTD ist, besteht keine Möglichkeit, Erweiterungen oder Anpassungen bezüglich der Funktionalität vorzunehmen, wie es die Metasprachen XML oder SGML erlauben.

XML erlaubt gegenüber HTML die Trennung von Struktur und Inhalt, das Einfügen von Informationen zur inhaltlichen (semantischen) Bedeutung, die Möglichkeit zur strukturellen Überprüfung (Validierung) von Daten und die Definition von Erweiterungen [HENNING 01, S. 385f.]. Durch die erheblich reduzierte Komplexität gegenüber SGML ist es mit XML möglich, mit relativ geringem Aufwand eigene DTDs für spezifische Anwendungsfelder zu definieren[1] und die Funktionalität von Anwendungssystemen darauf abzustimmen. So existieren DTDs wie die Chemical Markup Language (CML) für den Bereich der Chemie, die Mathematical Markup Language (MathML) für mathematische Gleichungen oder XHTML als eine an HTML 4 angelehnte, aber als XML-DTD definierte Auszeichnungssprache.

In Tabelle 13 werden wichtige Standards zur Beschreibung von Dokumenten zusammengefaßt. Darunter befinden sich auch wichtige SGML und XML ergänzende Standards zur Formatierungschreibung und Transformation.

Technologie	Name	Art	Bemerkung	Standardisierung
CSS	Cascading Style Sheets	Formatierungsstandard	dient vorrangig zur Formatierung von Web-Dokumenten (Browserunterstützung)	W3C-Empfehlung RFC 2318
DSSSL	Document Style Semantics and Specification Language	Transformations- und Formatierungsstandard	Transformations- und Formatierungssprache zu SGML, sehr komplex, Grundlage für XSL	ISO/IEC 10179
HTML	Hypertext Markup Language	Dokumentenbeschreibungssprache	Anwendung von SGML, hohe Akzeptanz	RFC 1866, ISO 15445
SGML	Standard Generalized Markup Language	Meta-Dokumentenbeschreibungssprache	Metasprache, sehr komplex	ISO 8879
VRML	Virtual Reality Modeling Language	Beschreibungssprache	dient zur Beschreibung von Szenen und 3D-Objekten	ISO/IEC-14772-1, W3C
WML	Wireless Markup Language	Beschreibungssprache	zur Beschreibung von WAP-Seiten	W3C-Empfehlung
XHTML	Extensible Hypertext Markup Language	Dokumentenbeschreibungssprache	an HTML angelehnte XML-Anwendung	W3C- Empfehlung
XML	Extensible Markup Language	Meta-Dokumentenbeschreibungssprache	Untermenge von SGML	W3C-Empfehlung
XSL	Extensible Stylesheet Language	Formatierungsstandard	dient zur Formatierung von XML-Dokumenten	W3C-Empfehlung
XSLT	Extensible Stylesheet Language Transformations	Transformationsstandard	dient zur Konvertierung von XML-Dokumenten	W3C-Empfehlung

Tabelle 13: Wichtige Standards zur Beschreibung von Dokumenten [vgl. DIFFUSE 01; RIGGERT 00; TANENBAUM 00; HANSEN u. a. 01, S. 1042ff.; W3C 02; IX 02; BEHME 99; STEIN 01, 433ff.; HENNING 01, S. 385ff.]

Zum besseren Verständnis werden in Abbildung 14 Zusammenhänge und Abhängigkeiten wichtiger mit SGML und XML verbundener Standards dargestellt.

[1] was auch als XML-Anwendung bezeichnet wird [vgl. HAROLD 00, S. 39; STEIN 01, S. 434]

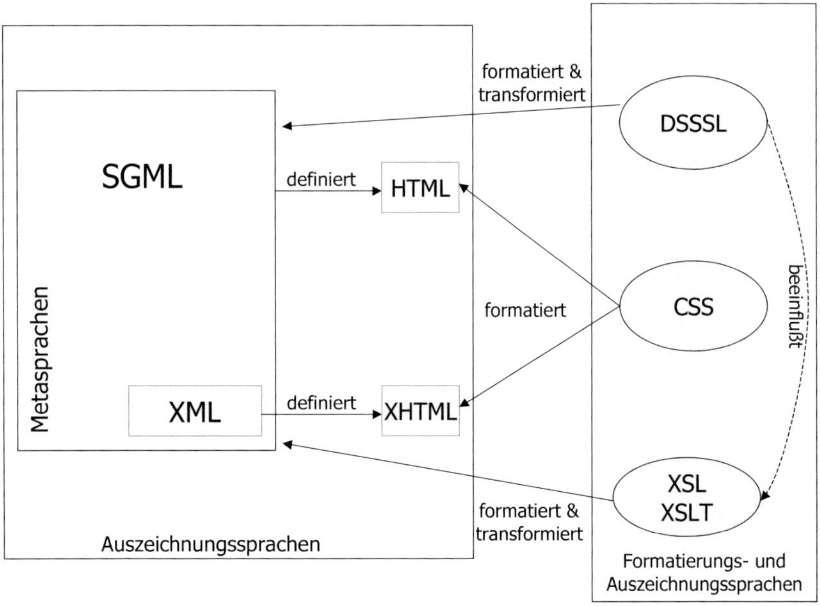

Abbildung 14: Zusammenhang zwischen wichtigen Dokumentenstandards [BEHME u. a. 00, S. 23]

Weitere wichtige ergänzende, sogenannte Ko-Standards zu XML sind neben XSL und XSLT, die zur Bereitstellung von Hypertextfunktionalitäten dienende XML Linking Language (XLink) für die Definition von Links zwischen Dokumenten sowie die XML Pointer Language (Xpointer) für Verweise innerhalb von Dokumenten [PHILLIPS 02, S. 52f.; KREHER 01, S. 17ff.; STEIN 01, S. 434].

Es gibt vielfältige weitere SGML/XML-Anwendungen. Beispiele sind Scalable Vector Graphics (SVG) zur Darstellung skalierbarer Vektorgrafiken [vgl. KRÜGER u. a. 00], die Synchronized Multimedia Integration Language (SMIL) für multimediale Inhalte [vgl. HAROLD 00, S. 40ff.], XML Topic MAPS (XTM) als Meta-DTD zur Darstellung von thematischen Bezügen zwischen Informationsobjekten [vgl. LOBIN 00, S. 193f.; XTM 02] und Ressource Description Framework (RDF) als Metasprache zur Beschreibung der Semantik von Textelementen [vgl. PHILLIPS 02, S. 617ff.; HAROLD 00, S. 66] was z. B. für Suchfunktionen von großer Bedeutung ist.

Die Vielfalt von XML-Standards und XML–Anwendungen zeigen das enorme Potential dieses Bereiches zur Realisierung zur Verarbeitung und Verteilung stark und schwach strukturierter Daten sowie zur Integration betrieblicher Anwendungssysteme.

2.4.2.3 Technologien zur Programmierung und Anwendungsintegration

Programmiersprachen sind formale Sprachen, mit denen auf einer Hardware bzw. über einen Interpreter/Compiler ablauffähige Befehlsfolgen geschrieben werden können [SCHWARZER u. a. 96, S. 39]. Diese ermöglichen die Entwicklung von Anwendungssystemen. Im Internet/Intranet werden sie benötigt, um durch Eigenentwicklungen über den Standard der eingesetzten Systeme hinausgehende Funktionen bereitstellen zu können. Im Gegensatz zu klassischen Programmen werden Skripte nicht kompiliert, sondern zur Laufzeit interpretiert [vgl. HORN 99]. Sie sind dadurch in der Ausführung langsamer, aber auf den Basissystemen leichter integrierbar.

Viele Programmier- und Skriptsprachen, aber auch eine Reihe von Programmen für Internet und Intranet unterliegen nicht dem klassischen Lizenzierungsmodell von Softwareprodukten, sondern dem Modell einer freien Software (Open-Source). Dabei heißt „frei" nicht automatisch kostenlos, sondern frei im Sinne der beliebigen Weitergabe und des Verbotes der Vereinnahmung. Die Entwickler von Open-Source-Programmen legen den Quellcode offen und erlauben dem Anwender Modifikationen des Quelltextes und die beliebige Weitergabe des originalen oder veränderten Programms (daher freie Software). Open-Source-Software wird entweder als Berkeley-Software-Distribution (BSD)-Lizenz oder über die verbreitete GNU Public License (GPL) der Free Software Foundation (FSF), unter der große Teile von Linux stehen, verbreitet. Die BSD-Lizenz verlangt u. a., daß der Copyright-Vermerk weiterentwickelter Programme auch die ursprünglichen Programmierer nennt. Die GPL verlangt weiter, daß abgeleitete Programme ebenfalls unter der GPL stehen und somit keine Lizenzgebühren anfallen. Kosten können jedoch für Support oder Vervielfältigung der Software anfallen [JAEGER 00, S. 120ff.; OSI 01]. Open-Source-Entwickler wehren sich gegen die Patentierung von Software, welche die Weiterentwicklung von Anwendungen hemmt und vor allem großen Unternehmen Vorteile verschafft [vgl. GOLTZSCH 00; DIEDRICH 00].

Tabelle 14 zeigt eine Übersicht mit Technologien, die zur Anwendungsentwicklung in Internet und Intranet geeignet sind.

Tech-nologie	Name	Art	Bemerkung	Standardisie-rung
ASP	Active Server Pages	Skriptsprache	Proprietär	Microsoft-Firmen-standard
C++	---	Programmier-sprache	Objektorientiert, komplex, konkurriert mit JAVA	ANSI, ISO WG21
CGI	Common Gateway Interface	Schnittstellen-spezifikation	Ermöglicht die Ausführung externer Skripte auf Webservern	IETF, RFC geplant
Java	---	Programmier-sprache	Objektorientiert, konkurriert mit C++, besondere Eignung für Internet/Intranet-Anwendungen	SUN-Firmenstan-dard
JScript	---	Skriptsprache	JScript mit proprietären Erweiterungen	Microsoft-Firmenstandard
Java-Script	---	Skriptsprache	Nur ansatzweise objektorientiert	Netscape-Firmen-standard ECMA 262
PERL	Practical Extraction and Report Language	Skriptsprache	Häufig für CGI-Programmierung verwendet	Open Source
PHP	Hypertext Preprozessor	Skriptsprache	Erstellung dynamischer Webseiten	Open Source
SSI	Server Side Includes	HTML-Erwei-terung	Bereitstellung dynamischer Inhalte durch Webserver	W3C-Empfehlung
Visual Basic	---	Programmier-sprache	Objektorientierte Konzepte, notwendig für MS-Componentware	Microsoft-Firmen-standard
VBScript	Visual Basic Script	Skriptsprache	Vereinfachung zu Visual Basic	Microsoft-Firmen-standard

Tabelle 14: Technologien zur Programmierung und Anwendungsintegration [TANENBAUM 00; EICKLER u. a. 99, S. 368; HORN 99; ASTRA 01; SCHWICHTENBERG 00, S. 118f.; CGI 01]

Durch das im Internet/Intranet genutzte Client-Server-Modell und die Möglichkeit, Anwendungssysteme in Komponenten zu teilen, sind Spezifikationen und Verfahren zum Austausch von Informationen (siehe folgender Abschnitt) und zur Integration von Programmen in andere Umgebungen (z. B. Webserver) notwendig. Neben produktspezifischen Optionen hat für diese Aufgabe das Common Gateway Interface (CGI) große Verbreitung gefunden.

2.4.2.4 Middleware

Unter Middleware werden Softwarekomponenten verstanden, die einen transparenten Austausch von Informationen in verteilten heterogenen DV-Landschaften ermöglichen [SOEFFKY 97, S. 264].

Eine besondere Bedeutung besitzen die Middleware-Technologien Enterprise Java Beans (EJB) und Common Object Request Broker Architecture (CORBA), welche sich durch eine hohe Flexibilität und Leistungsfähigkeit auszeichnen, wobei CORBA gegenwärtig als ausgereifter anzusehen ist [vgl. MANDL u. a. 00].

Die genannten Technologien weisen viele Gemeinsamkeiten auf. Deshalb laufen zur Zeit einige Projekte, um die Integration der beiden Middleware-Architekturen zu ermöglichen [vgl. LEHR 99; JOHANN 00, S. 65]. Tabelle 15 gibt einen Überblick über die allgemeinen Eigenschaften von CORBA und EJB.

Aspekt	CORBA	EJB
Programmiersprachenunterstützung	Java, C++, C, Visual Basic, Smalltalk, ADA	Java
Plattform-Support, Protokollunterstützung	Alle	Alle (JVM), RMI über IIOP
Client-Unterstützung	Alle	Java-Clients, IIOP, RMI, Web-Clients, CORBA-Clients
Datenzugriff	Alle	Alle
Portabilität	Alle	EJB Server (JVM)
Einfachheit	Schlecht	Gut
Flexibilität	Sehr gut	Gut
Laufzeitumgebung	ORB Component Server	JVM EJB Server

Tabelle 15: Allgemeine Eigenschaften von CORBA und EJB [KURDELSKI 00]

Da ein Hauptziel der Einführung von Intranets in der Integration von Anwendungen und Netzen besteht, besitzt Middleware eine besondere Bedeutung zum Aufbau einer entsprechenden Infrastruktur. Aus diesem Grund beschäftigt sich ein gesondertes Kapitel (siehe Kap. 3.3) mit diesem Themenkreis. Tabelle 16 gibt einen Überblick über verfügbare, für Intranets geeignete Middleware-Technologien.

Technologie	Name	Art	Bemerkung	Standardisierung
ActiveX	---	Middleware	Verteilung von Objekten, Internet-Erweiterungen des (D)COM-Modells	Standard von Microsoft an die OpenGroup abgetreten
CORBA	Common Object Request Broker Architecture	Middleware	Verteilung von Objekten	Object Management Group (OMG)
DCE	Distributed Computing Environment	Middleware-Komponenten	Sammlung von Basisprodukten, z. B. RPC	Open Software Foundation (OSF)
DCOM	Distributed Component Object Model	Middleware	Verteilung von Objekten über mehrere Rechner, in Konkurrenz zu CORBA	Standard von Microsoft an die OpenGroup abgetreten
EJB	Enterprise Java Beans	Middleware	Verteilung von Objekten	SUN-Firmenstandard
ODBC	Open Database Connectivity	Middleware	Zugriff auf Datenbanken	Microsoft-Firmenstandard
JDBC	Java Database Connectivity	Middleware	Java-gestützter Zugriff auf Datenbanken	Sun-Firmenstandard
RDA	Remote Data Access	Middleware	Datenzugriff, wird als Erweiterung zu SQL gesehen	ISO
RPC	Remote Procedure Call	Middleware	Funktionsaufruf auf andere Systeme über OSI Schicht 5/6	De-facto-Standard von SUN

Tabelle 16: Technologien zur Verteilung von Objekten in heterogenen DV-Landschaften [vgl. KRÖBER 99 S. 117; SOEFFKY 97, S. 264ff.; HANSEN u. a. 01, S. 967ff.; LIPINSKI 96, S. 417; HORN 99; SEICOM 01]

2.4.2.5 Systemsoftware

Mittlerweile bieten alle wichtigen Hersteller von Betriebssystemen bis hin zu Mainframesystemanbietern die Unterstützung des TCP/IP-Protokolls als Standard-Funktionalität an [vgl. MARTIUS 00, S. 6].

Da das Internet und insbesondere der Dienst WWW zuerst unter Unix realisiert wurde, findet man unter diesem System eine besonders gute Unterstützung für die Programmierung von Web-Lösungen [TITTEL u. a. 96, S. 24]. In den letzten Jahren hat Microsoft mit verschiedenen offenen und proprietären Produkten und Standards, wie dem IIS (Internet Information Server) als Webserver, ASP (Active Server Pages) oder JScript (Implementierung von JavaScript) als Skriptsprachen, erheblich aufgeholt. Dies drückt sich auch in den gestiegenen Installationszahlen bei Webservern von 1996 bis 1998 aus. Seit 1998 blieb der Anteil von Microsoft relativ konstant bei 20 %, stieg aber ab Mitte 2001 weiter auf über 30%. In Abbildung 15 wird die Entwicklung der Webserveranteile seit 1995 dargestellt.

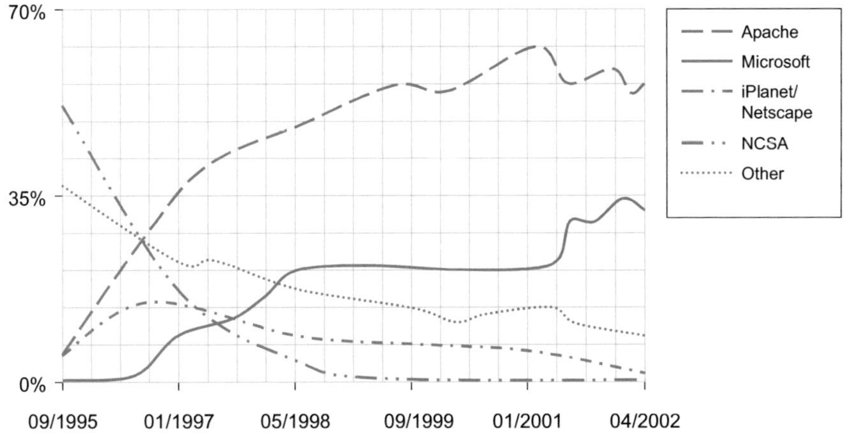

Abbildung 15: Entwicklung der Marktanteile an Webservern [NETCRAFT 02]

Die zunehmende Verbreitung von LINUX als preiswerte leistungsfähige Alternative hat eher den alternativen UNIX-Derivaten als der Microsoft-Produktlinie Marktanteile abgenommen. Einer der Hauptgründe, daß LINUX keinen uneingeschränkten Siegeszug hinter sich hat, besteht darin, daß die wirklichen Kostenfaktoren nicht in der Anschaffung, sondern in der Administration und Wartung liegen. In diesem Bereich besteht schnell die Gefahr, daß kein wirklich gut ausgebildeter Experte gefunden werden kann und die Gesamtkosten schnell auf vergleichbare Höhe zu anderen Serverbetriebssystemen steigen [KRAUSE 00, S. 32ff.]. Tabelle 17 vergleicht die Vor- und Nachteile des LINUX-Einsatzes in Unternehmen.

Vorteile des LINUX-Einsatzes	Nachteile des LINUX-Einsatzes
• Kostenlos, gilt auch für Zusatzsoftware • Quellcode verfügbar • Sehr gute Netzwerk- und Internetunterstützung • Stabil und universell • Extrem anpassungsfähig • Viele Dienstprogramme	• Komplizierte Installation (wenn vom Standard abweichend) • Grafische Oberfläche schwach • Kryptische Bedienung (Shell) • Nicht mit Windows-Software kompatibel • Support nur über Internet und meist nur in englisch verfügbar

Tabelle 17: Pro und Kontra des LINUX-Einsatzes in Unternehmen [KRAUSE 00, S. 36]

Die häufigsten im Intranet anzutreffenden Serverbetriebssysteme sind UNIX in Kombination mit dem Webserver Apache und MS Windows NT/2000 in Kombination mit den Microsoft Internet Information Server (IIS) [BURGHARDT 98, S. 31; HOSSENFELDER 00, S. 16].

Aufgrund der Akzeptanz der Internetstandards kann auf der Client-Seite jedes Betriebssystem eingesetzt werden, welches TCP/IP unterstützt und die Installation eines Browsers/ Mail-Programms und gegebenenfalls weiterer notwendiger Client-Software erlaubt.

2.4.3 Klassifizierung von Internet/Intranet - Technologien

In diesem Abschnitt wird das Ziel verfolgt, die zuvor beschriebenen Standards nach verschiedenen Kriterien zu klassifizieren. Abbildung 16 nimmt eine Einordnung wichtiger Protokolle und Anwendungen in das DoD-Referenzmodell vor.

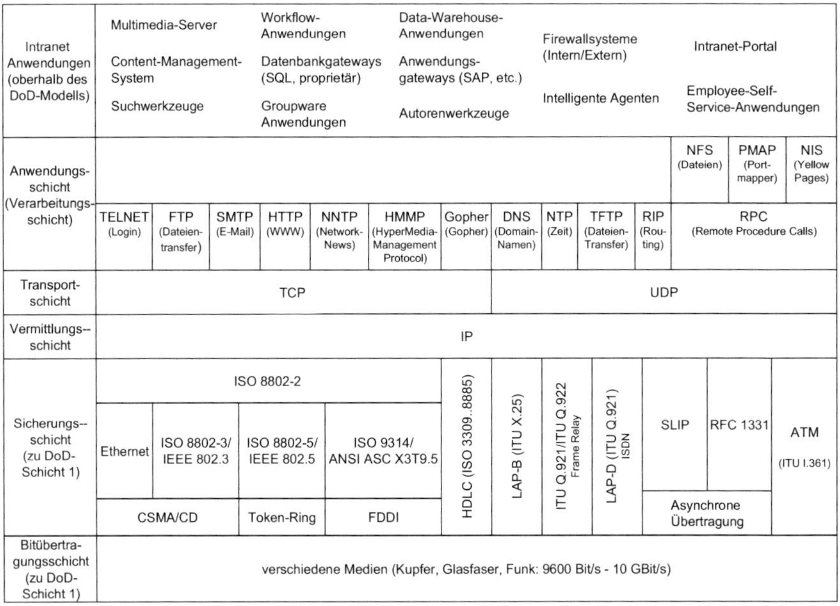

Abbildung 16: Einordnung wichtiger Standards und Anwendungen in das DoD-Referenzmodell [nach KYAS 97a, S. 49, 114]

Wie bereits festgestellt, werden die Sicherungs- und die Bitübertragungsschicht nicht detailliert durch das TCP/IP-Modell (DoD-Modell) spezifiziert. Aus diesem Grund befinden sich dort fast ausschließlich offene Standards, die keine direkte Beziehung zu Internettechnologien haben. Dies erzeugt eine hohe Flexibilität bei der Wahl des zugrundeliegenden Netzwerkes. Die Transport- und Netzwerkschicht wird, wie bekannt, durch TCP, UDP und IP belegt.

Abbildung 17 ordnet wichtige Intranettechnologien nach der Art ihrer Standardisierung.

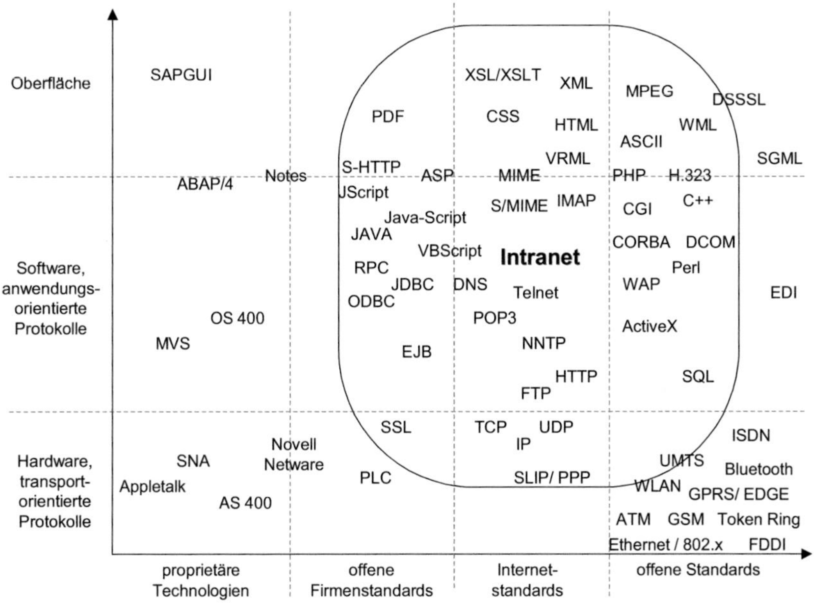

Abbildung 17: Klassifizierung von für Intranets relevanten Technologien nach der Art ihrer Standardisierung

Die in Abbildung 17 genannten Technologien werden zum einen auf der Abszisse dem Status der Standardisierung zugeordnet, wobei Open-Source-Software den offenen Standards zugeordnet wurde. Die Ordinate nimmt eine Einordnung in die Ebenen des Drei-Schichten-Modells vor. Aus der Grafik läßt sich ableiten, daß sich Intranets nicht ausschließlich auf Internetstandards stützen, sondern auch einige offene Standards und Firmenstandards eingesetzt werden.

Um dem Integrationsgedanken von Intranets gerecht zu werden, müssen auch proprietäre Technologien, wie sie auf der linken Seite der Grafik dargestellt werden, an die Infrastruktur angebunden werden.

Als letzte Klassifikation der für Intranets relevanten Technologien wird in Abbildung 18 eine Einordnung aus Sicht des Anwendungssystems vorgenommen.

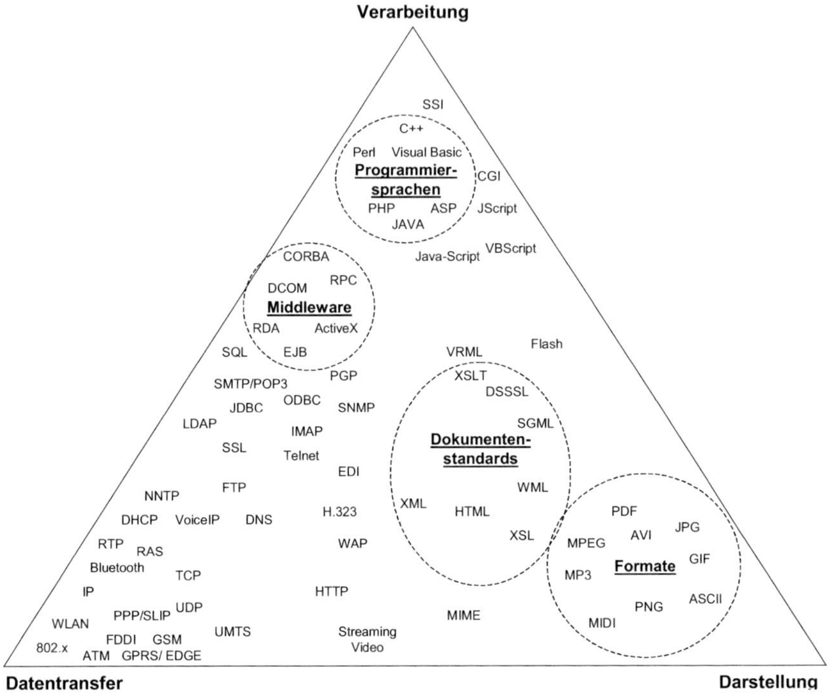

Abbildung 18: Klassifizierung von für Intranets relevanten Technologien nach ihrem Aufgabenschwerpunkt aus Sicht der Anwendung

Für diese Klassifikation wurden als Aufgabenschwerpunkte von Anwendungen der Datentransfer, die Verarbeitung der Daten und die Darstellung definiert, wobei die Darstellung auch die Metaebene, wie sie durch Dokumentenbeschreibungssprachen abgedeckt wird, einschließt. Die Technologien wurden entsprechend ihrem vorgesehenen Einsatzspektrum bezüglich der drei Aufgabenschwerpunkte in die Dimensionen eingeordnet.

Die dargestellten Klassifizierungen ermöglichen einen Überblick über die unterschiedlichen in Intranets anzuwendenden Technologien und bilden zusammen mit den Beschreibungen in Abschnitt 2.4.2 eine Entscheidungshilfe für den Auf- und Ausbau von Intranets sowie zur Implementierung von Anwendungen. Kenntnisse über die Art der Standardisierung, die Aufgabenbereiche und die Einordnung der Technologien in das DoD-Referenzmodell ermöglichen ein klareres Verständnis bezüglich der Ziele und Zusammenhänge und erleichtern die Auswahl und Bewertung von Alternativen.

3 Realisierungspfade und Entscheidungshilfen für den Aufbau von Intranets

3.1 Überblick

Dieses Kapitel erschließt und bewertet technologische Optionen beim Aufbau einer Intranetinfrastruktur und vermittelt Handlungsempfehlungen für die Umsetzung in KMU. Dabei findet eine Beschränkung auf wesentliche, mit Entscheidungsalternativen belegte Aspekte statt. Weitgehend standardisierte oder wenig erfolgskritische Schritte, wie die Umsetzung der Verkabelungsstrategie oder die Auswahl der Hardware, werden nicht betrachtet.

Abbildung 19 zeigt eine ausgebaute Intranetinfrastruktur und verweist auf die zu den dargestellten Aspekten passenden Abschnitte dieses Kapitels.

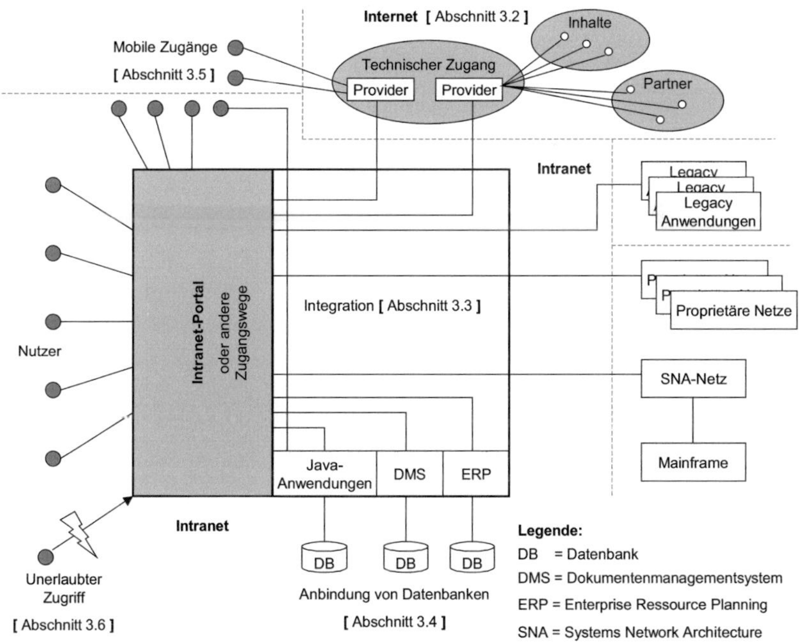

Abbildung 19: Typischer Aufbau eines Intranets höherer Ausbaustufe

Ein für die meisten Unternehmen sehr wichtiger Schritt, der teilweise bereits vor der Einführung eines Intranets getätigt wird, ist die Realisierung eines Zugangs zum Internet, um dort als Anbieter (externe Nutzung) oder Nachfrager (interne Nutzung) aufzutreten bzw. ein eigenes virtuelles Netz aufzubauen (Extranet). Der Abschnitt 3.2 beschäftigt sich mit den Möglichkeiten zur Einbindung dieser Zugänge in das Intranet und beschreibt relevante Anwendungsfelder. Der Schwerpunkt liegt dabei in der internen Nutzung des Internets.

Im Abschnitt 3.3 wird auf die oftmals notwendige Einbindung von Altanwendungen und Fremdnetzen in das Intranet eingegangen. Der darauf folgende Abschnitt beschreibt die verschiedenen Wege zur Anbindung von Datenbanken an interne Web-Angebote oder webgestützte Anwendungen. Das Ziel liegt hier in einer Klassifikation und bewertenden Gegenüberstellung der zur Verfügung stehenden Technologien.

Die zunehmende Bedeutung mobiler Zugänge und Anwendungen wird im Abschnitt 3.5 betrachtet. Gerade auf diesem Sektor sind derzeit eine Reihe technischer Innovationen zu beobachten. Die unterschiedlichen Technologien, deren Entwicklungsperspektiven und die sich anbietenden Einsatzfelder werden vorgestellt und bewertet.

Im letzten Abschnitt des Kapitels werden Grundlagen des Sicherheitsmanagements in Intranets erarbeitet. Aufgrund der sehr breiten Thematik kann dieser Aspekt nur im Überblick dargestellt werden.

Um den Umfang der Arbeit zu begrenzen und eine ganzheitliche Sicht zum Thema zu ermöglichen, wird in den Betrachtungen auf Detailinformationen zur konkreten Programmierung und zu Einstellungen an der Software verzichtet. Dazu wird auf die in ausreichendem Maße vorhandene Literatur zur Web-Programmierung und zum Sicherheitsmanagement verwiesen.

Das Kapitel stützt sich in den Darstellungen auf die zuvor vorgestellten Technologien und Standards. Im Kontext der Anwendungsaspekte werden diese weiter vertieft bzw. weitere Standards für spezielle Einsatzfelder, wie der mobilen Nutzung, eingeführt.

3.2 Einbindung des Internets in Intranets

3.2.1 Nutzungsformen der Internettechnologie

Die Art der technischen Realisierung der Verbindung von Intranet und Internet hängt zum einen von der Nutzungsform des Internets und zum anderen von den konkreten Einsatzzielen ab. Bei den Nutzungsformen werden neben der Nutzung des Intranets die folgenden drei weiteren typischen Szenarios betrachtet:

- Aufbau eines Extranets
- Einbindung des Internets zur internen Nutzung (Nutzung durch die Mitarbeiter)
- Einbindung des Internets zur externen Nutzung (Bereitstellung von Informationen und Funktionen für die Öffentlichkeit)

Die Trennung in interne und externe Nutzung des Internets ermöglicht separate Betrachtungen der sehr unterschiedlichen Realisierungsmöglichkeiten innerhalb der vorrangig in KMU anzutreffenden gering ausgebauten Unternehmensnetze. Die Trennung wird jedoch mit zunehmender Ausbaustufe durch die Abbildung ganzer Prozesse und der stärkeren Integration der Nutzungsformen in die IuK-Infrastruktur teilweise wieder aufgehoben.

In Tabelle 18 werden die Nutzung des Intranets und die genannten unternehmensübergreifenden Nutzungsformen bezüglich der Benutzergruppen und den Einsatzzielen wichtiger Internetdienste gegenübergestellt.

	Intranet	Extranet	Internet (interne Nutzung)	Internet (externe Nutzung)
Ziel-gruppe	• Eigene Mitarbeiter	• Wichtige Businesskunden, Lieferanten und weitere Geschäftspartner	• Eigene Mitarbeiter	• Kunden, • Lieferanten • Interessenten
Einsatzfelder wichtiger Dienste				
WWW	• Interne Informationen • Zugang zu allen internen Web-fähigen Anwendungen	• Informationsbasis, z. B. für gemeinsame Projekte, Produkte und virtuelle Teams • Zugang zu Anwendungen zur Abwicklung unternehmensübergreifender Prozesse (z. B. SCM) • Lieferabruf	• Beobachtung der Konkurrenz • Suche nach Lieferanten, Bestellungen • Abruf von Brancheninformationen • Zugang zu elektronischen Märkten • Zugang zu externen Anwendungen (z. B. Online-Banking) • Realisierung von Outsourcing und ASP • Auskunftsabfragen	• Produkt- und Firmeninformationen, Marketing • B2C und B2B-Anwendungen (z. B. Web-Shops, Daten zur Verfügbarkeit) • Supportinformationen • Stellenausschreibungen • Online-Bewerbungen • Referenzen • Bestellverfolgung für Kunden
E-Mail	• Interner Mailverkehr	• Kooperation mit Partnern • Lieferabruf	• Kontaktaufnahme • Anfragen, Bestellungen, Reklamationen • Kooperation mit Partnern	• Abwicklung von Kundenanfragen • Service und Support • Produktankündigungen • Newsletter
FTP	• Bereitstellung von Software und internen Dokumenten	• Bereitstellung von Produktdaten und Serviceanleitungen	• Treiber • Updates • Abruf elektronischer Dokumente	• Anbieten elektronischer Dokumente, wie Handbücher und Prospekte
News	• Projekte • Interner Support • Ideenfindung	• Virtuelle Teams	• Know-how-Suche • Suche nach Mitarbeitern	• Diskussionen zu Problemen und neuen Funktionen • Virtuelle Gemeinschaften

Tabelle 18: Vergleich typischer Nutzungsformen von TCP/IP-Netzen

3.2.2 Technische Realisierungsmöglichkeiten

Zur Realisierung der vorgestellten Nutzungsformen stehen verschiedene technische Wege offen. Die Notwendigkeit der Integration in das Intranet fällt dabei sehr unterschiedlich aus (vgl. Tabelle 19).

	Intranet	Extranet	Internet (interne Nutzung)	Internet (externe Nutzung)
Wege zur Realisierung	• Eigenes Netz • Öffentliches Netz • Virtual Private Network (VPN)	• VPN • Öffentliches Netz • Eigenes Netz	• Integration in das Intranet (siehe Vorgehensmodell) • „Surf Terminal“	• Web-Hosting • Internet-Knoten im eigenen Unternehmen
Verbindung zum Intranet erforderlich?	---	• Nur für relevante Bereiche (Abgrenzung möglich)	• Zwingend, außer bei Realisierung als „Surf-Terminal“	• Nur bei Internet-Knoten im eigenen Unternehmen

Tabelle 19: Realisierungsoptionen der vorgestellten Nutzungsformen

Nachfolgend werden die in der Tabelle 19 genannten Realisierungsoptionen beschrieben.

a) Eigenes Netz (für Intranets und Extranets)

Bei Intranets ist es nahezu selbstverständlich, daß die Realisierung über ein eigenes Netz mit einem getrennten Adreßbereich erfolgt. Auch bei Extranets besteht diese Möglichkeit. Sie hat dort den Vorteil einer großen Sicherheit und des genauen Zuschnitts auf die Anforderungen der Unternehmen. Allerdings ist aufgrund der kaum zu vertretenden Kosten bei territorial entfernten Partnern diese Form wenig sinnvoll. Ein Kompromiß bzgl. Aufwand und Nutzen kann durch den Einsatz von gemieteten Standleitungen erzielt werden.

b) Öffentliches Netz (für Intranets und Extranets)

Die Realisierung von Extranets und die Verbindung zwischen Standorten des Intranets kann über öffentliche Netze erfolgen. Die Vorteile dieser Variante liegen in den geringen Kosten für Aufbau und Betrieb des Leitungsnetzes (keine Standleitungen oder Selbstverlegung notwendig). Um den Zugang einzuschränken und sensible Daten zu schützen, muß eine Absicherung durch Firewalls realisiert werden. Durch diese Maßnahme findet jedoch keine Absicherung der Kommunikation innerhalb des öffentlichen Netzes statt. Diese Variante ist nur für Unternehmen geeignet, die geringe Sicherheitsanforderungen an die Kommunikation und die über das öffentliche Netz zugänglichen Anwendungen stellen.

c) Virtual Private Networks (VPN) (für Intranets und Extranets)

Durch VPN erfolgt in Erweiterung zu Variante b eine verschlüsselte Kommunikation über öffentliche Netze. Der Vorteil dieser Variante liegt neben denen der Variante b darin, daß Verschlüsselungs- und Automatisierungsmechanismen in Form sogenannter Tunnelverbindungen zum Einsatz kommen, die diese Lösung zum Teil sicherer als gemietete Standleitungen machen [BACHFELD 01; KURI 99b, S. 190]. Es gibt für die verschiedensten Anforderungen fertige Lösungen am Markt (z. B. ISDN-Router mit integrierter Verschlüsselungstechnik).

Tabelle 20 vergleicht die Varianten a, b und c bezüglich der Kriterien Kosten, Sicherheit, Flexibilität und Zuverlässigkeit.

	Realisierung des Netzwerks		
Kriterium	**Eigenes Netz (Variante a)**	**Öffentliches Netz mit Firewalls (Variante b)**	**Über Tunnel und Firewalls (VPN) (Variante c)**
Kosten	Hoch	Niedrig	Niedrig
Sicherheit	Hoch	Beschränkt	Hoch
Flexibilität	Niedrig	Hoch	Hoch
Zuverlässigkeit	Hoch	Mittel	Mittel

Tabelle 20: Vergleich von Realisierungsvarianten [vgl. ALPAR 96, S. 246]

d) „Surf Terminal" (für interne Internetnutzung)

Hierbei handelt es sich um einen eigenständigen Computerarbeitsplatz mit Internetzugang, welcher keine Verbindung zum internen Netzwerk des Unternehmens besitzt. Diese einfache, aber sehr effiziente Lösung ermöglicht es den Mitarbeitern, die benötigten Informationen im Internet zu recherchieren ohne daß neue Risiken durch externe Angriffe für das Unternehmen entstehen. Auch weitergehende Einsatzfelder wie E-Mail und Diskussionen sind so möglich, ohne daß zeit- und kostenaufwendige Sicherheitskonzepte umgesetzt werden müssen. Aufgrund der fehlenden Integration in das Firmennetz und des damit begrenzten Anwendungsspektrums eignet sich der Einsatz dieser Lösung nur als Provisorium (z. B. als ersten Schritt zur Einbindung des Internets) oder für sensible Unternehmensbereiche in denen aufwendige Sicherheitslösungen (z. B. wegen geringen Anforderungen an die Internetnutzung oder seltener Nutzung) ökonomisch nicht sinnvoll sind.

e) WEB-Hosting (für externe Internetnutzung)

Hierbei handelt es sich um den Aufbau des Internet-Knotens bei einem Internet Service Provider (ISP). Unter einem Internet-Knoten wird ein Internet-Host verstanden, der einen Domainnamen (z. B. www.firma.de) und mindestens einen E-Mail-Server besitzt. Er beinhaltet alle Dienste, Systeme und Anwendungen, die das Unternehmen den Anwendern des Internets zur Verfügung stellen möchte. Es handelt sich also um die externe Bereitstellung von Informationen und Diensten im Internet. Diese Lösung bietet den Vorteil, daß externe Zugriffe auf Internetangebote des Unternehmens über die Leitungen des Providers abgewickelt werden und somit Kosten zur Bereitstellung einer hohen Übertragungsbandbreite und des anfallenden Übertragungsvolumens entfallen. Weiterhin werden durch ISP eine hohe Ausfallsicherheit des Web-Angebots garantiert und Unterstützungsleistungen für Aufbau und Wartung angeboten. Letzteres macht diese Lösung besonders für KMU attraktiv. Aber auch für große Unternehmen eignet sich diese Lösung, wenn eine starke Konzentration auf das Kerngeschäft erfolgen soll und keine starke Verflechtung mit Systemen des Intranets vorhanden ist.

f) Aufbau eines Internet-Knotens im eigenen Unternehmen

Ebenso wie beim Web-Hosting werden hier Informationen und Dienste für die Öffentlichkeit im Internet bereitgestellt. Im Gegensatz zum Web-Hosting wird aber der Internet-Auftritt innerhalb der IT-Infrastruktur der Firma aufgebaut, d. h. der Webserver steht im Unternehmen, der gesamte Datenverkehr muß über die Zugangsleitungen abgewickelt werden. Diese Lösung ist vorrangig für große Unternehmen mit ausgebauter IuK-Infrastruktur geeignet. Die Notwendigkeit der Nutzung dieser Lösung kann auch mit der in ausgebauten Intranets vorherrschenden Integration von Anwendungen des Intranet, Internet und Extranet gegeben sein.

g) Integration des Internets in das Intranet (für interne Internetnutzung)

Die Nutzung des Internets aus dem Intranet heraus ist für viele Aufgabenbereiche in Unternehmen von hoher Bedeutung. Aus diesem Grund sollte das Internet als eine der ersten

Ausbaumaßnahmen zur internen Nutzung an das Unternehmensnetz angebunden werden. Der folgende Abschnitt beschreibt das Vorgehen zur Integration von Diensten und Inhalten des Internets in ein Intranet.

3.2.3 Vorgehensmodell zur Integration des Internets in ein Intranet

Abbildung 20 zeigt die notwendigen Schritte zur Integration des Internets in ein Intranet. Diese werden nachfolgend beschrieben.

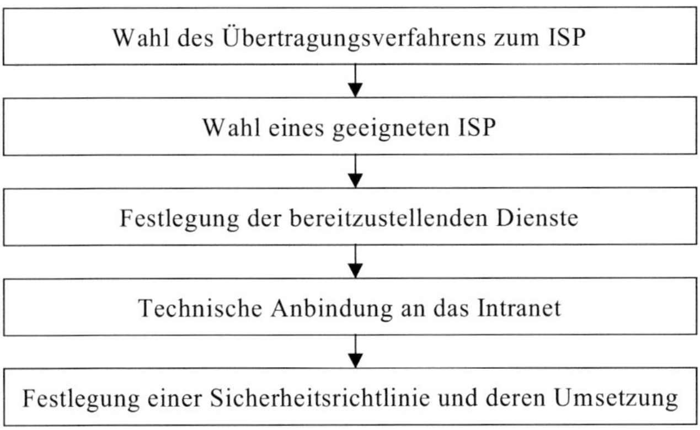

Abbildung 20: Vorgehensmodell zur Integration des Internets in ein Intranet

a) Wahl des Übertragungsverfahrens

Diese Entscheidung zur Wahl des Übertragungsverfahrens hängt hauptsächlich von dem zu erwartenden Übertragungsvolumen ab. Tabelle 21 gibt hierzu eine auf Erfahrungswerten eines ISP aufgebaute Einordnung.

Nutzeranzahl	Datentransfer pro Monat	Unternehmens-größe	Datenübertragungs-kapazität
Bis 10	**Bis 5 GByte**	**Klein**	**64 kBit/s**
Bis 20	**Bis 10 GByte**	**Klein**	**128 kBit/s**
Bis 1000	**Bis 150 GByte**	**Mittel**	**2 MBit/s**
Bis 15000	**Bis 2000 GByte**	**Groß**	**34 MBit/s**
Bis 50000	**Bis 7000 GByte**	**Groß**	**155 MBit/s**

Tabelle 21: Empfohlene Datenübertragungskapazität für Unternehmen [vgl. UUNET 00]

Nach der erfolgten Abschätzung des monatlichen Transfervolumens und damit der erforderlichen Bandbreite stehen derzeit folgende verbreitete Übertragungsverfahren als Alternativen zur Verfügung:

Die Nutzung von **Mobilfunkstandards** (GSM, GPRS, EDGE, UMTS etc.) ist sowohl technisch als auch bezüglich der Bandbreite (außer GSM) eine denkbare Lösung eines Internetzugangs für kleinere Unternehmen. Durch die derzeitige Preisstruktur bleibt dieses Verfahren lediglich mobilen Lösungen oder zur Überbrückung eines fehlenden drahtgebundenen Zugangs vorbehalten.

Der Einsatz von **ISDN** ist eine kostengünstige und für viele Anwendungen ausreichende Lösung. Die Datenrate beträgt 64 kBit/s, bei Kanalbündelung 128 kBit/s. Bei einem Primärmultiplexanschluß mit 30 Kanälen sind 30 x 64 kBit/s = 1920 kBit/s möglich. Der Einsatz von analogen Zugängen über Modems wird aufgrund der sinkenden Bedeutung und ähnlicher Leistungsparameter an dieser Stelle dem Bereich von ISDN zugeordnet.

Eine wesentliche Verbesserung der Bandbreite ermöglicht verschiedene neue Verfahren, welche alle die für Telefonanschlüsse verwendeten verdrillten Kupferleitungen zur Übertragung verwenden. Diese inzwischen über 100 Verfahren werden unter dem Begriff Digital Subscriber Line (DSL) zusammengefaßt [KAUFFELS 00, S. 218ff.; BRUDER 00, S. 60].

Die Eigenschaften der wichtigsten xDSL-Technologien werden in Tabelle 22 gegenübergestellt.

Bezeichnung	UDSL	SDSL	ADSL	HDSL	VDSL
Bitrate (Download)	1,5 MBit/s	1,5 MBit/s	Bis 8 MBit/s	1,544 MBit/s bzw. 2,048 MBit/s	Bis 52 MBit/s
Bitrate (Upload)	128 kBit/s	1,5 MBit/s	32 kBit/s bis 800 kBit/s	1,544 MBit/s bzw. 2,048 MBit/s	Bis 26 MBit/s
Maximale Kabellänge zur Vermittlungsstelle	5 km	3 km	5 km, abhängig von Bitrate	4 km	Von 300 m bis 1,5 km, abhängig von Bitrate
Adernpaare	1	1	1	2 bei 1,544 MBit/s, 3 bei 2,048 MBit/s	1
Bandbreite	Bis 1 MHz	Bis 240 kHz	Bis 1 MHz	Bis 240 kHz	Bis 30 MHz
Analoganschluß	Ja	Ja	Ja	Nein	Ja
ISDN	Nein	Nein	Ja	Nein	Ja
Symmetrische Übertragung	Nein	Ja	Nein	Ja	Mit 26 MBit/s auch symmetrisch

Tabelle 22: DSL-Standards im Vergleich [SCHMOLL u. a. 98, S. 80; TILLMANN 97, S. 324]

Die größte Verbreitung besitzt derzeit ADSL. Mit diesem Standard ist es möglich, den zuvor genutzten analogen oder digitalen Anschluß parallel weiterzuverwenden. Dies hat den Vorteil, daß der Telefonanschluß auch bei bestehender Online-Verbindung ohne Einschränkungen genutzt werden kann [vgl. ADSL 01].

Die Deutsche Telekom bietet unter dem Namen T-DSL eine spezielle ADSL-Variante mit derzeit 768/128 kBit/s Down- und Upstream an. Aufgrund relativ günstiger Preise für eine Internetnutzung, insbesondere als Pauschaltarif (Flatrate), ist das in Deutschland angebotene T-DSL sehr attraktiv, vor allem für mittlere Unternehmensgrößen und Dienstleister mit hohem Datenaufkommen. Für höhere Anforderungen stellt die Telekom höhere Datenraten von 1500/192 kBit/s und 2300/256 kBit/s mit den Tarifangeboten BusinessOnline bzw. BusinessOnline 2300 zur Verfügung [TELEKOM 02c].

Abbildung 21 zeigt den Aufbau eines T-DSL Anschlusses.

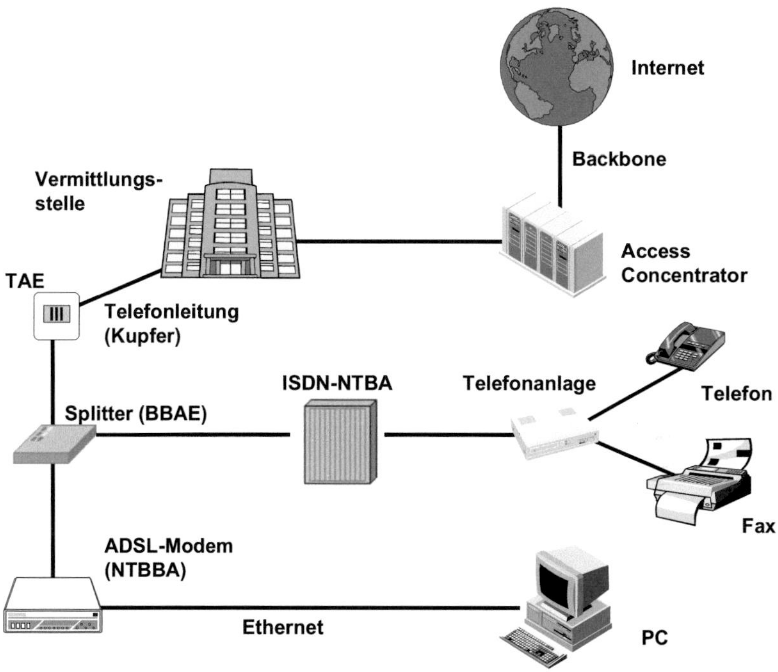

Abbildung 21: Komponenten eines ADSL-Anschlusses [ENDRES u. a. 99, S. 120]

Der Netzwerkterminationspunkt Breitbandangebot (NTBBA) und der ISDN-NTBA bilden die Übergabestelle der Telefongesellschaft. Dies bedeutet, daß es ab diesem Punkt dem Kunden überlassen bleibt, welche Geräte (z. B. mehrere PCs mit Hilfe eines Switch) angeschlossen werden [ENDRES u. a. 99, S. 122f.].

Der Asynchronous Transfer Mode **(ATM)** wurde ursprünglich als Übertragungsmethode für das mittlerweile aufgegebene Breitband-ISDN[2] (B-ISDN) entwickelt [KAUFFELS 00, S. 224]. ATM bietet Übertragungsraten von bis zu 155 MBit/s. Es ist möglich, sowohl Dienste als auch Netze zu integrieren. ATM bietet eine vereinfachte schnelle Paketvermittlung ohne Fehlerkorrektur mit garantierten Bandbreiten was eine besondere Eignung für Echtzeitanwen-

[2] B-ISDN wurde vor allem nicht realisiert, weil die angestrebten Merkmale inzwischen durch das Internet erbracht werden [vgl. KAUFFELS 00, S. 236]

dungen begründet [vgl. KAUFFELS 00, S. 226f.]. Eine interessante Lösung für KMU mit hohen Netzanforderungen wird von der Deutschen Telekom unter dem Namen „T-ATM dsl" angeboten. Bei dieser sind Festverbindungsanschlüsse als Permanent Virtual Connection (PVC) oder Wählzugänge als Switched Virtual Connection (SVC) jeweils über normale Kupferleitungen für Telefonanschlüsse möglich. Es werden Varianten mit bis zu 6 MBit/s Downstream und 576 kBit/s Upstream angeboten. Es handelt sich dabei um eine Kombination von ATM und ADSL (T-DSL) mit Einschränkungen bei der Bandbreite und geringer Eignung für Echtzeitanwendungen, da die Verkehrskategorie mit konstanter Datenrate (CBR = Constant Bit Rate) für „T-ATM dsl" nicht angeboten wird [vgl. TELEKOM 02a; ENDRES u. a. 99; TELEKOM 02b].

Weitere Alternativen ergeben sich zukünftig aus der bereits beschriebenen Powerline-Communication-Technologie sowie Satelliten-Übertragungsverfahren mit Rückkanal, welche zwar hohe Datenraten (bis 50 MBit/s, Rückkanal 8 MBit/s) bieten, aber auch hohe Anschaffungskosten und erhebliche laufende Kosten nach sich ziehen und damit nur Nischenlösungen für die Anbindung des Internets darstellen [CW 00d; STIEL 00].

Tabelle 23 gibt einen Überblick über die relevanten Übertragungsverfahren für Verbindungen zum ISP.

	Mobilfunk	**ISDN**	**ADSL**	**PLC**	**Satellit**	**ATM + ADSL[3]**	**ATM**
Datenübertragungsrate	**9,6 kBit/s bis 2 Mbit/s**	**64 kBit/s bis 1920 kBit/s**	**128 kBit/s bis 8 MBit/s (Rückkanal bis 768 Kbit/s)**	**2 MBit/s bis 4,2 MBit/s (10 Mbit/s geplant)**	**Bis 2 GBit/s (Rückkanal 16 kBit/s bis ca. 4 Mbit/s)**	**2 MBit/s bis 6 MBit/s (Rückkanal 192 kBit/s bis 576 kbit/s)**	**2 MBit/s bis 155 MBit/s**
Eignung für KMU	**Gering geeignet**	**Sehr geeignet**	**Sehr geeignet**	**Geeignet**	**Gering geeignet**	**Geeignet**	**Gering geeignet**
Kosten	**Hoch**	**Gering**	**Gering**	**Mittel**	**Hoch**	**Hoch**	**Sehr hoch**

Tabelle 23: Vergleich und Bewertung von Internet-Anbindungsalternativen

[3] Kombination von ATM und ADSL zur Anbindung des Nutzers („letzte Meile"), Produktbeispiel T-ATM dsl der Deutschen Telekom AG

b) Wahl eines geeigneten ISP

Die Art des gewählten Übertragungsverfahrens eröffnet Wahlmöglichkeiten bezüglich der den Internetzugang bereitstellenden Providern. Bei der Wahl des ISP sind folgende Auswahlkriterien zu beachten:

- **Einmalige Kosten (z. B. Einrichtungsgebühren):** Diese sind insbesondere bei Satellitenübertragung mit Rückkanal (mind. vierstelliger Euro-Betrag) und bei sehr leistungsfähigen Zugängen üblich. Bei für KMU geeigneten Zugängen über ISDN oder ADSL beschränkt sich dieser Betrag meist auf die Anschaffung der relativ kostengünstigen Hardware (zwei bis dreistelliger Euro-Betrag).

- **Laufende Kosten (Grundgebühr, Zeit- oder Volumengebühren):** Die laufenden Kosten sind in erster Linie von der technischen Bandbreite und in zweiter Linie bei schmalbandigen Zugängen von der Zeit, bei leistungsfähigen Anbindungen dagegen vorwiegend vom Volumen abhängig. Interessante Möglichkeiten für KMU bieten sich beim Einsatz von ISDN oder ADSL in der Nutzung von Pauschalangeboten ohne Zeit- und Volumenbeschränkung (Flatrate) oder der Nutzung von Internet-by-Call Anbietern, welche flexibel ohne besondere Vertragsbindung zu sehr günstigen Tarifen mit Zeittaktung genutzt werden können.

- **Technische Qualität:** Dieses Kriterium kann nur schwer im Vorfeld untersucht werden, da Erkenntnisse zur Verfügbarkeit bzw. zu Problemen bei der Einwahl (bei ISDN) und zur im praktischen Einsatz erreichbaren Datenrate erst im Verlauf der Nutzung gesammelt werden können. Anhaltspunkte können an dieser Stelle Providertests in Fachzeitschriften und in Newsgroups oder im WWW veröffentlichte Nutzererfahrungen geben.

- **Vertragsbedingungen:** Bei leistungsfähigen Zugängen sind häufig spezielle Verträge mit dem Provider abzuschließen. Diese müssen bezüglich Mindestvertragslaufzeit, Mindestnutzung, eventuelle Zusatzleistungen, wie bereitgestellter Speicherplatz oder E-Mail-Konten und andere Bedingungen, überprüft werden. Viele Provider im ISDN- und ADSL-Bereich schließen die geschäftliche Nutzung der Zugänge aus. T-Online als Marktführer im Bereich von Flatrates erlaubt für diese die geschäftliche Nutzung, verbietet allerdings das Untervermieten oder Verschenken der eingekauften Leistung, etwa an Mitglieder einer Bürogemeinschaft und erst recht die Verteilung innerhalb von Unternehmensnetzen [LABS 00a, S. 252].

- **Service:** Für die unternehmensinterne Nutzung des Internets spielt die technische Qualität des Zugangs eine besondere Rolle. Während bei einer Anbindung über ISDN bei Problemen sofort auf andere Anbieter ausgewichen werden kann, ist bei anderen Zugängen eine schnelle Erreichbarkeit und Reaktion des Providers notwendig. Dieses muß über entsprechende Vertragsvereinbarungen sichergestellt werden.

c) Festlegung der bereitzustellenden Dienste

Neben WWW und E-Mail bietet das Internet eine Reihe weiterer Dienste, die sich zur kommerziellen Nutzung eignen. Das Ziel dieser Selektion liegt nicht im technischen Aufwand begründet, sondern es muß eine Abwägung der Nutzenspotentiale und der Nachteile bezüglich der Sicherheit und des eventuellen Mißbrauchs der Dienste erfolgen. Dazu zählen die Nutzung des WWW aus privatem Interesse (Nachrichten, Aktienkurse, Urlaubsreiseangebote), das Herunterladen von Software, Fotos oder Videos sowie die private Kommunikation per E-Mail oder IRC.

Die entstehenden Nachteile und Gefahren sind die Verschwendung von Arbeitszeit und IT-Ressourcen, Gefahren durch Computerviren und eventuelle Imageschädigungen der Firma, wenn z. B. Mitarbeiter Meinungsäußerungen in Newsgroups unter der Firmen-Mailadresse tätigen [vgl. JANAL 99, S. 93ff.].

Mit Sicherheit ist die Verschwendung der Arbeitszeit das größte Problem bei der Nutzung des Internets durch Mitarbeiter. Auf der anderen Seite sind die gelegentlich in Medien auftauchenden simpel durchgeführten Berechnungen bezüglich einer riesigen Vernichtung von Produktivität durch diese Zugänge fragwürdig. Ähnliches wurde bereits mit privaten Telefonaten, Rauchen oder anderen nicht unmittelbar mit den betrieblichen Aufgaben verbundenen Aktivitäten am Arbeitsplatz getan, ohne daß dabei der Nachweis erbracht wurde, daß bei Unterbindung dieser Aktivitäten die Produktivität wesentlich steigt. Oftmals wird es bei firmeneigenen Internetzugängen schwer, eine Trennung betrieblicher und privater

Nutzung durchzuführen. Ist die Abfrage von Börsenkursen oder aktuellen Wirtschaftsmeldungen ein privates Interesse, oder wird dadurch auch die Kompetenz des Mitarbeiters gestärkt? Immerhin ist die Abfrage von Nachrichten das ermittelte häufigste Ziel surfender Arbeitnehmer [FOCUS 01].

Da viele Unternehmen die Arbeitsbedingungen angenehmer gestalten wollen, um ihre Mitarbeiter zu binden, und das Ausforschen von Mitarbeitern ohne Zustimmung des Betriebsrates illegal ist [HELFRICH 97; FOCUS 01], bietet sich eine freiwillige Selbstkontrolle der Mitarbeiter oder eine Vereinbarung zwischen Geschäftsleitung und Mitarbeitern an. Es sollte eine Selbstverständlichkeit sein, daß die Mitarbeiter nur maßvoll und im Einklang mit den betrieblichen Erfordernissen das Internet privat nutzen.

Weiterhin ist es Unternehmen möglich zu entscheiden, welche Dienste im Intranet bereitgestellt werden sollen, und welche Mitarbeiter diese Dienste nutzen dürfen. Die effiziente Realisierung einer Zugriffstruktur ermöglichen Proxy-Server. Diese nehmen als mögliches Bindeglied zwischen Internet und Intranet eine Umsetzung zwischen internen und externen Adressen vor. Weiterhin findet ein Caching der empfangenen Informationen statt, was wiederum die Netzlast verringert und den Zugriff beschleunigt [BICHLER 97, S. 27; PAUL u. a. 97, S. 82]. Mit moderner Proxysoftware, wie Netproxy der Firma Grok Development oder Wingate von Deerfield, ist es möglich, einzelne Dienste für das Intranet zu sperren oder nur für bestimmte Benutzer freizuschalten.

Abbildung 22 zeigt die Benutzeroberfläche des Proxy-Servers WINGATE, auf der neben den konfigurierbaren Diensten (links) die das Internet derzeit nutzenden Accounts/Rechner und deren Aktivitäten (rechts) dargestellt sind.

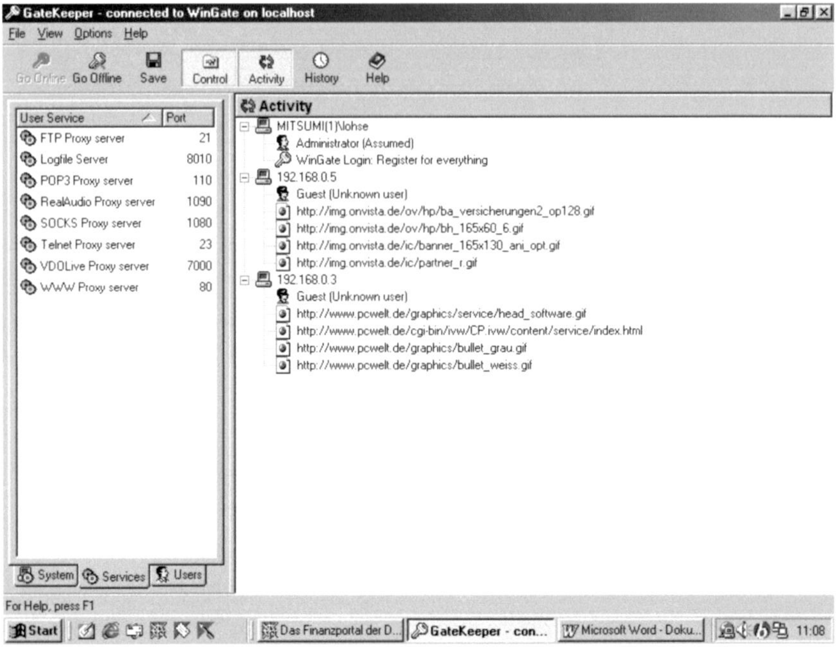

Abbildung 22: Proxy-Server WINGATE

Während die meisten Dienste des Internets mit geringer Bandbreite auskommen (z. B. E-Mail, News, IRC, Telnet ...) oder relativ effizient arbeiten (z. B. FTP), besteht beim WWW aufgrund der hohen Bandbreitenanforderungen für multimediale Inhalte die Notwendigkeit einer Optimierung der Abrufe über die kostenintensiven Providerzugänge, z. B. durch das lokale Abfangen von Mehrfachanforderungen häufig gelesener Seiten. Eine relativ leicht anzuwendende Strategie zur Lösung dieses Problems ist der Einsatz eines zentralen Caches, z. B. innerhalb der bereits vorgestellten Proxy-Software. Eine weitere Möglichkeit besteht in der lokalen Bereitstellung häufig benötigter Daten auf dem Webserver des Intranets. Diese Vorgehensweise hat den weiteren Vorteil einer schnellen Übersicht unternehmensrelevanter Webseiten ohne aufwendige Suche. Mögliche Ausbaustufen einer solchen Hyperlinkstruktur werden nachfolgend vorgestellt [ZSCHUCKELT 00, S. 67]:

- **Hyperlinks auf Web-Inhalte:** In die Webseiten des Intranets werden Hyperlinks auf relevante Web-Inhalte eingearbeitet, wodurch eine erneute Suche der Informationen vermieden werden kann. Auch Hyperlinks auf Werkzeuge wie Suchmaschinen oder Verzeichnisse sind möglich.

- **Hyperlinks auf Web-Inhalte mit teilweiser Datenspeicherung im Intranet:** Ergänzend zum vorhergehenden Verfahren werden relevante Daten aus dem Web im Intranet gespeichert, die bei einer mehrmaligen Übertragung die Internet-Anbindung stark belasten würden und keine kurzfristigen Änderungen erwarten lassen (z. B. Software, Dokumentationen oder Datenblätter).

- **Lokale Bereitstellung von Web-Inhalten:** Von Web-Inhalten wird ein Abbild erstellt und im Intranet publiziert. Dieses Verfahren ist nur für statische und über längere Zeit stabile Web-Inhalte geeignet, bei denen keine Interaktion mit dem Ursprungs-Server notwendig ist (z. B. Bücher oder Dokumentationen im HTML-Format).

In Tabelle 24 werden die Stufen bezüglich wichtiger Kriterien verglichen:

	Hyperlink	Hyperlink und lokale Daten	lokale Bereitstellung
Aktualität	Durch Anbieter gesichert	Durch Anbieter gesichert	Nur für einen Zeitpunkt gesichert
Vollständigkeit	Durch Anbieter gesichert	Muß für lokale Daten geprüft werden	Nur für einen Zeitpunkt gesichert
Verfügbarkeit	Überprüfung notwendig	Überprüfung notwendig	Permanent verfügbar
Geschwindigkeit	Stark abhängig von Internet-Anbindung	Sehr hoch für lokale Daten	Sehr hoch
Wartungsaufwand	Sehr niedrig	Hoch	Hoch

Tabelle 24: Vergleich der Verfahren zur Integration von Web-Inhalten [ZSCHUCKELT 00, S. 68]

Weitere Möglichkeiten zur Entlastung des Internetverkehrs bestehen in der Installation lokaler Mail- und Newsserver, die in festgelegten Zeitintervallen einen Abgleich mit dem Internet vornehmen. Auch hier wird als Nebeneffekt die Zugriffsgeschwindigkeit auf diese Dienste erhöht.

d) Technische Anbindung an das Intranet

Grundsätzlich gibt es zwei Möglichkeiten, ein LAN an das Internet anzubinden. Während Router auf der IP-Ebene Daten zwischen lokalem Netz und Internet weiterleiten, arbeiten Proxies auf der Anwendungsebene. Dabei richten die Internet-Clients die Anforderungen nicht direkt an die Server im Internet, sondern an den Rechner im LAN, auf dem der Proxy aktiv ist. Dieser holt dann im Auftrag der Clients die Daten aus dem öffentlichen Netz [KURI 00, S. 140].

Der Zugang über Router ist relativ einfach zu realisieren. Er ist für die Clients transparent. Es muß nur der Router als Gateway-Adresse eingetragen werden. Dieser kann ein Computer im LAN mit Router-Software oder auch ein ISDN-Router sein. Dabei besteht aber die Gefahr einer ungenügenden Trennung des internen und externen Datenverkehrs in sich.

Proxies erfordern die aufwendigere Anpassung der Client-Software. Jede Internet-Client-Software muß so konfiguriert werden, daß alle Internetanfragen an den Proxy gerichtet werden. Nicht jede Software kann aber mit Proxies umgehen. Auf der anderen Seite bieten Proxies aber eine Reihe von Vorteilen, vor allem auf den Gebieten Sicherheit und Effizienzsteigerung (z. B. durch Cachemechanismen) [PAUL u. a. 97, S. 82; KURI 00, S. 140].

e) Festlegung einer Sicherheitsrichtlinie und deren Umsetzung

Durch die Verbindung zum Internet entstehen neue Risiken, welche durch zusätzliche Sicherheitsmaßnahmen begrenzt werden müssen. Verfügbare Technologien und Standards zur Absicherung gegen Angriffe aus dem Internet werden im Abschnitt 3.6 dargestellt, konkrete Handlungsempfehlungen sind im Abschnitt 3.6.4 beschrieben.

3.2.4 Empfehlungen für KMU

Die Nutzung des Internets und in bestimmten Branchen auch der Aufbau eines Extranets sind für viele KMU inzwischen zur Selbstverständlichkeit geworden. Erheblich gesunkene Kosten für Internetzugänge und der zur Einbindung notwendigen Hardware ermöglichen es auch kleinen Unternehmen die Möglichkeiten des Internet zu nutzen.

Mit ISDN und ADSL stehen unter den vorgestellten Verfahren für KMU attraktive Zugangswege zu externen Netzen für kleine und mittlere Datenaufkommen zur Verfügung. Durch den Einsatz vorkonfigurierter Proxies oder mit Hilfe der zunehmenden Funktionalität aktueller Betriebssysteme zur Verbindung unterschiedlicher Netze ist es möglich, mit geringem Aufwand und ohne Spezialkenntnisse unternehmensrelevante Anwendungsfelder des Internets zu erschließen.

Durch die Vielfalt zur Verfügung stehender Dienste, Produkte und Optionen bietet sich speziell für KMU der schrittweise Einstieg in diesem Bereich an. So besteht die Möglichkeit ohne hohe Kostenrisiken verschiedene Anwendungsfelder zu testen und die weitere Vorgehensweise auf Basis gesammelter Erfahrungen zu entscheiden. Bestimmte Optionen, wie z. B. ein einfacher Internetauftritt, können ohne erhebliche Bindung personeller und finanzieller Ressourcen realisiert und deren Wirkung z. B. über Counter oder vom ISP bereitgestellte Web-Statistiken analysiert werden. Mögliche Sicherheitsrisiken können durch Auslagerung des Web-Angebotes auf den ISP oder vom Intranet getrennten „Surf-Terminals" umgangen oder in einem ersten Schritt mit geringem Aufwand über vorkonfigurierte Funktionen in Proxies oder Firewalls begrenzt werden.

Zu den drei in diesem Abschnitt vorgestellten Nutzungsformen folgende Empfehlungen für KMU gegeben.

a) Aufbau eines Extranets

Der Aufbau und Betrieb von Extranets ist aufgrund der sehr spezifischen Auslegung (definierte Benutzer, sensible Daten, hoher Pflegeaufwand) sehr aufwendig. Der Einsatz ist aus diesem Grund für KMU nur in einigen Branchen und Unternehmenstypen sinnvoll, wie z. B. für virtuelle Unternehmen, Beratungshäuser die an gemeinsamen Projekten arbeiten oder Verbände die Ihren Mitgliedern Informationen zur Verfügung stellen. Ein weiterer Grund für die Realisierung von Extranets besteht in einer starken Marktposition von Großkunden, wie z. B. Fahrzeug-Hersteller, die ihre Bestellungen und Lieferabrufe über Extranets abwickeln.

Will der Zulieferer wettbewerbsfähig bleiben, muß er sich am Aufbau solcher Extranets beteiligen, auch wenn sich für ihn selbst dadurch nur geringe Vorteile erschließen.

Für die Realisierung eignet sich der Aufbau eines VPN. Zur Abgrenzung gegenüber dem Intranet bietet sich der Einsatz eines Firewalls zur Beschränkung des Intranetzugriffs auf die für das Extranet relevanten Inhalte und Anwendungen. Zusätzlich kann durch die in KMU meist noch nicht so weit geführte Integration von Systemen, Anwendungen und Prozessen ein gesonderter Bereich des Intranets für Zugriffe aus dem Extranet mit weitgehender Abtrennung zu ausschließlich unternehmensintern verwendeten Systemen und Inhalten eingerichtet werden.

b) Interne Nutzung des Internets

Das Vorgehen zur Einbindung des Internets für die interne Nutzung wurde in diesem Kapitel ausführlich beschrieben. Zusammenfassend läßt sich feststellen, daß sich für die meisten KMU aufgrund des guten Preis-Leistungs-Verhältnisses die Anbindung über das Tarif-Modell Flatrate mit Hilfe des Übertragungsverfahrens ISDN (für kleinere Unternehmen) bzw. ADSL (für mittlere Unternehmen) anbietet, sofern die Vertragsbedingungen des Providers dies zulassen. Der Einsatz einer leicht zu bedienenden modernen Proxy-Server-Software ermöglicht die Bereitstellung von Sicherheits-, Cache- und Routingmechanismen und die umfassende Konfiguration des Internetzugangs bezüglich der freigeschalteten Dienste sowie die Vergabe von Berechtigungen für Gruppen und Mitarbeiter.

Möglichkeiten der Effizienzsteigerungen ergeben sich durch die Bereitstellung von HTML-Seiten mit firmenrelevanten Linksammlungen inkl. Suchmaschinen. Wichtige häufig gebrauchte Inhalte aus dem Internet können lokal gespeichert werden und an dieser Stelle für alle Mitarbeiter zugänglich gemacht werden. Alle Mitarbeiter sollten einen eigenen Mail-Account besitzen und nicht über Sammeladressen kommunizieren. PGP kann zur kostenlosen Verschlüsselung und Signatur von Mails im Internet verwendet werden. Eine Belehrung aller Mitarbeiter bezüglich des Verhaltens im Internet und insbesondere zur Vermeidung von Virenbefall durch E-Mails mit Anhang sollte regelmäßig durchgeführt werden. Darüber hinaus sind Virenscans auf den Servern und Arbeitsplatzrechnern notwendig.

In Unternehmen ohne Standleitung können zur Kosteneinsparung Surfzeiten für die Nutzung des Internets und der E-Mail-Kommunikation festgelegt werden.

c) Externe Nutzung des Internets

Auch für kleine Unternehmen ist eine einfache Homepage schon nahezu eine Selbstverständlichkeit. Probleme mit der Verfügbarkeit oder Zuverlässigkeit des Providers könnten erhebliche Imageschädigungen für das Unternehmen zur Folge haben.

Die Erstellung der Homepage sollte sorgfältig und im professionellen Design erfolgen. Zur Entwicklung der HTML-Seiten können Tools zur Webseitenerstellung, wie der kostenlos verfügbare Netscape Composer oder vorhandene Office-Pakete, genutzt werden. Auf Animationen sollte nach Möglichkeit verzichtet bzw. eine Möglichkeit zum Überspringen angeboten werden. Die Homepage kann konkrete Ansprechpartner mit Kontaktadresse und Telefonnummer enthalten. Mailadressen sollten nur angegeben werden, wenn diese mindestens einmal an jedem Werktag abgerufen werden.

Von besonderer Bedeutung ist eine hohe Aktualität der Seiten. Zur Kontrolle der Seiteninhalte müssen Verantwortliche benannt werden. Preise, Sonderaktionen und andere zeitbezogene Informationen sollten nur eingefügt werden, wenn eine regelmäßige Aktualisierung sichergestellt ist.

3.3 Integration vorhandener Netze und Anwendungen

In den meisten Unternehmen bestehen bereits vor der Einführung von Intranets IT-Strukturen, die, oftmals historisch gewachsen, aus Gründen des Investitionsschutzes, spezifischer Funktionen oder anderer besonderer Eigenschaften nicht kurzfristig mit vertretbarem Aufwand zu ersetzen sind. Es handelt sich hierbei um zuvor eingesetzte proprietäre Netzwerke und Altanwendungen (Legacy-Systeme), die meist aufwendig an die betrieblichen Erfordernisse angepaßt wurden und in ein neu aufzubauendes Intranet integriert werden müssen.

3.3.1 Anbindung von Netzen

Bei der Integration von Netzen geht es um die Bereitstellung von Möglichkeiten des Datenaustausches mit anderen Netzwerken. Basiert das andere Netz ebenfalls auf TCP/IP, so erfolgt die Verbindung über Bridges oder Router. Diese arbeiten auf der Netzwerk-Schicht 2 (Sicherung) bzw. 3 (Vermittlung) und ermöglichen die Vermittlung zwischen Netzen gleichen Typs. Zur Anbindung fremder Netzwerkwelten, wie DECnet oder SNA, werden Gateways benötigt, welche alle Protokollschichten der unterschiedlichen Netzwelten abbilden. Diese können auch komplett durch eine entsprechende Software auf einem leistungsfähigen Rechner realisiert werden [vgl. KAUFFELS 00, S. 241ff.].

Alternativ gibt es auch die Möglichkeit, mehrere Protokolle parallel zu betreiben, was aber nur als Übergangslösung sinnvoll ist, weil dadurch eine erhöhte Fehleranfälligkeit und sinkende Performance im Netz zu erwarten sind.

Eine sehr häufige Notwendigkeit ist die Anbindung von Großrechnernetzen, die aufgrund ihrer hohen Sicherheit und effizienten Massendatenverarbeitung weiterhin ihre Existenzberechtigung haben [vgl. KAUFFELS 00, S. 101; EWE 99, S. 18]. Die Integration von Netzen dient als Grundlage für die Anwendungsintegration und ermöglicht anwendungsunabhängige (semantikfreie) Einsatzoptionen, wie die Bereitstellung von Ressourcen (Speicherung, Druck) und den Datentransport.

Während eine Anbindung von Großrechnernetzen allgemein über entsprechende Gateways realisiert wird, bieten aufgrund der großen Verbreitung von TCP/IP-Netzen inzwischen nahezu alle Anbieter proprietärer Netzwerkbetriebsysteme für PCs, Workstations oder mittlere Datentechnik den Einsatz von TCP/IP als Protokoll an, wie Tabelle 25 verdeutlicht.

Hersteller	Netzwerk-betriebssystem	Transportprotokolle	TCP-Gateways
Novell	Netware	IPX/SPX; seit Netware 3.x alternativ: TCP/IP, AppleTalk, OSI, SNA	IPX/SPX <> TCP/IP
Microsoft	Windows NT/2000 Server	TCP/IP	
Banyan	Vines	Vines, seit Vines 7.0 alternativ: TCP/IP	
Digital Equipment Corp.	DECnet-Plus	DECnet DNA seit DECnet-Plus alternativ: TCP/IP, OSI	
Apple Computer	AppleTalk	AppleTalk Transportprotokolle	AppleTalk <> TCP/IP
IBM	IBM OS/2 LAN Server	NetBIOS/NetBEUI seit LAN Server 4.0 alternativ: TCP/IP [1]	
HP, Sun, SGI etc.	UNIX	TCP/IP	

[1] Erst seit Version 4.0 ist TCP/IP als vollwertiges Transportprotokoll im IBM-LAN-Server integriert; eingeschränkte TCP/IP-Funktionalität ist auch schon in früheren Versionen verfügbar.

Tabelle 25: TCP/IP-Unterstützung wichtiger Netzwerkbetriebssysteme [vgl. KYAS 97a, S. 78]

3.3.2 Integration von Anwendungen in Intranets

Unter der Integration von Anwendungen wird in diesem Abschnitt die Bereitstellung intranetgestützter Zugänge zu proprietären Systemen verstanden.

Eine häufige Situation ist die Notwendigkeit der Bereitstellung von Anwendungen und Funktionen von Großrechnern. So kann die Nutzung einer Terminalemulation auf PCs als Mainframe-Frontend und damit als Ersatz für ein Großrechnerterminal realisiert werden, wenn der Zugang zum Großrechnernetz über das Intranet möglich ist (vgl. Abschnitt 3.3.1).

Eine innovative Form der Bereitstellung derartiger Zugänge ist die Umsetzung von Informationen einer Großrechner-Anwendung in ein intranettaugliches Format (vgl. Abbildung 23).

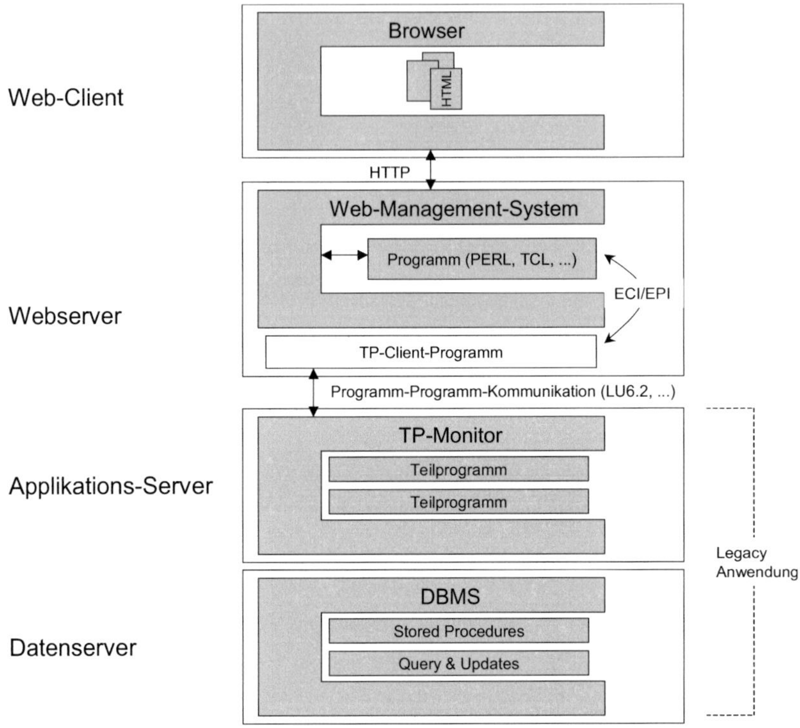

Abbildung 23: Einbindung von Legacy-Anwendungen über Web-Schnittstellen [NOACK u. a. 00, S. 11]

Zugänge zu nicht auf Großrechnern basierenden proprietären Systemen, wie SAP R/3 oder Lotus Notes, können durch proprietäre Clients im Intranet realisiert werden. Auch stellen die Hersteller inzwischen Zugänge über optional erhältliche Web-Clients bereit, welche aber nicht immer über die volle Funktionalität der proprietären Clients verfügen.

Stehen diese Clients nicht zur Verfügung, besteht die Option der Schaffung des Zugangs auf Basis einer Individualentwicklung, entweder auf Basis vorhandener Schnittstellen des Systems oder durch Anpassung des Programmcodes.

3.3.3 Fazit und Empfehlungen für KMU

In Tabelle 26 werden Ziele und Beispielanwendungen der Integration von Netzen und Anwendungen in Intranets dargestellt.

	Anbindung von Netzen	Integration von Anwendungen
Ziel	• Nutzung als Transportmedium • Basis zur Anwendungsintegration	• Datenintegration • Anwendungsintegration (Funktionsintegration) • Prozeßintegration
Minimalziele bei Beginn der Intranetnutzung	• Kommunikation und Datentransfer ermöglichen • Zugang zu externen Ressourcen	• Zugang zu Legacy-Systemen und Fremdsystemen
Ziele bei Erweiterung	• Zugang zu allen relevanten Netzen • Ausweitung der Interoperabilität	• Realisierung innovativer Anwendungen (z. B. entfernte Funktionsaufrufe oder zum Datenabgleich)
Anwendungsbeispiele	• Nutzung von Ressourcen (Speicher, Drucker) • Nutzung als Transportmedium (z. B. zur Kommunikation)	• Nutzung von Transaktionssystemen über Terminalemulation • Data-Warehouse-Realisierung über eine Großrechnerdatenbasis

Tabelle 26: Ziele und Beispiele der Integration von Netzen und Anwendungen in Intranets

Die Universalität der TCP/IP-Protokollfamilie kommt nicht nur bei der Anwendungsbreite, sondern auch bei den Übertragungsparametern zum Tragen. So können Übertragungsdistanzen von wenigen Metern (LAN) bis zur Satellitenkommunikation und Bandbreiten von wenigen kBit/s (Telefonleitung) bis zu 10 GBit/s mit TCP/IP realisiert werden. Die Transportprotokolle ermöglichen neben der Anbindung von Legacy-Systemen die Einbindung von Peripheriegeräten, wie Drucker, BDE-Terminals oder Meßerfassungssystemen, die Zusammenführung von Sprach-, Fax-, Audio- und Videokommunikation mit einem inzwischen hohen Reifegrad und zunehmend die Integration der Steuerungs- und Automatisierungsebene in der Fertigung und Gebäudetechnik.

Durch diesen Universalcharakter können erhebliche Einsparungen durch den Wegfall der sonst notwendigen heterogenen Infrastruktur (unterschiedliche Verkabelung und Verteilung für einzelne Systeme) realisiert werden. KMU können auf diese Weise auf innovative Anwendungssysteme zurückgreifen, die bisher nur für Großunternehmen rentabel waren.

Das Ziel beim Aufbau von Intranets besteht in der Integration vorhandener Netze und der Bereitstellung von Zugriffsmöglichkeiten auf Legacy-Systeme. Bei der Integration vorhandener proprietärer Netze bietet sich als Übergangslösung in kleinen Netzen eine temporäre Parallelnutzung der alten Protokolle an. Die Anbindung anderer TCP/IP-Netze, wie dem Internet, ist technisch einfach zu realisieren und bringt schnell Kostenvorteile, weil dadurch wirtschaftlich interessante Lösungen (E-Commerce, Informationsbeschaffung, Kommunikation) ohne Einsatz teurer Produkte realisierbar sind. Weitere Ausführungen dazu sind im Abschnitt 3.2 enthalten.

Kleine und mittlere Unternehmen haben oft den Vorteil einer überschaubaren Systemlandschaft, die den notwendigen Migrationsaufwand bei der Einführung von Intranets in Grenzen hält. Auch die Einbindung von Großrechnern ist eher selten notwendig. Dennoch ist auch in KMU die Integration eventueller lokaler oder netzwerkgestützter Legacy-Systeme in das einzuführende Netzwerk eine kritische Aufgabe und kann durch das begrenzte IT-Budget zum K.o.-Kriterium für die Einführung eines Intranets werden.

Prinzipiell existieren vier Wege zur Lösung des Problems:

- **Weiternutzung als Insellösung:** Wird das Legacy-System nur für Spezialaufgaben verwendet und besteht kein zwingender Grund eines Zugangs über das Intranet, so kann das System als Insellösung getrennt vom Intranet fortbestehen (Beispiel: Sicherheitssystem zur Gebäudeüberwachung).

- **Wechsel zu einem Ersatzsystem:** Der Aufbau eines Intranets muß auch als Chance betrachtet werden, sich von alten proprietären Hard- und Softwarestrukturen zu trennen. Auch wenn der Wechsel zu einem anderen Produkt mit hohen Kosten verbunden ist, so bildet er langfristig durch neue Anwendungsoptionen und einen geringeren Wartungs- und Pflegeaufwand die günstigere Alternative, zumal mit Altsystemem zunehmende Probleme zu erwarten sind (Einstellung des Herstellersupports, Anpassungsprobleme).

- **Update bzw. Zukauf optionaler Komponenten:** Viele Hersteller bieten optionale Wege zur Unterstützung des TCP/IP-Protokolls und anderer offener Standards an.

- **Individualentwicklung:** Dieser Weg ist insbesondere in KMU mit einer Reihe ökonomischer, zeitlicher oder funktionaler Risiken verbunden. Darüber hinaus bestehen Gefahren weiterer Inkompatibilitäten zu neuer Hard- und Software. Können vorhandene Schnittstellen des Systems verwendet werden, relativieren sich die genannten Gefahren, da der Anpassungsaufwand in diesem Fall überschaubar bleibt.

Ein weiteres Ziel liegt in der Erschließung innovativer Anwendungen durch Integrationsmaßnahmen zur weiteren Verbesserung der Produktivität und Stärkung der Wettbewerbsposition. Die Integration wird derzeit in den meisten Fällen durch proprietäre Schnittstellen der einzelnen Systeme realisiert. Dieser Weg kann häufig nur mit Spezialkenntnissen und relativ hohem Aufwand beschritten werden, so daß viele Innovationen für KMU zum jetzigen Zeitpunkt nicht rentabel sind.

Mittelfristig zeichnet sich jedoch der Trend ab, daß sich Anwendungen aus einzelnen unabhängigen Fachkomponenten konfigurieren lassen. Als technologische Basis stehen Komponententechnologien, wie COM, EJB und CORBA und weitere Standards zum Datenaustausch zwischen Anwendungen (z. B. XML), zur Verfügung. Diese Standards und weitere Middleware-Technologien bieten die Chance der Bildung eines Komponenten-Marktes, der durch Spezialisierung Preissenkungen, neue Funktionalitäten und Qualitätsschübe ermöglicht. Zur Sicherung der fachlichen Kompatibilität der Komponenten bedarf es jedoch der Schaffung und Etablierung von Kernstandards, die wichtige Teilbereiche betrieblicher Anwendungsdomänen betreffen [RAUTENSTRAUCH u. a. 01, S. 688f.; SZYPERSKI 99].

Die Bildung eines Marktes offener Komponenten ermöglicht auch kleineren Softwareanbietern den Zugang zu allen bisher oft herstellerorientierten Anwendern und erlaubt KMU die kostengünstige Implementierung einer optimal auf die Unternehmensbedürfnisse abgestimmten Anwendungslandschaft.

3.4 Integration von Datenbanken

3.4.1 Problemkreis und Zielstellung

Ein bedeutendes Innovationspotential der Internettechnologien liegt in der Nutzung des Browser als universelle Benutzerschnittstelle. Um eine wirkliche Universalität zu gewährleisten, müssen Mechanismen geschaffen werden, die eine effiziente Nutzerinteraktion zum Abruf und zur Manipulation von Daten und Inhalten ermöglichen.

Beispiele für diese Zugriffsmechanismen sind über Browser realisierte Zugänge zu Standardsoftwareprodukten, wie Groupware oder ERP-Systeme mit dediziertem Datenbankserver. Diese Anwendungslösungen werden meist als fertige Komplettpakete von Systemanbietern zur Verfügung gestellt.

Individuell angepaßte Datenbanklösungen sind notwendig, wenn durch Standardsoftware nur schwer abzudeckende Anwendungen gefordert werden, die häufig eine besondere Spezifik des Unternehmens, der Branche, des Betriebstyps und weitere Aspekte abbilden sollen. Beispiele für derartige Anwendungen sind Oberflächen für den individuellen Abruf von Informationen und Daten, spezifische Buchungssysteme (z. B. zur Anmeldung und Individualisierung für Tagungsteilnehmer), Systeme des Employee-Self-Service (z. B. zur Reisekostenabrechnung) und Konfiguratoren (z. B. für die individuelle Auswahl von Schulungen).

Das Ziel besteht in einer Nutzung der Vorteile des WWW als akzeptierte multimediale Plattform zum Zugriff auf Informationen und dem Einsatz von Datenbanken als ausgereifte, leistungsfähige Werkzeuge zur Speicherung, Pflege und Verarbeitung von Daten und Informationen.

Dabei ist der Widerspruch des „anarchischen" Webs mit seiner Heterogenität, Verteiltheit und Unstrukturiertheit gegenüber der Homogenität und Recherchierbarkeit von DBMS zu lösen [vgl. HEUER u. a. 00, S. 5].

Ein weiteres Problem ergibt sich aus der Zustandslosigkeit des WWW-Protokolls HTTP: Eine Verbindung zwischen Webserver und Browser besteht nur im Zeitraum zwischen HTTP-Anfrage und Antwort des Webservers [vgl. LOESER 98, S. 202]. Eine Datenbank benötigt für eine über mehrere Schritte laufende Transaktion ein Fortbestehen der Sitzung, um die gesammelten Daten im Nutzerkontext (z. B. Benutzeridentifikation, Warenkorbinhalt) bis zur Beendigung des Vorgangs zu erhalten.

Dieser Abschnitt nennt Lösungsansätze zur Umgehung der Zustandslosigkeit bei der Nutzung des WWW und vergleicht verbreitete Verfahren zur Kopplung von Datenbanken und WWW-Oberflächen.

3.4.2 Lösungsansätze und Technologieoptionen

Zur Begegnung der Zustandslosigkeit des HTTP-Protokolls eignen sich folgende Wege [vgl. TURAU 00, S. 197ff.]:

- **Authentifizierung durch den Webserver:** Der Zugriff auf einzelne Dokumente oder Verzeichnisse erfolgt über eine gesonderte Anmeldung der Nutzer nach vorgegebenen Berechtigungen (sehr geeignet für Intranets).

- **Versteckte Felder in Formularen:** Sitzungsinformationen können vom Server aus in für den Nutzer nicht sichtbaren Feldern ausgewertet werden (relativ aufwendig, für stark strukturierte Abläufe, z. B. Einkäufe, geeignet).

- **Umschreiben von URLs:** Informationen zur Sitzung werden an die URL in Form von zusätzlichen Pfadangaben oder angehängten Parametern übergeben.

- **Cookies:** Sitzungsinformationen werden im Browser als kleine Datenstrukturen lokal gespeichert (leicht zu realisieren).

In Intranets gibt es aufgrund der Hoheit über die Netzstruktur weitere Möglichkeiten, wie die Nutzung von Smartcards oder zusätzlicher Programmteile auf den Clients. Der Einsatz dieser Lösungen wird aufgrund aufwendiger Administration und fehlender Notwendigkeit Spezialanwendungen vorbehalten bleiben.

Die Web-DB-Kopplung kann über zwei Wege erfolgen: Bei einer clientseitigen Architektur erfolgt die Datenbankabfrage durch ein im Browser befindliches Teilprogramm. Bei serverseitigen Architekturen werden Datenbankzugriffe durch auf dem Webserver befindliche Programme gesteuert.

Tabelle 27 vergleicht diese beiden Methoden nach verschiedenen Kriterien.

Kriterium	Clientseitige Architektur	Serverseitige Architektur
Verbindung	Dauerhafte Verbindung	Verbindung nur kurzzeitig zur Dokumentenübertragung
Mehrschritt-Interaktionen zwischen Client und Datenbank	Durch dauerhafte Verbindung leicht realisierbar	Nur mit Hilfsmitteln realisierbar, da keine dauerhafte Verbindung
Sicherheit	Sicherheitsvorkehrungen in der Applet-Spezifikation, Applet hat nur eingeschränkte Zugriffsrechte	Möglichkeiten der HTTP-Authentisierung, Einschränkung des Verbindungsrechts, Einsatz von Firewalls, Verschlüsselungsmechanismen der Verfahren, browserseitige Verschlüsselung mit SSL
Ausspähen des Programm-Codes	Programm-Code wird auf Client geladen und kann u. U. mit speziellen Hilfsprogrammen analysiert werden	Programm-Code bleibt auf dem Server, damit keine Ausspähmöglichkeiten über den Code
Programmentwicklung	Aufwendig, komplette Applikationslogik ist in ein Applet zu integrieren	Schnell möglich durch einfache Gestaltungs- und Strukturierungsmöglichkeiten von HTML
Gestaltung der Benutzeroberfläche	Weitgehende Freiheit in der Gestaltung der Benutzeroberfläche	Benutzeroberfläche ist an HTML gebunden
Lade- und Startzeiten	Applet muß geladen und gestartet werden, dadurch u. U. lange Wartezeiten	Nur Übertragung der HTML-Dokumente, dadurch sehr schnell
Graphische Auswertung von Daten	Direkt im Applet möglich	Nicht direkt möglich, nur über Hilfsmittel
Systemressourcen	Webserver wird weitgehend entlastet, Client hat hohen Ressourcenverbrauch	Webserver übernimmt Interaktion und hat damit höheren Ressourcenverbrauch, Client empfängt nur Dokumente

Tabelle 27: Vergleich clientseitiger und serverseitiger Architekturen [HOSSENFELDER 00, S. 91]

In Abbildung 24 werden verbreitete Verfahren und mögliche Realisierungen diesen Architekturen zugeordnet. Die dargestellten Verfahren werden nachfolgend beschrieben.

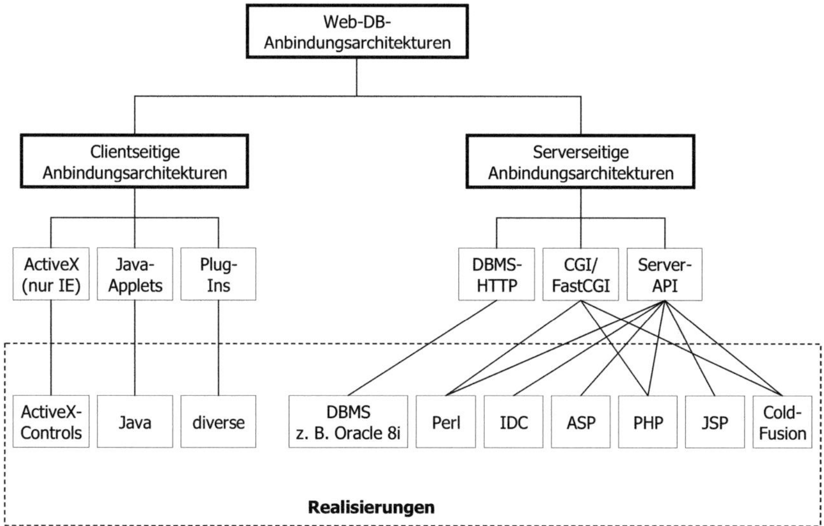

Abbildung 24: Alternative Lösungen für Web-DB-Kopplungen [vgl. HOSSENFELDER 00, S. 26ff.]

3.4.3 Clientseitige Architekturen

- **ActiveX:** Dabei handelt es sich um einen proprietären Microsoft-Standard, der sich nur in Verbindung mit dem Internet Explorer einsetzen läßt. Mit diesem können von einer Webseite oder Anwendung Datenbankzugriffe durchgeführt werden. Die zur Realisierung notwendigen ActiveX-Controls lassen sich z. B. in Visual Basic, Java oder C++ erstellen [GUTIERREZ 00, S. 291].

- **Java-Applets:** Diese in der Programmiersprache Java geschriebenen Programmteile laufen nur auf Browsern mit aktivierter Java-Unterstützung. Sie werden durch spezifische HTML-Tags aktiviert. Dazu wird das Applet vom Server auf den Client geladen. Dies wiederum hat je nach Bandbreite eine gewisse Zeitverzögerung zur Folge. In Intranets (hohe Übertragungsraten) und bei hohen Sicherheitsanforderungen (vielseitige Anwendungsmöglichkeiten bei hoher Authentizität des Codes, eigene Übertragungsprotokolle) ist der Einsatz besonders empfehlenswert.

- **Plug-Ins:** Bei einem Plug-In handelt es sich um fertig kompilierte dynamische Programm-Module für Webbrowser. Diese werden bei einem erstmaligen Aufruf in einer HTML-Seite von dem lokalen Client-Rechner des Benutzers geladen und dort gestartet. Sie setzen auf den entsprechenden APIs der Browser auf und verbleiben auf dem lokalen Rechner, um bei Bedarf wieder gestartet zu werden. Der Programmaufruf ähnelt dem einer DLL (Dynamic-Link-Library) [PAUL u. a. 97, S. 70ff., 577; KYAS 97b, S. 195]. Das Funktionsprinzip gleicht einem Java-Applet. In der Praxis liegen die Einsatzfelder für Plug-Ins hauptsächlich bei der Unterstützung zusätzlicher multimedialer Dateitypen und selten bei der Anbindung externer Datenbanken.

3.4.4 Serverseitige Architekturen

- **DBMS-HTTP:** Hierbei handelt es sich um die Realisierung des „web-enabling“ bestehender Datenbanken. Es wird dabei durch die Datenbank-Hersteller eine Integration von Funktionen eines Webservers in ein bestehendes DBMS vorgenommen [ASSFALG u. a. 98, S. 21]. In den Realisierungen, wie Oracle 8i, Informix Dynamic Server und O2Web, werden die HTML-Dokumente direkt im DBMS verwaltet [HEUER u. a. 00, S. 13]. Der Hauptvorteil dieser Lösung besteht im Wegfall der sonst notwendigen Web-DB-Schnittstelle. Obwohl es sich hier um eine leistungsfähige, moderne Lösung handelt, ist diese Realisierungsform keine Universallösung für KMU. Es sind spezielle Kenntnisse über das DBMS notwendig. Es bestehen kaum Möglichkeiten zur Portierung, und es erfolgt eine Bindung an einen Hersteller. Haupteinsatzfelder in Intranets sind die Nutzung als Dokumentenmanagementsystem aufgrund der leistungsfähigen Suchfunktionen sowie Anwendungen mit hohen Anforderungen an die Performance und Robustheit [HOSSENFELDER 00, S. 51f.].

- **CGI/FastCGI (Common Gateway Interface):** Hierbei handelt es sich um eine plattformunabhängige Schnittstellenspezifikation, die es ermöglicht, externe Anwendungen durch einen Webserver ausführen zu lassen. Diese Anwendung wird dann allgemein als

CGI-Skript bezeichnet. Neben der Skriptsprache PERL können auch Programmiersprachen wie C++ oder Shell-Skripte von Betriebssystemen zum Einsatz kommen [GUTIERREZ 00, S. 47]. Der Einsatz ist vor allem für einfache Anwendungen mit geringem Datenaufkommen sinnvoll (z. B. Counter). Bei FastCGI handelt es sich um eine Weiterentwicklung der CGI-Schnittstelle durch den E-Commerce-Anbieter Open Market, bei der u. a. nachteilige Prozeßneustarts umgangen werden [FASTCGI 00].

- **Server-API:** Hersteller von Webservern haben auf die bei CGI auftretenden Performance-Probleme reagiert und plattformspezifische APIs für die eigenen Web-Lösungen bereitgestellt. Beispiele sind das ISAPI für den Microsoft IIS, das NSAPI für Netscape-Produkte und das Apache-API für die Linux-Umgebung [GUTIERREZ 00, S. 69ff.]. Dabei ist es durchaus möglich, daß auf dem Server-API neben proprietären Komponenten, wie dem Internet-Database-Connector (IDC) oder Active Server Pages (ASP) von Microsoft, auch bereits bei CGI eingesetzte Skriptsprachen, wie PHP und Perl, aufsetzen (vgl. Abbildung 24). Allerdings ist Art und Umfang dieser Unterstützung geringer als bei CGI/FastCGI und vom Hersteller der Server-API abhängig. Die Nutzung dieses Verfahrens ist mit einem hohen Einarbeitungsaufwand für den Programmierer verbunden [vgl. KABIR 99, S. 300ff.].

Als Entscheidungsunterstützung zur Auswahl eines serverseitigen Verfahrens wird in Tabelle 28 eine Gegenüberstellung der verbreiteten Lösungen vorgenommen. Dabei wurde zum Vergleich auch eine vom Hersteller Allaire (http://www.allaire.com) angebotene Fertiglösung mit dem Namen Cold-Fusion (CF) aufgenommen.

	Perl	IDC	ASP	PHP	JSP	CF
Allgemeine Informationen						
Verfahren	Skriptsprache, die Output generiert	2-Dateien-Lösung	Eingebetteter Skript-Code	Eingebetteter Skript-Code	Eingebetteter Java-Code	Zusätzliche CFML-Tags
Weiterentwicklungspotential	Gering	Kein	Hoch	Hoch	Hoch	Hoch
Einbindungsarten, Plattformen und Datenbankschnittstellen						
Einbindung CGI	Ja	Nein	Nein	Ja	Nein	Ja
Einbindung Server-API	Ja	Ja	Ja	Ja	Ja	Ja
Unterstützte Server-APIs[1]	ISAPI, NSAPI, Apache-API	ISAPI	ISAPI	ISAPI, Apache-API	ISAPI, NSAPI, Apache-API	ISAPI, NSAPI, Apache-API
Plattformverfügbarkeit	Alle verbreiteten Plattformen	Windows	Windows[2]	Alle verbreiteten Plattformen	Alle verbreiteten Plattformen	Windows, Linux, Solaris, HP-UX
Häufig/ nur genutzt mit Webserver	Apache	IIS	IIS	Apache	Apache	IIS
Herkunft/ Verfügbarkeit	Open-Source/ frei verfügbar	Microsoft/ Bestandteil des IIS	Microsoft/ Bestandteil des IIS	Open-Source/ frei verfügbar	Sun/ frei verfügbar	Allaire/ nicht frei verfügbar
DB-Schnittstellen	DBI	ODBC	ODBC, OLE-DB	ODBC, direkte Unterstützung von vielen DBMS	JDBC	ODBC, OLE-DB, wenig direkt unterstützte DBMS
Programmentwicklung						
Verwendete Programmiersprachen	Perl	Keine, nur Tags	z. B. J-Script, VB-Script	C-ähnlich	Java	Keine, nur Tags
Auswahl an Kontrollstrukturen	Hoch	Gering	Hoch	Hoch	Hoch	Hoch
Ausgereifte Fehlerbehandlung	Nein	Nein	Ja	Nein	Ja	Ja
Übersichtlichkeit des Programm-Codes	Nein	Ja	Ja	Ja	Ja	Nein

[1] hier werden nur die drei verbreitetsten Server-APIs: ISAPI, NSAPI und Apache-API untersucht
[2] erste Lösungen für andere Plattformen (z. B. von ChilliSoft)

Tabelle 28: Vergleich serverseitiger DB-Anbindungsverfahren nach ausgewählten Kriterien [HOSSENFELDER 00, S. 82, 84]

Nachfolgend werden einige Empfehlungen bezüglich spezifischer Anforderungen an die Web-DB-Kopplung gegeben: Finden nur kurzzeitige Zugriffe mit einfachen Abfragen statt, wird von der Nutzung von Java-Applets wegen der langen Lade- und Initialisierungszeiten abgeraten. Java-Applets sind dagegen gut für über mehrere Schritte verlaufende Interaktionen (da dauerhafte Verbindung möglich) oder aufwendige Aufbereitungen der Ergebnisse von Anfragen geeignet. Ist eine hohe Anzahl gleichartiger Zugriffe zu erwarten, so kann Performance-Engpässen durch vorbereitete Stored Procedures begegnet werden. Die Benutzerauthentisierung und -identifikation kann z. B. über Cookies und unter Nutzung der Berechtigungsverwaltung des zugrundeliegenden Datenbanksystems erfolgen. Werden sensible Daten ausgetauscht, können durch Browser bereitgestellte Ver- und Entschlüsselungsverfahren eingesetzt werden.

3.4.5 Empfehlungen für KMU

Aufgrund der relativ komplexen Problematik muß gerade für kleine Unternehmen geklärt werden, ob der Aufwand für eine Web-DB-Kopplung gerechtfertigt ist. Soll eine Verwaltung von Dokumenten mit einer Datenbank erfolgen, ist abzuwägen, ob der Einsatz eines professionellen Dokumentenmanagementsystems oder spezieller Intranet-Lösungen, wie Lotus Notes oder INTREXX, effizienter ist. Kommen diese Lösungen nicht in Frage, oder soll eine DB-Einbindung in die HTML-gestützte Informationslandschaft bzw. in spezielle individuell entwickelte Intranet-Anwendungen erfolgen, muß eine Entscheidung für eines der hier vorgestellten Verfahren erfolgen. Dafür können folgende Handlungsempfehlungen gegeben werden:

- Die Beauftragung externer Dienstleister für die Entwicklung von Web-DB-Kopplungen sollte nur erfolgen, wenn eine Folgefinanzierung zur Wartung und Pflege gesichert ist und wenn die angestrebte Lösung wenig Änderungen erfahren soll (Effektivität, Effizienz und Akzeptanz gesichert). Ansonsten ist eine Realisierung durch interne Mitarbeiter wegen ihrer Kenntnisse zu internen Abläufen und den Möglichkeiten schneller Anpassungen und gesicherter Wartung sinnvoll.

- Die Nutzung von Perl in Zusammenhang mit CGI ist zwar nicht sehr modern, führt aber gerade bei kleinen Anwendungen mit geringem Datenvolumen zu schnellen Ergebnissen, auch weil bereits eine große Anzahl vorgefertigter Skripts existiert. Weiterhin ist der Einsatz kostenlos, und der Quelltext ist frei verfügbar, was wiederum für Sicherheitsaspekte relevant ist.

- Die Aussagen zu Perl gelten auch für die wesentlich leistungsfähigere Skriptsprache PHP, wobei die höhere Leistungsfähigkeit durch einen wesentlich höheren Lernaufwand erkauft werden muß.

- Java ist zwar sehr leistungsfähig, sollte aber aufgrund der schweren Erlernbarkeit nur bei Vorkenntnissen in Java oder C/C++ eingesetzt werden. Außerdem muß beachtet werden, daß die Verbreitung dieser Variante (noch) relativ gering ist und eine entsprechende Unterstützung durch den Server vorhanden sein muß [PLESSEL u. a. 01, S. 91].

- Wird im Unternehmen bereits die Microsoft-Produktlinie eingesetzt, bietet sich auch der Einsatz von Microsoft-spezifischen Komponenten wie dem Internet-Data-Connector oder Active Server Pages an. Gerade ASP bietet durch die Programmierung in Visual Basic Skript eine leistungsfähige, leicht zu erlernende Basis für eine effiziente Web-DB-Kopplung.

- Cold-Fusion ist ein sehr leistungsfähiges Produkt, welches allerdings hohe Anschaffungskosten verursacht.

Zusammenfassend kann festgestellt werden, daß bei der Anbindung von Datenbanken an das Intranet immer eine Auswahl in den Ebenen Betriebssystem, Webserver, Datenbank und Programmiersprache vorgenommen werden muß, wobei verschiedene Abhängigkeiten bei den Kombinationen der ausgewählten Produkte in den Ebenen existieren. Eine sehr leistungsfähige und verbreitete Kombination auf Basis kostenlos verfügbarer Software ist der Einsatz der unter der Abkürzung **LAMP** eingesetzten Komponenten **L**inux (als Betriebssystem), **A**pache (als Webserver), **M**ySQL (als Datenbank) und **P**HP (als Programmiersprache für die Anbindung).

3.5 Mobile Intranetnutzung

3.5.1 Klassifizierung und Einsatzfelder mobiler Kommunikation

Aufgrund unzureichender Technologien war bis vor einigen Jahren die Nutzung der drahtlosen Datenübertragung nur wenigen Spezialfeldern, wie militärischen Anwendungen oder dem Einsatz in der Luft- und Raumfahrt, vorbehalten. Dementsprechend hat sich die mobile Nutzung des Internets/Intranets erst mit den sich durchsetzenden leistungsfähigen Standards und kostengünstigen Realisierungsmöglichkeiten als Thema etabliert.

Die wichtigsten Gründe für mobile Anbindungen an Netzwerke sind [vgl. IBM 95, S. 14ff.]:

- Notwendigkeit der Kommunikation in der Bewegung (z. B. bei Rettungsdiensten oder Transportfahrzeugen)
- Kosteneinsparung: Der Aufbau von drahtgebundenen Netzen ist teuer und lohnt deshalb nur bei langfristiger Nutzung (Einsatz drahtloser Netze bei Messen oder anderen temporären Einsatzfeldern)
- Behördliche Auflagen (z. B. Denkmalsschutz)
- Zusammenbruch der Infrastruktur (z. B. bei Naturkatastrophen oder militärischen Auseinandersetzungen)
- Fehlen der Infrastruktur (z. B. in strukturell schwachen Gebieten oder auf Baustellen)

Weitere Gründe können in einer erforderlichen höheren Flexibilität (z. B. beim Einsatz auf einem Hochschulcampus oder bei Präsentationen) oder in widrigen Umgebungsbedingungen (z. B. hohe Staub- bzw. Chemiebelastungen oder extreme klimatische Bedingungen in Produktions- oder Forschungsbereichen) liegen.

In Tabelle 29 werden Beispiele für mobile Einsatzfelder in Unternehmen dargestellt. Es handelt sich dabei noch nicht um konkrete Intranet-Anwendungen, wie sie in Kapitel 4 beschrieben werden. Die Tabelle zeigt Bereiche, in denen mobile Technologien als „Enabler“ für die Realisierung notwendig sind oder unterstützend eingesetzt werden können.

Bereich	Einsatzfelder
Allgemein	• Ortsunabhängiger Zugriff auf Daten und Anwendungen des Intranets • Backup-Lösungen bei Datennetzausfällen • Fernsignalisierung: Gebäudeüberwachung, Zutrittssysteme, Fehlersignalisierung
Lagerwesen/ Beschaffung	• Mobile Inventarisierung • Ortung von Material und Geräten • Mobile Beschaffung im Außenbereich (z. B. auf Baustellen)
Logistik	• Drahtlose Verfolgung von Gütern und Fahrzeugen • Flottenmanagement • Dynamischer Abgleich in der Logistik • Zeitnahe Routenoptimierung • Sendungsverfolgung
Marketing/ Verkauf	• Drahtlose SalesForce-Automation, CRM: Produkt-/Kunden-informationszugriffe • Mobile Bestellerfassung beim Kunden • Abruf von Präsentationen und Erstellung von Konfigurationen beim Kunden
Produktion	• Mobile Steuerung und Überwachung: Transporte, Lose, Automaten • Rückmeldungen • Fernsignalisierung: Zählerstände, BDE und MDE, Fehlermeldungen, Statusinformationen
Service/ Support	• Drahtlose Service-Lösungen: Produkt-/Kundeninformationszugriffe • Abruf bzw. Bestellung von Verschleiß- und Erstzteilen • Ferndiagnose • Fernwartung

Tabelle 29: Beispiele mobiler Einsatzfelder in Unternehmensbereichen

Nach [RODRIGUEZ u. a. 99] können drei Dimensionen der Mobilität bei Netzwerkanwendungen unterschieden werden. Diese sind, wie in Abbildung 25 dargestellt, die Einordnungen nach der Ortsgebundenheit (mobil/stationär), nach der physischen Anbindung ans Netzwerk (drahtlos/drahtgebunden) und der Existenz einer Netzverbindung während der Nutzung.

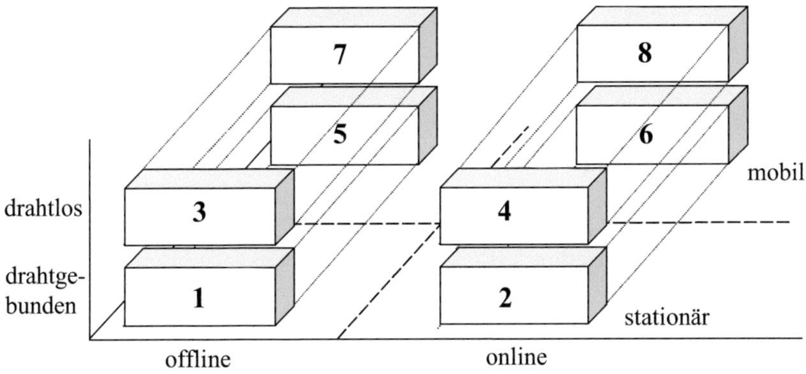

Abbildung 25: Dimensionen der Mobilität [vgl. RODRIGUEZ u. a. 99]

Die mobile Nutzung wird also weiter gefaßt als die naheliegende Sichtweise der drahtlosen Datenübertragung. Tabelle 30 zeigt anhand der möglichen Kombinationen die unterschiedlichen Einsatzfelder und damit die Berechtigung der erweiterten Sichtweise.

Fall	Charakteristik	Beispiel
1	**stationär - drahtgebunden - offline** ***(mobile Nutzung im weiteren Sinn)***	Geldautomat bei unterbrochener Host-Anbindung
2	**stationär - drahtgebunden - online**	*Keine mobile Nutzung*
3	**mobil - drahtgebunden - offline** ***(mobile Nutzung im weiteren Sinn)***	Kabelgebundene Warenscanner oder Maschinensteuerungen mit unterbrochenem Netzzugang, ISDN-gestütztes Notebook beim Einsatz ohne Netzwerkverbindung, PDA mit Dockingstation im mobilen Einsatz
4	**mobil - drahtgebunden - online** ***(mobile Nutzung im weiteren Sinn)*** ***(portable Geräte)***	Kabelgebundene Warenscanner oder Maschinensteuerungen, Notebooks und PDA, welche über Modem oder ISDN auf ein entferntes Rechnernetz zugreifen
5	**stationär - drahtlos - offline** ***(mobile Nutzung im weiteren Sinn)***	BDE/MDE-Einrichtungen mit lokalem Zwischenspeicher
6	**stationär - drahtlos - online** ***(mobile Nutzung im weiteren Sinn)***	BDE/MDE-Einrichtungen beim Abgleich mit der zentralen Erfassung
7	**mobil - drahtlos - offline** ***(mobile Nutzung im engeren Sinn)***	Notebook beim Einsatz ohne Netzwerkverbindung, PDA bei einer Bestandserfassung oder Terminfestlegung
8	**mobil - drahtlos - online** ***(mobile Nutzung im engeren Sinn)***	Notebooks und PDA, welche über eine Funkschnittstelle auf ein entferntes Rechnernetz zugreifen (z. B.: für den Datenabgleich oder für den Abruf zentraler Daten)

Tabelle 30: Abgrenzung mobiler Anwendungen [in Anlehnung an FRANZ 01, S. 5]

Die Charakteristik kann bei den Einsatzszenarios durchaus wechseln, z. B. in dem genannten Beispiel einer Offline-Bestandserfassung mit anschließendem Online-Datenabgleich.

Aus den bisherigen Darstellungen kann für die vorliegende Arbeit folgende Abgrenzung vorgenommen werden: Unter *mobiler Nutzung im engeren Sinn* werden Einsatzszenarios verstanden, bei denen das eingesetzte Gerät nicht stationär ist und ein drahtloser Zugang zum Netzwerk möglich ist. Unter *mobiler Nutzung im weiteren Sinn* werden alle Einsatzszenarios verstanden, die vom klassischen Netzwerkcomputing in mindestens einer der Eigenschaften **stationär, drahtgebunden, online** abweichen und dabei autonom einsatzfähig sind.

Nachfolgend werden die Besonderheiten der einzelnen Kombinationen betrachtet.

zu Fall 1: (stationär - drahtgebunden - offline): Bei dieser Merkmalskombination handelt es sich um stationäre Geräte, die in der Lage sein müssen, bei gewollter oder ungewollter Unterbrechung der Firmennetzanbindung weiter funktionsfähig zu sein. Dies kann durch lokale Pufferung der Daten (z. B. bei Zeiterfassungssystemen) oder spezielle Handlungsroutinen (z. B. bei Geldautomaten oder Zutrittsystemen) erfolgen. Weitere zu erfüllende Funktionen sind die Daten- und Transaktionssicherheit bei plötzlichen Netzwerkausfällen und die geordnete Wiederaufnahme des Online-Betriebes (Datenabgleich).

zu Fall 2: (stationär - drahtgebunden - online): Dies ist die klassische Kombination bei der großrechnergestützten betrieblichen Datenverarbeitung. Durch den weitergehenden Rückgang der Terminalnutzung bzw. den Einsatz von Terminalemulationen findet zunehmend eine Kombination mit Fall 1 statt. Durch die hohe Verbreitung von PCs können für das Auftreten des Falles 1 (zeitweiser Netzausfall) entsprechende Behandlungsroutinen realisiert werden, um eine Weiterarbeit im Offline-Betrieb zu ermöglichen.

zu Fall 3: (mobil - drahtgebunden - offline): Hierbei handelt es sich um Geräte, bei denen eine Mobilität mit geringem Aktionsradius notwendig ist (z. B. Warenscanner). Es findet für den Datenabgleich meist eine Kombination mit Fall 4 statt. Ähnlich wie im Fall 1 müssen Mechanismen vorgesehen sein, um den meist unbeabsichtigten Offline-Status abzufangen (Zwischenspeicherung von Daten und besondere Handlungsroutinen).

zu Fall 4: (mobil - drahtgebunden - online): Beispiele für diese Kombination sind Geräte mit geringem Aktionsradius wie Warenscanner oder bewegliche Maschinensteuerungen. Teilweise kann eine Ablösung durch flexiblere drahtlose Systeme erfolgen. Häufig ist eine drahtgebundene Lösung wegen des besseren Schutzes vor Störeinflüssen notwendig.

zu Fall 5: (stationär - drahtlos - offline): Hierbei handelt es sich um Geräte, deren Anschluß über Datenkabel entweder zu aufwendig ist (z. B. im Denkmalsschutz, bei schlechter Infrastruktur, hohen Entfernungen) oder deren Anbindung aufgrund des sehr geringen Datenvolumens nicht lohnt (z. B. Heizkostenzähler, Lichtschranken, zeitunkritische BDE/MDE-Erfassung). Bei Bedarf oder in bestimmten Zeitintervallen wird ein Datenabgleich mit dem zentralen System (Fall 6) durchgeführt.

zu Fall 6: (stationär - drahtlos - online): Die Geräte sind aufgrund höherer Anforderungen an die Sicherheit oder Zeitnähe permanent online. Weiterhin müssen die im Fall 5 genannten Geräte zum Abgleich von Daten oder zur Statussignalisierung (z. B. Fehlermeldung) kurzzeitig online gehen.

zu Fall 7: (mobil - drahtlos - offline): Hierbei handelt es sich um Geräte, die prinzipiell für den Transport und die Benutzung in der Bewegung vorgesehen sind. Es findet für den Datenabgleich meist eine Kombination mit Fall 4 oder 8 statt. Diese Konstellation ist sehr verbreitet. Beispiele sind der Einsatz von PDA (Palm OS oder Windows CE als Betriebsystem) in Verbindung mit einer drahtgebundenen Dockingstation zum Datenabgleich und die Nutzung von Notebooks in Kombination mit einer Dockingstation (Fall 4) oder Zugriffsmöglichkeit über Funk-LAN bzw. Mobiltelefon (Fall 8).

zu Fall 8: (mobil - drahtlos - online): Die Geräte haben permanente Zugriffsmöglichkeit auf die Netzwerkressourcen. In dieser Merkmalskombination besteht der höchste Grad an Flexibilität und eine besonders hohe Dynamik bei den technologischen Entwicklungen. Sie ermöglichen die Erschließung von innovativen Einsatzbereichen, welche im folgenden Abschnitt dargestellt werden.

3.5.2 Einsatzbereiche im Intranet

Im Folgenden wird auf Einsatzbereiche der mobilen Intranetnutzung im engeren Sinn laut der zuvor gegebenen Definition eingegangen. In diesem Bereich liegen die wichtigsten technischen Innovationen der letzten Jahre und die größten Chancen für die Erschließung neuer betrieblicher Einsatzfelder. Mobile Zugänge bilden ein Unterstützungspotential für die ab dem vierten Kapitel dargestellten Anwendungen.

Als wichtige Prämisse wird festgestellt, daß der Schwerpunkt des Intraneteinsatzes im Bereich des allgemeinen Informationszugriffes sowie der Kooperation innerhalb des Unternehmens liegt. Lieferanten/Kunden-Interaktionen und damit verbundene Transaktionen sind eher dem Bereich Internet/Extranet zuzuordnen. Dies kann auch für die Nutzung mobiler Endgeräte gelten. Das bedeutet, daß die häufigste Anwendung darin besteht, die Standardfunktionen im Intranet über entsprechende Technologien der drahtlosen Datenübertragung bereitzustellen [vgl. HEINRICH 01b, S. 6].

Ein wichtiger Schritt beim Ausbau von Intranets besteht in der Neugestaltung bzw. Anpassung der Arbeitsstrukturen und Erschließung neuer Anwendungsfelder durch die mobile Erweiterung. Dies bietet Chancen zur Differenzierung und eine Verbesserung des Return of Investment. Wichtig ist, daß die Firmen eine klare Strategie für mobile IT-Anwendungen entwickeln und verfolgen [ECKERT 01].

Abbildung 26 ordnet mögliche Hardware und Anwendungsfelder der Kommunikationstechnik nach Mobilitätsgrad und Synchronität ein, wobei im Merkmal stationär wegen fehlender Relevanz für die Anwendungssicht keine Unterscheidung in drahtgebundene und drahtlose Anbindung getroffen wird. Dabei zeichnet sich eine Ausweitung der Einsatzfelder im mobilen Bereich durch die in den kommenden Jahren zu erwartende Steigerung der Bandbreite und die Senkung der Kosten ab.

Kommunikationszeitpunkt

Mobilitätsgrad der Kommunikationstechnik	**synchron** (zur gleichen Zeit, Online)	**asynchron** (zu verschiedenen Zeiten, Online-/Offline-Wechsel möglich)
stationär	***Hardware*** • (Multimedia-) PC/ Workstation • Telefon/ Bildtelefon ***Anwendungsbeispiele*** • Screen Sharing • Video-/ Document Conferencing • Meeting Support Systeme • Sprache (Voice over IP)	***Hardware*** • (Multimedia-) PC/ Workstation ***Anwendungsbeispiele*** • Electronic-/ Voice mail • Joint Editing (zeitversetzt)
portabel (drahtgebunden, mobil)	***Hardware*** • Notebook • Modem/ ISDN-Adapter ***Anwendungsbeispiele*** • Mobile-/ Home-/ Remote-Office • Remote Access zur Zentrale	***Hardware*** • PDA (mit PCMCIA-Modem/ ISDN-Adapter) • Handheld • Notebook, Palmtop etc. ***Anwendungsbeispiele*** • Notizbuch/ Kalender • Datenerfassung
mobil (drahtlos, ortsunabhängig)	***Hardware*** • GSM - Handy (Zukunft: UMTS) • Notebook, PDA • Funk-Modem (z. B. LAN 802.11 oder DECT) ***Anwendungsbeispiele*** • Ubiquitous Computing • Sprache	***Hardware*** • Handy (inaktiv), PDA mit Infrarotschnittstelle • Funk-Modem (z. B. LAN 802.11 oder DECT) ***Anwendungsbeispiele*** • Electronic-/ Voice Mail • Datenfunk/ Funkfax • Voice Box/ Fax Box

Abbildung 26: Hardware und Anwendungen zu unterschiedlichen Mobilitätsgraden [in Anlehnung an SCHULTE u. a. 95, S. 88]

Insbesondere bei den dargestellten Einsatzfeldern zur Kommunikation ist eine zunehmende Interoperabilität und Verschmelzung der Funktionalität der Kommunikationsmittel zu beobachten. Dies erfolgt zum einen mit flexiblen Schnittstellen zwischen den Geräten (z. B. Infrarotverbindung zwischen Handy und PDA) und zum anderen durch die Bereitstellung von Funktionen anderer Geräteklassen (z. B. Organizer und E-Mail-Funktionalität in Handys oder Funkschnittstelle am Notebook).

3.5.3 Realisierung mobiler Zugänge zum Intranet

Nachfolgend wird ein Überblick über die Herangehensweise bei der mobilen Erweiterung von Intranets und den dafür derzeit zur Verfügung stehenden Technologien gegeben.

Die Realisierung des Informationszugriffes und der Kooperation ist aufgrund der Verbreitung mit relativ einfachen Methoden möglich.

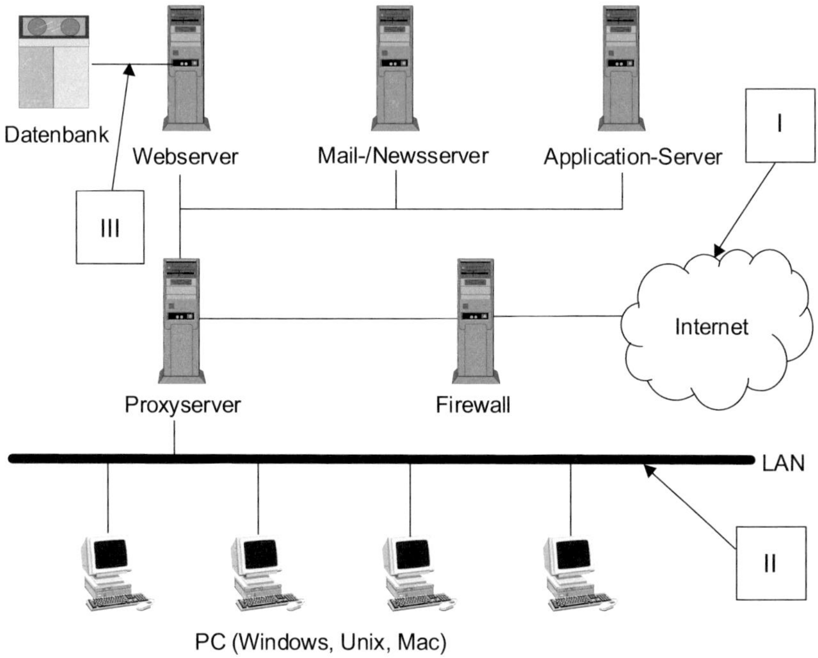

Abbildung 27: Anknüpfungspunkte für mobile Zugänge [vgl. SCHWICHTENBERG 97a; FRANZ 01, S. 7]

Wie Abbildung 27 verdeutlicht, sind prinzipiell drei Ansatzpunkte zur Einbindung mobiler Endgeräte in das Intranet möglich. Diese werden nachfolgend erläutert.

3.5.3.1 Zugangstyp I: Zugang über das Internet

Relativ preiswert zu realisieren ist die mobile Anbindung über das Internet. Hierzu wird in den meisten Fällen für das mobile Endgerät (z. B. Notebook oder PDA) ein Netzwerkzugang über Mobiltelefone genutzt. Der Mobilfunkanbieter stellt eine Datenverbindung über das Internet her. Der Zugang zum Internet erfolgt über eine entsprechende Autorisierung über den Firewall.

Da Mobilfunktechnologien nicht zu den direkt relevanten Standards für Internet und Intranets gehören, wurden diese im zweiten Kapitel nur ansatzweise vorgestellt. In Ergänzung dazu werden nachfolgend einige spezifische Eigenschaften im Kontext des mobilen Intranetzugriffs beschrieben:

GSM: Bei GSM handelt es sich um ein durchgängig digitales europäisches System, welches ursprünglich den Namen „Groupe Special Mobile“ erhielt und später als „Global System for Mobile Communication“ bezeichnet wurde. Inzwischen findet der Standard in 100 Ländern (darunter in allen europäischen) Anwendung. Die Datenübertragungsrate ist mit 9,6 kBit/s relativ gering. Dafür ist dieser Standard flächendeckend verfügbar und mit geringem Aufwand einsetzbar [SIEGMUND 99, S. 659ff.].

HSCSD: HSCSD (High Speed Circuit Switched Data) ist seit Ende 1999 in E-Plus und seit Ende 2000 in D2-Vodafone verfügbar. Das Protokoll setzt auf GSM auf und ermöglicht die Bündelung von bis zu vier Kanälen mit Kapazitäten von 9,6 kBit/s oder 14,4 kBit/s und damit eine Surf-Geschwindigkeit von bis zu 57,6 kBit/s. Dabei werden die Kanäle fest belegt, und es fallen die vollen Zeitgebühren auch ohne Datenübertragung an. Zur Nutzung sind, wie auch bei den folgenden Standards, neue Handys notwendig (hier z. B. Nokia 6310) [ZIVADINOVIC 00b; FRANZ 01, S. 24].

GPRS: Die GPRS-Technik (General Packet Radio Services) wird seit 2001 angeboten. Sie setzt wie HSCSD auf den GSM-Standard auf und bietet laut Spezifikation Spitzendatenraten von bis zu 170 KBit/s. Alle deutschen GSM-Netzbetreiber bieten diese paketorientierte Technologie an. GPRS geht damit schonender mit den knappen Funkkanälen um als die bisher üblichen leitungsorientierten Daten- und Sprachverbindungen. Auch eröffnet GPRS für Netzbetreiber die Möglichkeit, den Dienst auf Basis des übertragenen Datenvolumens zu berechnen [ZIVADINOVIC 00c]. Von GPRS-Handys ist zu erwarten, daß sie aufgrund der paketorientierten Struktur während der Verbindung weniger Strom verbrauchen als HSCSD-Geräte, denn sie senden tatsächlich nur dann, wenn wirklich Daten anliegen. Wegen der ökonomischeren Verbindungsart könnten die schmalbandigen WAP-Dienste billiger werden als bei herkömmlichen Wählverbindungen [BAGER 00; ZIVADINOVIC 00b].

EDGE: EDGE steht für „Enhanced Data Rates for GSM Evolution“ und stellt einen weiteren Evolutionsschritt in Richtung UMTS dar. EDGE ermöglicht die Verfahren EGPRS und ECSD (Enhanced General Packet Radio Service und Enhanced Circuit Switched Data). In einer ersten auf zeitunkritische Dienste (FTP, E-Mail) beschränkten Einführungsphase werden vorwiegend die technischen Erweiterungen in die bestehenden GSM-Netze eingebaut. Für zeitkritische Dienste wie Video- und andere Multimedia-Anwendungen sowie paketvermittelte Sprachübertragung wird erst die 2. Phase geeignet sein [NIKOLAI u. a. 00, S. 197].

Zumindest der Einsatz von EGPRS ist für 2002 geplant, allerdings ist die Einführung von EDGE in Deutschland wegen der hohen Investitionen in UMTS unsicher.

UMTS: UMTS (Universal Mobile Telecommunications System) stellt eine Weiterentwicklung der Mobilkommunikationssysteme (Mobilfunksysteme der dritten Generation) dar und erreicht Datenraten von bis zu 2 MBit/s [HANSEN u. a. 01, S. 1249].

Abbildung 28 verdeutlicht den Weg zu einer weltweiten Vereinheitlichung der verschiedenen Mobilfunkstandards.

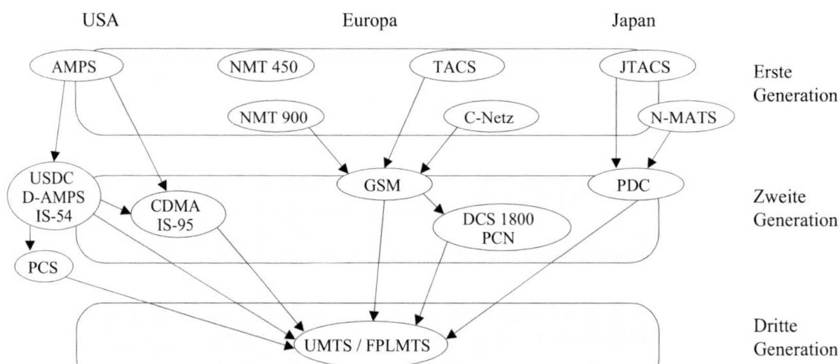

Abbildung 28: Entwicklung der Mobilfunkstandards [MÜLLER u. a. 97, S. 199]

Unter dem UMTS-Standard werden neben Weiterentwicklungen der zellularen Mobilfunknetze auch Methoden und Technologien der Satellitenkommunikation, WLL (Wireless Local Loop) und der Bereich schnurloser Telefonie zusammengefaßt. Dies führt auch zu einer

Vereinheitlichung der Endgeräte für die genannten Bereiche [SIEGMUND 99, S. 719ff.; FRANZ 01, S. 26f.].

Tabelle 31 faßt die technischen Eigenschaften der vorgestellten Standards zusammen.

Standard	Datenübertragungsrate	Verfahren	Abrechnung	Verfügbarkeit	Bemerkung
GSM	9,6 kBit/s	Leitungsvermittelt	Nach Zeit	Nahezu flächendeckend (alle Anbieter)	Internationales Roaming
HSCSD	9,6 – 57,6 kBit/s	Leitungsvermittelt	Nach Zeit	Nahezu flächendeckend (E-Plus, Quam, D2 Vodafone)	
GPRS	9,6 – 170 kBit/s	Paketvermittelt	Nach Volumen oder Zeit	Nahezu flächendeckend (alle Anbieter)	wird z. B. für i-mode (E-Plus) verwendet
EDGE	9,6 – 473,6 kBit/s	Paketvermittelt	Nach Volumen oder Zeit	Ab Herbst 2002	
UMTS	144 – 384 kBit, max. 2 Mbit für stationäre Teilnehmer	Paket- oder Leitungsvermittelt	Nach Volumen oder Zeit	25 % der Bevölkerung bis Ende 2003 gefordert 50 % der Bevölkerung bis Ende 2005 gefordert	Weltweite Verfügbarkeit und internationales Roaming geplant

Tabelle 31: Vergleich technischer Parameter der Mobilfunktechnologien [FRANZ 01; S. 27f.; ZIVADINOVIC 00a; NIKOLAI u. a. 00; BAGER 02, S. 92]

Einsatzbereiche des Zugangstyps I

Gerade im Bereich des Zugangstyps I ist das Hauptanwendungsfeld der einfache Zugriff auf Daten des Intranets. Das sind hauptsächlich E-Mails und Dokumente sowie ausgewählte Funktionen des ERP-Systems. Soweit nur reine Textdokumente mit begrenztem Umfang oder nicht-multimediale Daten übertragen werden müssen, ist ein GSM-Zugang trotz der begrenzten Bandbreite ausreichend. Bei E-Mails mit größeren Anhängen, dem Transfer größerer Dateien und der Nutzung eines Browsers ist eine höhere Bandbreite, also mindestens der Einsatz von HSCSD, notwendig. Eine weitere Steigerung der Bandbreite durch Einsatz noch leistungsfähigerer Technologien, wie EDGE oder UMTS, ermöglicht innovative Anwendungen, wie die Nutzung aufwendig gestalteter Web-Angebote, Bildtelefonie sowie zukünftige multimediale Anwendungsfelder, wie Telelearning oder Remote-Consulting.

Tabelle 32 ordnet die Eignung der Mobilfunkstandards relevanten Einsatzfeldern zu.

Technologie	E-Mail nur Text	E-Mail mit Anhang	Dateitransfer	Fernwartung	Abruf von HTML-Seiten
GSM	Geeignet	Ungeeignet	Ungeeignet	Bedingt geeignet	Ungeeignet
HSCSD	Geeignet	Geeignet	Geeignet	Bedingt geeignet	Bedingt geeignet
GPRS, EDGE, UMTS	Geeignet	Geeignet	Geeignet	Geeignet	Geeignet

Tabelle 32: Bewertung der Eignung von Mobilfunktechnologien für Anwendungsfelder der Datenübertragung [FRANZ 01, S. 28]

Die neuen Mobilfunkstandards mit hohen Bandbreiten und effizienten paketorientierten Datenübertragungstechnologien ermöglichen neue Optionen der kommerziellen Nutzung. GPRS, EDGE und UMTS erlauben die mobile Nutzung in einem unbegrenzten Anwendungsradius zumindest innerhalb Deutschlands. Die Einsatzbereiche nähern sich denen der stationären lokalen Nutzung immer mehr an. Mit der Verfügbarkeit mobiler Kommunikationsgeräte mit hochauflösender Anzeige oder der Integration von Mobilfunksendern in mobile Endgeräte (z. B. Laptops) werden alle in lokalen Netzen genutzten Anwendungen, angefangen von der Bildtelefonie bis hin zum vollen Zugang auf ERP-Systeme oder multimediale Anwendungen (z. B. Überspielen von Videos durch Journalisten), auch im mobilen Bereich realisierbar.

3.5.3.2 Zugangstyp II: Direkte Intranet-LAN-Anbindung

Beim Zugangstyp II werden mobile Endgeräte über drahtlose LAN-Technologien direkt in das Intranet eingebunden.

Mit zunehmender Akzeptanz der existierenden Standards und Verbreitung preiswerter ausgereifter Hardware werden Funk-LAN-Netze weiter an Bedeutung gewinnen. Bei den Standards handelt es sich um Technologien, die relativ hohe Datenraten über kurze Distanzen erlauben. Die wichtigsten werden nachfolgend vorgestellt:

FUNK-LAN nach 802.11

In der BMPT-Verfügung 122/1997 vom 21.05.1997 wurde der Gültigkeitsbereich von Funk-LAN-Systemen im lizenzfreien Frequenzbereich von 2,4 bis 2,4835 GHz auf grundstücksübergreifende Anlagen ausgedehnt. Dies hat zur Folge, daß Wireless Local Area Networks (WLAN) bzw. Funk-LANs anmelde- und gebührenfrei eingesetzt werden können, wenn die eingesetzte Technik einen entsprechenden Test bestanden hat [SCHEPP 00]. Ausgenommen davon ist die Nutzung für öffentliche Telekommunikationsdienstleistungen. Dies eröffnet Unternehmen breite Spielräume für die zukünftige Ausgestaltung der drahtlosen Einbindung von Endgeräten.

Das Wireless-LAN-System wurde 1997 unter dem Dach des Normungsinstituts IEEE (Institute of Electrical and Electronics Engineers) in der Spezifikation 802.11 verabschiedet und hat inzwischen den Sprung in den Massenmarkt geschafft. Andere Funk-LAN-Lösungen sind entweder deutlich langsamer (etwa HomeRF) oder stellen proprietäre Lösungen einzelner Hersteller wie Proxim oder RadioLAN dar. Ende 1999 wurde die Spezifikation um die Version 802.11b erweitert, mit der sich die Übertragungsrate von 1 bis 2 MBit/s auf 11 MBit/s erhöhte [AHLERS u. a. 00, S. 260]. Im Sommer 2002 wird die Zulassung des leistungsfähigeren Standards 802.11a erwartet. Die Chancen für eine große Verbreitung von HIPERLAN/2 (www.hiperlan2.com) als Alternative werden als eher gering eingeschätzt [SCHWÖGLER 02]. Die wichtigsten WLAN-Standards werden in Tabelle 33 verglichen.

WLAN-Standard	802.11	802.11b	802.11a	HIPERLAN/2
Spezifikationsinhaber	IEEE	IEEE	IEEE	ETSI
Frequenz-Band (GHz)	2,4	2,4	5	5
Übertragungsrate (MBit/s)	1 / 2	1 / 2 / 5,5 / 11	6 – 54	6 – 54
Netzwerkunterstützung	Ethernet	Ethernet	Ethernet	Ethernet, IP, ATM, UMTS, FireWire, PPP

Tabelle 33: Vergleich der Funk-LAN-Standards [SEIFERT 00, S. 55; SCHWÖGLER 02]

DECT

Ursprünglich nur für die schnurlose Sprachübertragung gedacht, wurde Anfang der 90er Jahre der Standard Digital Enhanced Cordless Telecommunications (DECT) entwickelt. Nach einer Überarbeitung des Standards im Jahr 1994 ist auch der Einsatz von Datenendgeräten bis zu einer Übertragungsrate von 552 kBit/s möglich. Eine künftige Spezifikation soll Datenraten bis 2 MBit/s liefern. Im Gegensatz zu Bluetooth ist DECT etabliert und kann den vorhandenen Frequenzraum exklusiv nutzen [LABS 00a].

IrDA

In der Infrared Data Association (IrDA) haben sich 1993 ca. 30 Firmen zusammengeschlossen, um einen gemeinsamen Standard für die zunehmende Verbreitung von Infrarotschnittstellen zu entwickeln. 1994 und 1995 folgten die Spezifikationen 1.0 und 1.1 mit Übertragungsraten von 115 kBit/s bzw. 4 Mbit/s. Eine Weiterentwicklung des Standards auf die Spezifikation 2.0 soll eine vollständige Infrastruktur ermöglichen, die in Funktionen des LAN-Bereiches hineinreicht [LATUSKE 98].

Bluetooth

Bluetooth ist ein relativ neuer Standard, der auf Entwicklungen der Firma Ericsson zurückgeht. Mitte 1999 wurde Spezifikation 1.0 vorgestellt. Bluetooth ermöglicht die Verbindung von mobilen Geräten untereinander und mit dem PC. Ein weiteres Ziel ist die Einbindung von Peripheriegeräten als Ersatz für Kabelverbindungen [ARS 00, S. 1]. Bluetooth basiert auf der 802.11 Spezifikation [SIEGMUND 99, S. 710].

Tabelle 34 faßt wichtige Eigenschaften der vorgestellten Technologien zur drahtlosen Übertragung im Nahbereich zusammen.

Technologie	Datenübertragungsrate	Reichweite	Sendeleistung
802.11 LAN	2 MBit/s (bis zu 11 MBit/s)	300 m	max. 100 mW
DECT	25,6 – 552 kBit/s (zukünftig 2 MBit/s)	300 m	max. 250 mW
IrDA	9,6 – 115 kBit/s (4 MBit/s)	max. 3m	max. 500 mW
Bluetooth	432,6 kBit/s symmetrisch 721/51,6 kBit/s asymmetrisch	10 m (100 m)	max. 100 mW

Tabelle 34: Dienstmerkmale verbreiteter LAN-Technologien [in Anlehnung an FRANZ 01, S. 20]

Einsatzbereiche des Zugangstyps II:

Aufgrund der unterschiedlichen Reichweiten, Bandbreiten und Protokollmechanismen eignen sich die vorgestellten Technologien für unterschiedliche Anwendungsfelder (vgl. Tabelle 35).

Technologie	Einsatzbereiche
Funk-LAN nach IEEE 802.11	• Ersatz für herkömmliche LAN´s, wenn Geräte mobil sein sollen oder bauliche Gegebenheiten keine Kabelverlegung erlauben
DECT	• Systeme, welche eine Sprach- und Datenkommunikation erlauben sollen • Sehr hohe Gerätedichte aufgrund der verwendeten Funktechnologie möglich
IrDA	• Datenübertragung von Peripheriegeräten • 1:1 Kommunikation zwischen mobilen Geräten
Bluetooth	• Aufbau von Ad-hoc-Netzwerken, insbesondere zwischen mobilen Geräten, wie Mobiltelefonen, PDA oder Datenerfassungsgeräten • PC-Anbindung von Peripheriegeräten • Schnurlose Telefonie • Vermittlung zwischen Handy und Freisprecheinrichtung

Tabelle 35: Einsatzbereiche der mobilen Nutzung des Zugangstyps I [vgl. FRANZ 01, S. 21; LABS 00a; AHLERS 01; LABS 00b; SIEGMUND 99, S. 710]

Bis Bluetooth-Geräte zur Verfügung stehen, können auch DECT oder IrDA deren Funktionen übernehmen. Es ist zu erwarten, daß Bluetooth die anderen Standards nicht ersetzen, sondern aufgrund der unterschiedlichen Eigenschaften eher ergänzen wird. So bietet IrDA eine 1:1-Verbindung mit wesentlich höherer Datenrate [ARS 00, S. 6].

3.5.3.3 Zugangstyp III: Speziallösungen mit direkter Anwendungsschnittstelle

Beim Zugangstyp III werden Lösungen realisiert, die spezifische Anforderungen erfüllen müssen, welche oft nicht mit Standardprodukten und –technologien realisierbar sind. Es ist meist ein gesonderter Programmieraufwand notwendig.

Mobile Endgeräte wie PDA oder Mobilfunkhandys greifen über den Webserver auf eine entsprechende Datenbasis zu. Als Technologien für die Frontendeinbindung bieten sich in erster Linie HTML-Oberflächen an. Bei Nutzung von PDA und Handys können auch SMS und WAP eingesetzt werden.

Mit dem Short Message Service (SMS), einem Dienst des GSM-Mobilfunknetzes, ist es möglich, Textnachrichten mit einer Länge von 140 bzw. 160 Zeichen auf ein Handy oder andere Endgeräte auszugeben. Der große Vorteil dieses Dienstes liegt in den vielen Möglichkeiten, die Kurznachrichten über verschiedene Geräte und Kommunikationsnetze in die Mobilfunknetze einzuspeisen. Eine SMS kann auch per Telefon mit Tonwahl-Funktion, mittels PC und Modem bzw. ISDN-Karte oder über ein X.25-Terminal versendet werden. Eine Konvertierung in Fax oder E-Mail-Dokumente ist möglich [TILLMANN 00].

Das Wireless Application Protocol (WAP) kann für die Übertragung von Internetdokumenten auf Geräte mit eingeschränkter Darstellung, wie Handys, PDA oder Organizer, eingesetzt werden.

Einsatzbereiche des Zugangstyps III:

Prinzipiell kann der Einsatz der hier vorgestellten Dienste auch über die anderen Zugangstypen erfolgen. Die direkte Anbindung dieser Dienste an Informations- und Transaktionssysteme eröffnet jedoch ein attraktives Feld für innovative Anwendungen, welches über die einfache Erweiterung des Intranets auf mobile Endgeräte hinausgeht.

Der Einsatz von SMS eignet sich nur für reine Textmitteilungen und ermöglicht keine Interaktion, ist dafür aber mit allen Handys ohne weiteren Aufwand einsetzbar. Die multiplen Zugänge, die kostengünstige Realisierung und die guten Integrationsmöglichkeiten mit E-Mail lassen SMS als sehr sinnvolle Ergänzung für KMU erscheinen. So ist es möglich, E-Mails per SMS auf Handys umzuleiten und wichtige Mitteilungen kurzfristig an Außendienstmitarbeiter zu versenden. Vergleichbare Anwendungen wie Pager-Netze werden dadurch überflüssig.

HTML- und WAP-Oberflächen bieten die Möglichkeit, durch direkte Anbindung an Datenbanken oder ERP-Systeme effiziente und schnelle Zugänge zu relevanten Informationen und Transaktionen bereitzustellen. Dabei ist der Aufwand der HTML-Realisierung aufgrund der weiten Verbreitung und leistungsfähigen Programmiertools geringer. WAP bietet auf der anderen Seite die Möglichkeit, auf sehr kleinen Endgeräten zu agieren. Die Nutzung von PDAs oder Handys wird bei Verhandlungen eher akzeptiert und ist flexibler als der Einsatz von Notebooks.

Aufgrund der relativ umständlichen Möglichkeiten zur Navigation und Texterfassung eignet sich WAP vorrangig für Anwendungen, die nur wenige Eingaben benötigen und deren Ausgabe als Text erfolgt, wie passive Auskunftssysteme, z. B. Fahrpläne und Telefonverzeichnisse. Mit Einschränkungen eignet sich WAP für das Auslösen oder Beeinflussen von Prozessen, z. B. Buchungen, Banktransaktionen oder als mobiler E-Mail Reader [BAGER 99; FRANZ 01, S. 35].

Für die Nutzung von WAP bietet sich neben einer Individualentwicklung auch die Möglichkeit des Einsatzes fertiger Lösungen an. Als Beispiel wird in Abbildung 29 der Ablauf bei der Nutzung der WAP-Software MOBILEsales der Firma RS AG dargestellt.

Abbildung 29: WAP-Oberfläche MOBILEsales [RSAG 01]

Trotz der interessanten Möglichkeiten von WAP gibt es eine Reihe von Nachteilen und Unwägbarkeiten, welche die Zukunftssicherheit von Investitionen in WAP in Frage stellen:

WAP wurde nicht wie Internetprotokolle (E-Mail, FTP) in einer Request for Comments (RFC) der Allgemeinheit frei zur Verfügung gestellt, sondern von dem 1997 von Mobilfunk-Unternehmen gegründeten WAP-Forum festgelegt. Im Protokoll sind Patente enthalten. Es kann ohne Ankündigung geändert werden.

Auch die Akzeptanz beim Nutzer ist nur sehr begrenzt. Der Aufwand bei der Nutzung und die Kosten liegen bei WAP über denen anderer Zugänge zu Anwendungs- und Auskunftssystemen [vgl. KOSSEL 00; CW 00b]. Auch aus Unternehmenssicht wird der Einsatz von WAP eher skeptisch gesehen. So sehen laut einer Studie von Trend Research nur 7% der Unternehmen große und weitere 19% kleine Chancen der Etablierung der WAP-Technologie im Unternehmensumfeld [HEINRICH 01b, S. 6].

3.5.4 Empfehlungen für KMU

Aufgrund der dynamischen Entwicklung bei Mobiltechnologien in den letzten Jahren und der zu erwartenden Preissenkungen bei den Produkten bilden mobile Anwendungen nicht nur eine Ergänzung für die Realisierung von Intranets, sondern auch eine Alternative zum Aufbau drahtgebundener Online-Lösungen. Gerade in kleinen Unternehmen kann es inzwischen kostengünstiger sein, wenn lokale Netze über Funk-LAN-Standards aufgebaut werden oder Erfassungen über entsprechende PDA (Offline-Lösung) vorgenommen werden.

Beim Zugangstyp I liegt das Hauptziel in einer Bereitstellung des Intranetzugangs außerhalb der Unternehmensstandorte. Die Bereitstellungskosten sind wegen der Nutzung fremder Ressourcen (Provider) gering. Es existiert neben der einfachen Erweiterung des Intranetzuganges auf den mobilen Bereich eine Reihe von Möglichkeiten der Erschließung innovativer Potentiale, wie des Einsatzes von CRM-Lösungen. Der größte Kostenfaktor bei diesem Zugangstyp sind die laufenden Kosten, die derzeit nahezu ausschließlich nach Zeit, zukünftig aber zunehmend nach Datenvolumen abgerechnet werden. GPRS, EDGE und UMTS ermöglichen auch für KMU die ortsunabhängige Bereitstellung des gesamten Spektrums der Intranetanwendungen ohne hohe Bereitstellungskosten. Die Intensität und der Umfang der Nutzung wird allerdings stark von der künftigen Preispolitik der Mobilfunkbetreiber abhängen.

Beim Zugangstyp II handelt es sich hauptsächlich um einen Ersatz von drahtgebundenen LAN-Strukturen durch drahtlose. Neue Einsatzfelder ergeben sich durch die Nutzung des Intranets an Orten ohne drahtgebundenen Netzzugang sowie die Möglichkeit des mobilen Datenaustausches mit Maschinen, Fahrzeugen, Geräten und Behältern für Material. Potentiale liegen auch in einer Erhöhung der Flexibilität durch Unabhängigkeit von Netzwerkanschlüssen und bei Kostensenkungen durch Nutzung mittelfristig zu erwartender ausgereifter, preiswerter und leistungsfähiger Funk-LAN-Lösungen als Alternative zu teuren LAN-Verkabelungen.

Beim Zugangstyp III werden hauptsächlich spezielle, auf das Unternehmen abgestimmte Lösungen verfolgt. Diese erfordern meist einen hohen Entwicklungsaufwand, bieten auf der anderen Seite aber Möglichkeiten zu Wettbewerbsvorteilen gegenüber den Konkurrenten. Mobile Computer (PDA, Organizer) oder Spezialperipherie (Scanner, Ausgabegeräte) können auf Basis individuell entwickelter Anwendungen innovative Potentiale erschließen.

Tabelle 36 stellt die unterschiedlichen Ziele und Potentiale der Zugangstypen gegenüber.

	Zugangstyp I **Zugang über Internet**	**Zugangstyp II** **LAN Anbindung**	**Zugangstyp III** **DB Anbindung**
Kostensenkungs-potential	Gering	Hoch	Gering
Innovationspotential	Mittel	Mittel	Hoch
einmalige Kosten	Gering (Nutzung fremder Netze)	Hoch (Aufbau einer eigenen Infrastruktur)	Hoch (Entwicklungs-aufwand)
laufende Kosten	Hoch	Gering	Mittel
Hauptziel	Verfügbarkeit außer-halb der Standorte	Flexibilität, Kostensenkung	Innovative Anwendungen

Tabelle 36: Vergleich der Zugangstypen bezüglich der Potentiale für Unternehmen

Für den Einsatz in KMU eignet sich vorrangig der Zugangstyp I, da dieser ohne hohe Einstiegskosten und Investitionsrisiken ein breites Anwendungsspektrum mit umfangreichen Möglichkeiten der Steigerung von Effektivität und Effizienz ermöglicht. Durch die nutzungsabhängige Abrechnung sind auch weniger häufig eingesetzte Anwendungen rentabel realisierbar. Der Einsatz des Zugangstyps II ist von KMU gegenüber den notwendigen Zusatzaufwendungen für die Bereitstellung der Infrastruktur abzuwägen. Ein Verzicht auf eine drahtgebundene Netzwerkinfrastruktur zugunsten drahtloser Lösungen kann sich für KMU leichter rentieren als für große Unternehmen, da der Aufwand für große Nutzerzahlen aufgrund der begrenzten Frequenzbereiche steigt und damit auch häufiger mit Problemen zu rechnen ist.

Von Investitionen in WAP sollte gerade bei KMU aufgrund der schlechten Akzeptanz und der zu erwartenden Ablösung durch neuere Technologien, insbesondere bei Eigenentwicklungen, abgesehen werden.

In Tabelle 37 werden wichtige Dienste des Internet/Intranet bezüglich Ihrer Eignung für die mobile Nutzung verglichen.

Dienst	Vorteile	Nachteile
Telnet	• Verbreiteter Standard • Ressourcenschonend • Interaktion möglich	• Wenig komfortable Oberfläche • Point-to-Point Verbindung
E-Mail	• Asynchrone Kommunikation • Übertragung von Text/ Dateien • Bei Textübertragung geringe Ressourcenbelastung	• Wenig Gestaltungsmöglichkeiten bei Textnachrichten • Ohne Zusatzsoftware keine sichere Übertragung
FTP	• Effizientes, einheitliches Übertragungsprotokoll	• Hohe Bandbreite erfolderlich
WWW	• Verbreiteter Dienst mit komfortabler Bedienoberfläche • Hohe Flexibilität • Interaktion möglich	• Teilweise unterschiedliche HTML-Formate • Hohe Sicherheitsrisiken bei Nutzung voller Funktionalität (Java, Java-Script, Active Scripting) • Höhere Anforderungen an Endgeräte und Bandbreite
WAP	• Nutzung von Hypertextfunktionalität bei Geräten mit geringen Ressourcen (Display, Bandbreite) • Interaktion möglich	• Mangelnde Verbreitung • Unzureichende Endgeräte • Geringe Nutzerakzeptanz
SMS	• Geringe Übertragungszeit • Wird von allen Mobiltelefonen unterstützt	• Max. Länge nur 160 Textzeichen • Nur einseitige Kommunikation • Relativ hohe Kosten bei Versendung aus dem Mobilnetz • Bei manueller Eingabe relativ umständliche Handhabung

Tabelle 37: Eignung von Kommunikationsdiensten für den mobilen Einsatz

3.6 Sicherheitskonzept

3.6.1 Anforderungen

Mit der Einführung eines Intranets mit einheitlichem Kommunikationsprotokoll und offenen Standards entstehen zusätzliche Anforderungen an die Sicherheitsstrategie, da alle Systeme, die teilweise getrennte Kommunikationsinseln bildeten, jetzt miteinander verbunden sind und durch die Integration des Internets bzw. den Aufbau eines Extranets weitere Zugangswege zum Unternehmensnetz geöffnet werden. Durch Computerviren hervorgerufene Schäden sind in den letzten Jahren erheblich gestiegen. Ursache dafür sind u. a. neue Möglichkeiten zur Verbreitung der Viren mit Hilfe von in Anwendungen oder Betriebssystemen implementierten

Funktionen zur unbemerkten Ausführung von Anwendungsskripten. Ein weiter Angriffspunkt für Clients liegt in der Tatsache begründet, daß immer mehr Webseiten aktive Inhalte, wie ActiveX Controls, Java und Java-Script, enthalten, um die Darstellung zu unterstützen. Die Gefahren liegen in der notwendigen Fähigkeit dieser Programmteile, Teile des Client-Betriebssystems und dessen Ressourcen zu nutzen. Besonders kritisch ist es, daß die Mehrheit der Angriffe gar nicht bemerkt wird [PALASS 96, S. 158] und so Maßnahmen zur Schadensbegrenzung oder Unterbindung ausbleiben.

Auf der anderen Seite besteht der Vorteil von offenen standardisierten Technologien, wie sie im Internet bzw. Intranet verwendet werden, im Vorhandensein leistungsfähiger Lösungen zur Absicherung der Netzwerke.

In diesem Kapitel wird ein Überblick zu existierenden Schwachstellen der IT-Sicherheit gegeben. Aufgrund der sehr breiten Thematik beschränkt sich die Aufbereitung auf die Nennung von Lösungsansätzen für die Datensicherheit und Verweise auf weiterführende Literatur.

Die grundlegenden Kernziele zur Absicherung der IT-Infrastruktur bestehen in der Sicherstellung der Verfügbarkeit, Stabilität, Datensicherheit und Zugriffskontrolle.

Die Erfüllung dieser Anforderungen ist für die Datenverarbeitung in den meisten kleinen Unternehmen ausreichend. Sie können durch relativ einfache Mittel erfüllt werden, z. B. durch regelmäßige Datensicherung und redundante Speicherung, Schutz von Verzeichnissen und Dateien auf Paßwortebene, Schutz vor physikalischen Einflüssen und Stromausfall[4], Deaktivierung unnötiger Protokolle und Dienste sowie Abwehr von Computerviren.

Für mittlere und große Unternehmen sowie für kleine Unternehmen mit besonderen Anforderungen an die IuK-Systeme müssen weitergehende Faktoren erfüllt werden (vgl. Tabelle 38).

[4] Stromausfälle sind die häufigste Ursache für Datenverluste [vgl. RAGGI u. a. 98, S. 33]

Faktor	Beschreibung
Vertraulichkeit	Information ist nur für definierte Empfänger lesbar
Authentizität	Identität des Kommunikationspartners ist eindeutig bestimmbar
Integrität	Information ist unverfälscht
Zurechenbarkeit	Alle Aktionen sind Nutzern zuzuordnen (keine unverantworteten Aktionen möglich)
Verbindlichkeit	Vereinbarung der Geschäftspartner: Absprachen über Internet sind rechtlich bindend (Relevanz vor allem für Extranets)
Anonymität	Keine Weitergabe der Daten an Dritte (Relevanz vor allem für externe Nutzung des Internets)
Originalität	Absender hat die Information tatsächlich bereitgestellt

Tabelle 38: Weiterführende sicherheitsrelevante Faktoren für IuK-Systeme

3.6.2 Firewalls

Zur Absicherung des Intranets nach außen ist zwingend ein Firewall, also ein System, über das der Zugriff zwischen zwei verbundenen Netzwerken beobachtet, kontrolliert und geregelt werden kann, notwendig [STRÄUBIG 01b, S. 34; PAUL u. a. 97, S. 237]. Seine Aufgaben bestehen in der Filterung von Paketen und Adressen, der Maskierung (Intranet-Adressen sind nur dem Firewall bekannt), der Erkennung von Viren und Einbruchsversuchen durch Scanner sowie der Protokollierung der Zugriffe. Sehr wichtig ist auch hier der Einsatz einer Proxy-Software. Der Vorteil liegt dabei in einem erhöhten Schutz, da der Datenaustausch mit dem Internet vom Proxy überwacht wird und Datenübertragungen, die nicht zuvor aus dem LAN angefordert wurden, abgeblockt werden [KURI 00, S. 140].

Die Zugriffskontrollsysteme von Firewalls können an verschiedenen Schichten der Netzwerkübertragungsprotokolle ansetzen. Folgende Arten werden dabei unterschieden [BICHLER 97, S. 26f.; KAUFFELS 00, S. 535ff.]:

- **Paketfilter:** Paketfilter setzen an der Netzwerkschicht (OSI-Modell) bzw. Internetschicht (DoD-Modell) an. Sie arbeiten unabhängig von der verwendeten Software und unterbinden den Transport von IP-Paketen mit nicht zugelassenen Absender- und Zieladressen bzw. Portnummern.

- **Circuit-Level-Gateways:** Circuit-Level-Gateways setzen an der Transportschicht (OSI) bzw. Host-zu-Host-Schicht (DoD) an. Sie überprüfen die Zulässigkeit der Ende-zu-Ende-

Verbindung und lassen die Daten nach erfolgreichem Verbindungsaufbau passieren. Sie eignen sich besonders für die Festlegung der internetbefugten Benutzer.

- **Application-Level-Gateways:** Application-Level-Gateways setzen an drei Anwendungsschichten des OSI-Modells bzw. der Prozeß/Application-Schicht des DoD-Modells an. Auf diesem läuft für jede zulässige Applikation ein eigener Proxy. Nach Authentifizierung des Clients führt dieser die Kommunikation mit dem Internet stellvertretend für den Client durch. Dadurch werden spezifische Regeln und Zugangsprofile für die Nutzung des Internets möglich.

Diese Konstruktionsarten können auch miteinander kombiniert werden. Die Vor- und Nachteile von Network-Level-Firewalls (Paketfiltern und Circuit-Level-Gateways) sowie Applikation-Level-Firewalls (Application-Level-Gateways) werden in Tabelle 39 gegenübergestellt.

	Vorteile	Nachteile
Network-Level-Firewalls	• Kostengünstig • Hohe Geschwindigkeit • Benutzertransparenz • Leichte Konfigurierbarkeit	• Gültiger IP-Adreßbereich für das interne Netz muß vorhanden sein • Zugriffskontrolle nur für Adressen und Port-Nummern • Nur einfache Zugriffsprotokollierung
Applikation-Level-Firewalls	• Kann mit reservierten und nicht-registrierten IP-Adressen verwendet werden • Präzise und detaillierte Zugriffskontrolle möglich • Detaillierte Zugriffsprotokollierung	• Schwieriger zu implementieren • Niedrigere Geschwindigkeit • Spezielle Software für jedes Protokoll notwendig • Niedrigere Benutzertransparenz

Tabelle 39: Vor- und Nachteile von Network- und Application-Level-Firewalls [PAUL u. a. 97, S. 238]

3.6.3 Weitere Sicherheitsstandards

Während Firewalls hauptsächlich der Blockierung unberechtigter Zugriffe dienen, benötigen Intranets weitere Technologien zur Absicherung weiterer Forderungen, wie die Absicherung der Vertraulichkeit, Authentizität, Datenintegrität, Zurechenbarkeit und Originalität.

Wichtige Eigenschaften und Einsatzfelder dieser Technologien und Standards werden nachfolgend beschrieben:

X.509: Hierbei handelt es sich um einen Teil des als X.500 definierten Verzeichnisdienstes, der ein Authentifizierungsverfahren beschreibt, bei welchem ein Zertifikat bereitgestellt wird. Dieses Zertifikat enthält den öffentlichen Schlüssel eines Benutzers, der gemeinsam mit weiteren Informationen durch einen privaten Schlüssel der Zertifizierungsstelle gesichert wird [FISCHER u. a. 98, S. 72; NUSSER 98, S. 72].

DES / RSA: Es handelt sich bei beiden Technologien um Verschlüsselungsverfahren, wobei DES (Data Encryption Standard) ein symmetrisches und RSA (Ronald **R**ivest, Adi **S**hamir, Len **A**dleman) ein asymmetrisches Verfahren darstellt. Beide bilden die Grundlage für die nachfolgend dargestellten Sicherheitsstandards und ermöglichen unter Zuhilfenahme von Zertifikaten (z. B. nach X.509) die Erfüllung der Anforderungen nach Vertraulichkeit, Authentizität, Datenintegrität, Zurechenbarkeit und Originalität [vgl. NUSSER 98, S. 59f.].

IPSec: Es handelt sich um Sicherheitserweiterungen des IP-Protokolls zum Schutz vor Verfälschung (Authentizität/Integrität) und/oder zur Verschlüsselung (Vertraulichkeit). Die Daten werden dabei durch die Mechanismen **AH** (Authentication Header) und **ESP** (Encapsulated Security Payload) geschützt [MARTIUS 00, S. 96f.]. Der Authentication Header definiert eine kryptographische Prüfsumme zu Authentifizierungszwecken Der Encapsulating Security Payload Header beschäftigt sich dagegen direkt mit der Verschlüsselung der zu übertragenden Nutzdaten [SCHMIDT 98, S. 227].

SSL: SSL (Secure Socket Layer) wurde von der Netscape Communication Corp. entwickelt. Sie beschreibt eine zusätzliche Protokollschicht, die zwischen der TCP-Schicht und den Anwendungsprotokollen eingefügt wird [KYAS 97a, S. 166]. Im Gegensatz zur unsicheren HTTP-Nutzung über den Port 80 ermöglicht ein neuer URL-ACCESS-Typ „https“ eine gesicherte Verbindung über Port 443 auf Basis der Kryptographiestandards DES und RSA [KYAS 97a, S. 56, 166; ALPAR 96, S. 157]. Auch andere Dienste als das WWW können SSL nutzen, jedoch ist eine explizite Unterstützung durch die Anwendungen nötig [MARTIUS 00, S. 90].

Alle Internetdienste können prinzipiell diese transportorientierten Sicherheitsstandards nutzen. Für die beiden wichtigsten Internetdienste WWW und E-Mail gibt es folgende

Sicherheitsstandards auf Applikationsebene, durch welche aufgrund der Einbindung in die Anwendung zusätzlich zu den zuvor genannten auch die Möglichkeit der Transaktionssicherheit, d. h. die Nicht-Abstreitbarkeit des Sende- oder Empfangsvorganges, sichergestellt werden kann [NUSSER 98, S. 64f.].

S-HTTP: Secure-HTTP basiert auf DES und RSA und wurde von der Firma Terisa Systems entwickelt [KYAS 97a, S. 56, 166; ALPAR 96, S. 158]. Es erweitert das unsichere HTTP-Protokoll um kryptographische Funktionen [KYAS 97a, S. 166, 328f.]. Dieser Standard ist nur für den WWW-Dienst einsetzbar [MARTIUS 00, S. 93].

PGP: PGP (Pretty Good Privacy) ist ein Programm, welches durch verschiedene Kryptographieverfahren Vertraulichkeit und Authentizität bei E-Mails gewährleistet. Es ist kostenlos verfügbar, einfach zu handhaben (bei Integration im Client) und hat ein hohes Sicherheitsniveau [ALPAR 96, S. 154; MARTIUS 00, S. 94]. Ein ähnliches Verfahren mit der Bezeichnung **PEM** (Privacy Enhanced Mail) hat aufgrund fehlender Implementierungen in Mailprogramme bisher kaum Verbreitung gefunden [FISCHER u. a. 98, S. 165].

S/MIME: Die Secure Multi Purpose Internet Mail Extensions dienen ebenso wie PGP zur Absicherung des E-Mail-Dienstes auf Basis von Verschlüsselung. Im Gegensatz zu PGP wird keine eigene Public-Key-Infrastruktur definiert, sondern ein Zertifikat nach X.509 vorausgesetzt [NUSSER 98, S. 128].

Um die Sicherheitsrichtlinien regelmäßig zu prüfen und unbemerkte Einbruchsmöglichkeiten bzw. -versuche aufzudecken, sind entsprechende Kontrollmechanismen zu etablieren. Diese können vorbeugend, laufend oder nachträglich eingesetzt werden (vgl. Abbildung 30).

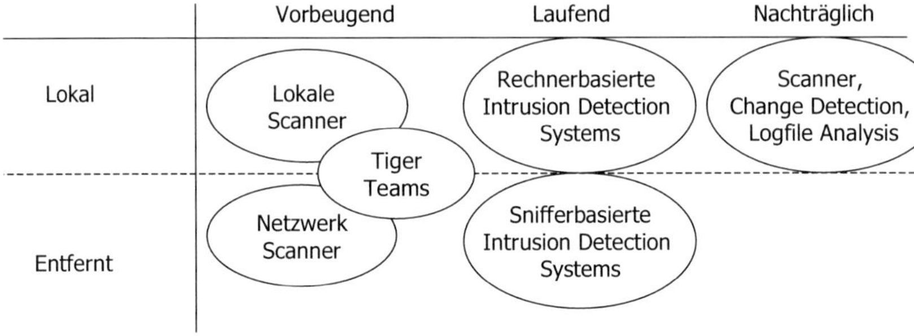

Abbildung 30: Kontrollmechanismen zur Absicherung eines Intranets [RAWOLLE u. a. 99, S. 186]

Die in Abbildung 30 dargestellten Maßnahmen ermöglichen ein hohes Sicherheitsniveau, da auch unbemerkte Angriffe, die nicht durch vorbeugende Maßnahmen verhindert werden konnten, zumindest erkannt werden und dadurch eine Schadensbegrenzung und eine Anpassung der vorbeugenden Maßnahmen bzw. der gesamten Sicherheitsstrategie vorgenommen werden kann.

Der Einsatz sogenannter Tiger Teams ermöglicht die Überprüfung auf das Vorhandensein von Sicherheitslücken in den Systemen bzw. in den Sicherheitsrichtlinien.

3.6.4 Zusammenfassung und allgemeine Handlungsempfehlungen

In Tabelle 40 werden die wichtigen Sicherheitsstandards unterschiedlicher Protokollebenen vergleichend gegenübergestellt. Mit ihnen wird es möglich, sichere Verbindungen innerhalb des Unternehmens und zu Partnern, Kunden und Interessenten zu realisieren.

Eigenschaft	Anwendungsschicht			Transport-schicht	Netzwerk-schicht
	S-HTTP	PGP	S/MIME	SSL	IPSec + IKE
Handhabung aus Sicht des Nutzers	Sehr einfach	Einfach bis schwierig (je nach Clientintegration)	Einfach bis schwierig (je nach Clientintegration)	Sehr einfach	Extrem einfach
Anwendungstransparenz	Nicht notwendig	Nicht notwendig	Nicht notwendig	Hoch	Extrem hoch
Signaturfunktion (spätere Nichtabstreitbarkeit)	Vorhanden	Vorhanden	Vorhanden	Nicht vorhanden	Nicht vorhanden
Unabhängige Integrationsfähigkeit in Hard- und Software	Nicht möglich	Nicht möglich	Nicht möglich	Schwierig / wenn ja, inflexibel	Einfach möglich
Infrastrukturabhängigkeit	Mittel	Niedrig	Hoch	Hoch	Mittel
Standardisierung	Hoch	Sehr hoch	Hoch	Sehr hoch	Mittel
Verfügbarkeit	Mittel	Sehr hoch	Mittel	Sehr hoch	(noch) Gering
Verbreitung	Gering	Sehr hoch	Mittel	Sehr hoch	(noch) Gering
Administrierbarkeit	Einfach	Relativ aufwendig (einfacher mit Key Servern)	Relativ einfach (Zertifikatsverteilung)	Abhängig von Infrastruktur (komplex bis einfach)	Komplex bis einfach (je nach Policy)
Mehrseitige Sicherheitsanforderungen in komplexen Netzstrukturen	Nur Ende-zu-Ende-Sicherheit	Nur Ende-zu-Ende-Sicherheit	Nur Ende-zu-Ende-Sicherheit	Relativ schwierig (ursprünglich nur Ende-zu-Ende)	Extrem flexibel

Tabelle 40: Vergleich wichtiger Sicherheitsstandards [MARTIUS 00, S. 148]

Mit der Verbindung von Internet und Intranet entstehen eine Reihe zusätzlicher Gefahren für die DV-Infrastruktur von Unternehmen. Sie entstehen durch die Möglichkeit unberechtigter Zugriffe aus dem Internet, welche allein durch den Einsatz der in Tabelle 40 genannten Sicherheitsstandards nicht verhindert werden können. Resultierende Folgen können die Ausspionierung, Veränderung oder Löschung von Daten, Angriffe auf Server und Arbeitsplatzrechner (Denial-of-Service-Attacken oder Virenbefall) oder die Veränderung der Konfiguration von Servern, Routern und Systemsoftware bzw. unerlaubte Installation von Programmen (z. B. zur Protokollierung von Paßworteingaben) sein.

Existierende Schwachpunkte und Gefahrenpotentiale sowie mögliche Lösungen werden in Tabelle 41 beschrieben.

Schwachpunkte / Gefahren	Technische Lösungen
Betriebsystem / Serveranwendungen	• Service Packs und Sicherheitspatches installieren • Unnötige Dienste deaktivieren • Zugriff auf andere Server und Firewall einschränken • Komplexität verringern
Computerviren	• Vorschriften für die Nutzung von Disketten (insbesondere für ins Unternehmen gebrachte Daten und Programme) • Nutzung von Virenscannern
Modem / ISDN-Karten	• Eingeschränkte Nutzung • Nach Möglichkeit Einwahl von außen unterbinden
Clients	• Service Packs und Sicherheitspatches installieren • Unnötige Ports im Firewall unterbinden
Datenspionage	• Nutzung von Verschlüsselungssystemen • Isolation von Netzwerken mit Switches und Routern
Angriffe auf die Funktion	• Internet-Firewalls • Interne Firewalls und Router
Vortäuschen einer falschen Identität (Network spoofing)	• Ausfilterung bei Routern und Firewall

Tabelle 41: Sicherheitsprobleme der Interneteinbindung und deren Lösung [PAKSTAS 99, S. 1358]

Empfohlen wird die Ausarbeitung, konsequente Umsetzung und regelmäßige Kontrolle einer Sicherheitsrichtlinie, in der Verantwortlichkeiten und Maßnahmen zur Absicherung des Intranets klar geregelt sind.

Nachfolgend werden einige allgemeine Handlungsempfehlungen zur Sicherheitsstrategie nach der in Abschnitt 3.2 vorgenommenen Trennung der Nutzungsformen in Nutzung des Intranets, interne und externe Nutzung des Internets und Nutzung eines Extranets gegeben:

a) Sicherheit bei der internen Internetnutzung

Die Besonderheiten der Sicherheitsanforderungen für diese Konstellation wurden im Vorgehensmodell einer internen Interneteinbindung (Teil e) in Abschnitt 3.2.3 beschrieben.

b) Sicherheit bei der externen Internetnutzung

Eine sehr effektive Sicherheitsregel ist die vollständige Trennung der Unternehmenspräsentation vom Intranet, z. B. durch Nutzung der Ressourcen des Internet-Providers. Auch bei Einsatz eines Web-Shops beim ISP kann die Pflege über speziell abgesicherte Übertragungswege erfolgen. Eine weitere Möglichkeit besteht in der Bildung eines „Screened subnet“. Dabei wird ein isoliertes Netzwerk zwischen dem externen und internen Netz aufgebaut. In diesem werden Server ohne kritischen Inhalt, wie anonyme FTP-Server oder Web-Hosts, eingefügt, wodurch die Gefahren für das interne Netzwerk verringert werden [HUNT 98, S. 1115f.]. Webseiten von Unternehmen sind besonders beliebte Angriffsziele. Nahezu alle Web-Anwendungen besitzen signifikante Sicherheitslücken. Auch die Vertrauenswürdigkeit des Programmierers muß überprüft werden, da durch diese häufig Hintertüren im Programmcode eingebaut werden [vgl. CIANCIOLO 00].

Die häufigsten Fehler bei der Konfiguration eines Webservers liegen im Start unnötiger Dienste bzw. der Öffnung unnötiger Ports, der Speicherung vertraulicher Daten in zugänglichen Verzeichnissen und der Möglichkeit in CGI-Programmen Parameter aus dem Web ohne Prüfung zu akzeptieren, wodurch der Zugriff auf Verzeichnisse des Webservers von außen möglich wird. Diese Fehler müssen bei der Konfiguration des Servers und der Programmierung von Web-Anwendungen unterbunden werden [KÖHNTOPP 00].

Weitere Hinweise zu den Gefahrenpotentialen beim Einsatz von Webservern und deren Behebung sind in [WEIDNER 00] und [ECKEL u. a. 97, S. 215ff.] enthalten. Detaillierte Ausführungen zur Sicherheitsproblematik finden sich in [RAEPPLE 98], [LEPSCHIES 99], [KESDOGAN 00] und [RÖHRIG u. a. 00]. Weiterhin bietet das Bundesministerium für Wirtschaft und Technologie im Rahmen der Initiative „Sicherheit im Internet“ umfangreiche Informationen unter [BMWI 01] an.

c) Sicherheit bei der Bereitstellung eines Extranets

Da das Internet die Kommunikationsbasis für das einer geschlossenen Benutzergruppe dienenden Extranet bildet, müssen besondere Maßnahmen zur Vertraulichkeit und Integrität festgelegt werden. Mögliche Wege sind die Nutzung von Verschlüsselungssystemen/ IP-Tunneling und digitalen Zertifikaten. Als Schutz vor unberechtigtem Zugriff sind Firewallsysteme notwendig. Weitere Informationen dazu sind in [AXHAUSEN 98] und [PAKSTAS 99, S. 1356ff.] zu finden.

Auch innerhalb des Intranets kann eine Trennung zu den für das Extranet relevanten Bereichen, z. B. durch einen Firewall, vorgenommen werden. Die am Extranet beteiligten Unternehmen sollten ihre Sicherheitsstrategien abstimmen und nach Möglichkeit vereinheitlichen. Aufgetretene Probleme und entdeckte Angriffe müssen untereinander kommuniziert werden.

d) Sicherheit im Intranet

Eine Möglichkeit zur weiteren Absicherung von Intranets besteht in der Auftrennung in mehrere Einzelnetze, welche durch Firewalls miteinander verbunden sind. Dadurch können die Teilnetze spezifische Sicherheitsanforderungen der jeweiligen Abteilungen erfüllen. Die Firewalls erschweren Angriffe auf andere Sub-Netze. Sinnvoll für Intranets ist auch eine regelmäßige Schulung der Mitarbeiter sowie gelegentliche Stichproben in Log-Dateien. Dabei muß beachtet werden, daß ein oft unterschätztes Gefahrenpotential von den eigenen Mitarbeitern ausgeht.

Weitere Empfehlungen zur Erhöhung der Sicherheit sind der Aufbau getrennter Server für unterschiedliche Dienste oder Aufgaben, der Aufbau von redundanten Systemen sowie die physische Abtrennung und Absicherung von Serverräumen.

Die schon im Bereich der externen Nutzung des Internets erwähnten Schwachstellen bei Webservern gelten auch für Intranets und müssen in der Sicherheitsstrategie beachtet werden.

Kostenabschätzung

In einer Studie des Wissenschaftlichen Instituts für Kommunikationsdienste GmbH wurde ermittelt, daß sich Ausgaben für die IT-Sicherheit in nahezu allen Fällen rentieren. Deutsche Firmen geben jährlich für die Sicherheit im Durchschnitt etwa 450.000 Euro aus. Bei einem Schadensfall treten je nach Art Kosten zwischen 10.000 Euro und 2,5 Millionen Euro auf. Allerdings lassen sich Kosten und Aufwendungen leichter erfassen als Ersparnisse und Nutzen [SCHULZKI-HADDOUTI 00].

Um die ungefähre Größenordnung der Kosten für die Umsetzung eines professionellen IT-Sicherheitskonzeptes abschätzen zu können, wird in Tabelle 42 eine Kostenaufstellung für mögliche Maßnahmen in kleinen und mittleren Unternehmen dargestellt.

Maßnahme	Maßnahmenumfang	Kosten
	Kleines Unternehmen	
Sicherheitsstrategie- und Konzeptentwicklung	Einsatz von Windows NT/2000 auf drei Servern, auf die 80 Clients zugreifen können	ca. 20 000 Euro
Business Recovery	AlphaServer 4100 5/400	35 000 Euro im Jahr
Festplattenver-schlüsselung	ab 50 Lizenzen	100 Euro pro Lizenz
Firewall	Schutz von 25 IP-Adressen	ca. 1500 Euro
	Mittleres Unternehmen	
Sicherheitsstrategie- und Konzeptentwicklung	untersucht wurde eine Zentrale, eine Niederlassung und ein Projektbüro	ca. 50 000 Euro
Bautechnische Sicherheit	Umbau/Neubau Rechenzentrum	700 000 bis 900 000 Euro
Business Recovery	IBM RS/6000 SP 9076-7226 oder kompatibel	80 000 Euro im Jahr
Festplattenver-schlüsselung	zwischen 100 und 500 Lizenzen	100 Euro pro Lizenz
Firewall		ca. 5 000 Euro

Tabelle 42: Kostenbeispiele für die Umsetzung von IT-Sicherheitsmaßnahmen [nach SCHULZKI-HADDOUTI 00]

3.6.5 Empfehlungen für KMU

Vor allem in kleinen Unternehmen besteht häufig eine eingeschränkte Sensibilität bezüglich möglicher Sicherheitsrisiken bei der DV-Nutzung. Ursachen sind fehlende Verantwortliche bzw. Spezialisten zur DV-Sicherheit und ein höheres Vertrauensverhältnis durch die überschaubare Zahl an Mitarbeitern. Viele Schadensrisiken können durch verhältnismäßig einfache und kostengünstige Maßnahmen unterbunden werden. Dazu zählen Schäden durch Stromausfälle, mangelhaft konfigurierte und administrierte Systeme oder ein fehlendes Berechtigungskonzept für die Mitarbeiter [vgl. KAUFFELS 00, S. 512f.; GREER 97, S. 88ff.].

Ein akzeptables Minimum an Sicherheit für kleine Unternehmen mit einer geringen Nutzerzahl kann durch regelmäßige Virenscans und Serverbackups, eine regelmäßige Datensicherung, die Zugriffskontrolle durch Paßwörter und den Einsatz von unterbrechungsfreien Stromversorgungen erreicht werden. Die Mitarbeiter müssen bei Belehrungen über die Sicherheitsrisiken aufgeklärt und zum eigenverantwortlichen Handeln aufgefordert werden.

Aktuelle Virenscanner können im Netz zur eigenen Verwendung bereitgestellt werden. Mitarbeiter sollten selbst die Verantwortung für die Sicherung der Daten im Netzwerk bzw. auf Datenträgern übernehmen.

Obwohl alle Serverbetriebssysteme ein umfassendes Berechtigungskonzept zu Dateien und Ressourcen im Netz erlauben, werden häufig Standardpaßwörter vergeben, die alle Nutzer der Anwender kennen. Notwendig sind aber personengebundene Zugänge mit nicht zu erratenden Paßwörtern. Auf den Servern und Clients müssen regelmäßig die aktuellen Sicherheitspatches eingespielt werden, um Angriffe zu erschweren. Wichtig ist auch die Sensibilisierung des Inhabers, um die notwendige Unterstützung für die vorzunehmenden Maßnahmen sicherzustellen.

In kleinen Unternehmen mit unternehmenskritischen DV-Anwendungen und in mittleren Unternehmen müssen konkrete Richtlinien mit Festlegung von persönlichen Verantwortlichkeiten zur Absicherung des Intranets definiert und umgesetzt werden. Diese müssen regelmäßig überprüft und an veränderte Bedingungen angepaßt werden. Eine effektive Möglichkeit ist dabei eine regelmäßige Kontrolle des Netzes durch Netzwerksicherheitsexperten. Fehlt ausreichendes Know-how zu Sicherheitsproblemen, kann eine einmalige oder regelmäßige externe Beratung durch Spezialisten durchgeführt werden.

3.7 Schlußbemerkung zum Kapitel

Die Darstellungen in diesen Kapitel haben die hohe Dynamik der Entwicklung bei den für Intranets zur Verfügung stehenden Technologien gezeigt. Zur Realisierung der einzelnen Aspekte stehen den Unternehmen alternative Wege und Technologieoptionen zur Verfügung, die wesentlich bessere auf die Anforderungen angepaßte IuK-Infrastrukturen und Anwendungslösungen erlauben, auf der anderen Seite aber auch den Überblick und die Auswahl der optimalen Alternative erschweren.

Spezialliteratur zu einzelnen Technologien und Standards ist fast immer ausreichend vorhanden. Neutrale vergleichende Darstellungen zu Technologiebereichen bzw. den Aspekten beim Intranetaufbau sind seltener zu finden. Das zweite und insbesondere das dritte Kapitel bietet Verantwortlichen und Entscheidern speziell in kleinen und mittelständischen Unternehmen die Möglichkeit, einen kommentierten und bewerteten Überblick zu den Alternativen beim Aufbau des Intranets zu erhalten. Dieser kann als Entscheidungsgrundlage dienen oder die Vorauswahl für die zu beschaffende und auszuwertende Spezialliteratur unterstützen.

Die Darstellungen beschränkten sich teilweise nur auf den Hinweis auf alternative Lösungen oder die kurze Beschreibung wichtiger Eigenschaften. Diese Einschränkung ermöglichte jedoch erst die Betrachtung der ganzen Breite des Spektrums wichtiger Entscheidungen beim Aufbau von Intranets. Weiterhin ermöglicht der Verzicht auf Detaildarstellungen dem Leser einen ganzheitlichen Blick auf die Gesamtthematik. Die gegebenen Handlungsempfehlungen weisen auf Problembereiche hin und geben Anstöße zu möglichen Vorgehensweisen oder Realisierungsalternativen.

4 Intranet-Anwendungsfelder

4.1 Überblick

Dieses Kapitel verfolgt das Ziel, nach den erfolgten Darstellungen zu relevanten Technologien und den Optionen zum Aufbau von Intranets einen Überblick zu den Anwendungsfeldern in Unternehmen zu geben. Dazu werden potentielle Einsatzfelder, aufgeschlüsselt nach verschiedenen Gesichtspunkten (Anwendungsarten, Unternehmensbereiche, Dienste), dargestellt.

Internettechnologien bieten aufgrund der Komponentenorientierung, Offenheit und Akzeptanz eine leistungsfähige Basis zur Implementierung aller Anwendungsarten und deren Integration. Das Intranet stellt Transportfunktionen für die eingesetzten proprietären oder auf offenen Standards beruhenden Systeme bereit.

In diesem Kapitel werden die Anwendungsfelder in drei Bereiche unterteilt. Die besonders verbreiteten Felder der Informationsbereitstellung und Kommunikation werden in den folgenden zwei Abschnitten behandelt. Für diese Bereiche bieten Intranets bereits im Grundausbau zahlreiche Basisdienste, wie das WWW, E-Mail, IRC usw., welche als Anwendungsdienste direkt in das DoD-Referenzmodell eingebunden sind und nach mit geringem Aufwand verbundener Installation zur Verfügung stehen.

Weiterhin bieten Intranets die Möglichkeit, spezifische Anwendungen für das Internet zu entwickeln oder zu erwerben und diese in die Anwendungslandschaft zu integrieren. Diese Systeme und Legacy-Systeme, die aus Gründen des Investitionsschutzes oder fehlender Alternativen weiter eingesetzt werden, können in Intranets parallel eingesetzt und über Middleware miteinander verbunden werden. Abschnitt 4.4 widmet sich diesem über einfache Kommunikation oder Informationsbereitstellung hinausgehenden Bereich.

In Abbildung 31 werden die Anwendungsbereiche der Informationsbereitstellung, der Kommunikation und der Anwendungsbereitstellung bzw. -integration bezüglich der Abdeckung der Dienste und Anwendungen in das 3-Schichten-Modell eingeordnet.

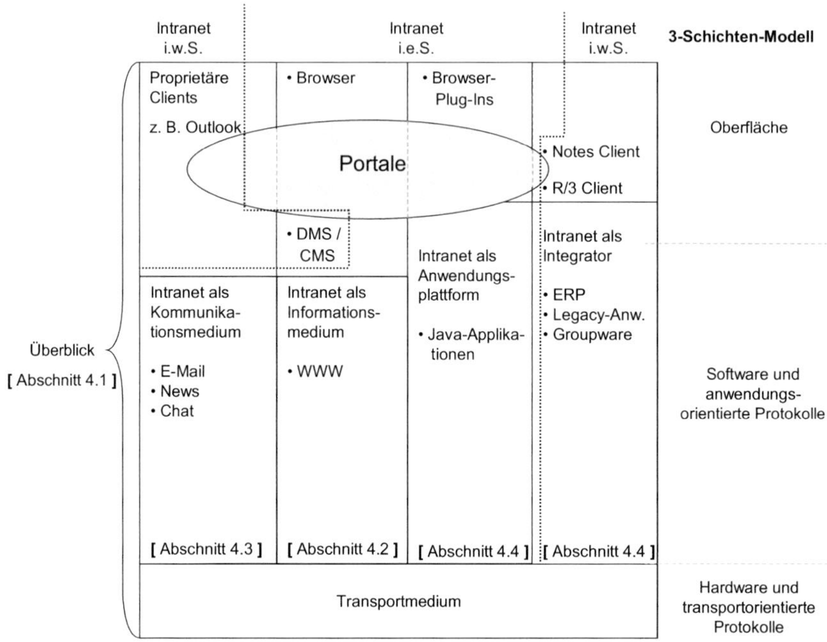

Abbildung 31: Überblick zu Intranet-Anwendungsfeldern

Der Zugriff auf alle Anwendungen kann in Intranets über Browser erfolgen, welche die Anwendungen direkt (WWW, News usw.) über spezifische Plug-Ins oder indirekt über die Bereitstellung von Web-Zugängen durch Anwendungen (vgl. Abschnitt 3.3) unterstützen.

Der Einsatz proprietärer Clients (z. B. SAPGUI, Notes Client) ist parallel möglich und findet häufig aufgrund der höheren anwendungsbezogenen Funktionalität weiterhin Anwendung.

4.2 Intranets als Informationsplattform

Das häufigste Motiv für die Einführung von Intranets liegt in den besonderen Möglichkeiten zur leistungsfähigen und effizienten Informationsdarstellung und –verteilung, wie die in Abbildung 32 dargestellte Umfrage nach den Motiven für die Einführung eines Intranet verdeutlicht.

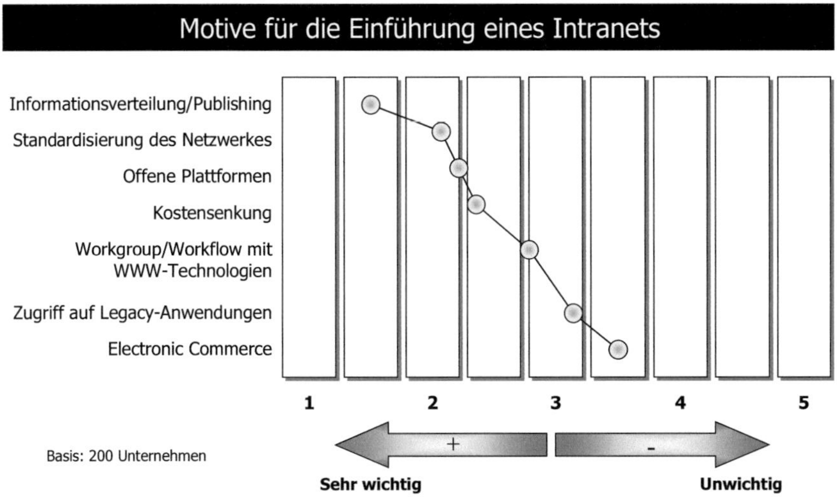

Abbildung 32: Motive für die Einführung von Intranets [BURGHARDT 98, S. 17]

Die Vorteile einer Web-Veröffentlichung gegenüber traditionellen Medien lassen sich in Anlehnung an [MOCKER u. a. 98, S. 90ff.] folgendermaßen zusammenfassen:

- preiswerte Möglichkeiten zur grafischen und farblichen Darstellung (bei Printmedien sehr teuer) sowie der Einbindung multimedialer Elemente und zur Vernetzung zu anderen Quellen
- keine Kosten für die Vervielfältigung und Distribution (abgesehen von den Kosten der IT-Infrastruktur)
- Aktualisierung der Informationen ist schnell und kostengünstig möglich
- direkte Interaktion oder Feedback sind möglich
- flache Kommunikationsstrukturen sind realisierbar

Intranets bieten die Möglichkeit, die ständig zunehmende Informationsbreite in Unternehmen zu strukturieren und in einer ansprechenden Form kostengünstig und frei von Medienbrüchen zu verteilen. Die Nutzung der Angebote kann mit geringer Zugriffszeit und ohne Verlassen des Arbeitsplatzes erfolgen. Suchmaschinen erleichtern die Auffindung relevanter Inhalte.

Zur Entwicklung einer Systematik des Informationsangebotes in Intranets bietet sich eine Aufteilung nach betrieblichen Bereichen an. Innerhalb dieser können typische Themen definiert werden, welche die Aufgaben und Ziele der Unternehmensbereiche widerspiegeln.

Abhängig von Betriebstypen oder Branchen sind in einigen Bereichen inhaltliche oder qualitative Unterschiede in Art und Umfang des Informationsangebotes zu erwarten. So benötigen Dienstleistungsunternehmen andere Informationen für ihre wertschöpfenden Tätigkeiten als Produktionsunternehmen. Das Ziel der Abschnitte dieses Kapitels liegt jedoch in der Darstellung der Anwendungsbreite von Intranets ohne Fokussierung auf bestimmte Umgebungsbedingungen.

Tabelle 43 gibt einen Überblick zu typischen Informationsangeboten in Intranets. Die Aufstellung soll weiterhin Anstöße zur möglichen Erweiterung des Angebots der Unternehmensbereiche geben.

Bereich	Typische Informationsangebote in Intranets
Allgemein	• Nachrichten (intern und extern), Rundschreiben • Darstellung der Aufbau- und Ablauforganisation • Zuständige Bearbeiter/Ansprechpartner • Externe Links • Fahrpläne, Dienstwagenausleihe, Lageplan • Firmeninterne Ereignisse, Firmensport • Projekte, Pflichtenhefte, Unternehmensrichtlinien, Reden, Videosequenzen • Termine, Unternehmenseinrichtungen • Schwarzes Brett, virtuelle Bücherei, Glossar, abonnierte Fachzeitschriften • Ergebnis- und Gesprächsprotokolle
Personal	• Fortbildungsangebote, Schulungsmaterialien • Interne Stellenausschreibungen, Stellenbeschreibungen, Karrierepläne • Informationen des Betriebsrats, Sozialleistungen • Mitarbeitermagazin, persönliche Homepages • Schichtplan, Firmenkalender, Telefonbuch, Organigramme • Urlaubsanträge und weitere Formularvorlagen • Auswertung von Umfragen • Organisatorische Veränderungen, Vorstellung neuer Mitarbeiter • Handbücher zu Prozeduren und Vorschriften
Marketing / Verkauf	• Vorgangsweise bei Bestellungen, Preislisten, Lieferanten • Corporate-Identity-Richtlinien • Pressemitteilungen, Präsentationsmaterial • Kundendaten, Kundenbesuche, Vertragsabschlüsse, Auftragsnummer-Serien • Verkaufsvorhersagen und –reports, Marktanalysen • Verkaufspräsentation, Verkaufstraining • Produktinformation, Produktpositionierung • Pressespiegel, Wettbewerbsanalysen
Produktion	• CAD, Normen, Stücklisten, Rezepte (evtl. Generierung aus ERP-System) • Informationen zu Aufträgen, Lieferantenlisten • Versand und Eingangstermine, Qualitätsstatus, Produktionsstatistiken • Produktionsplan, Qualitäts- und Sicherheitsrichtlinien
Service / Support	• Informationen zu bekannten Fehlern und deren Behebung • Liste der Ansprechpartner/Verantwortliche • Vorgehensweise bei Reklamationen
Finanzen	• Daten zur Aktionärsversammlung, Börseninformationsdienste • Monats- und Quartalsberichte, Kostenstellenverzeichnis
DV-Abteilung	• Benutzerservice, FAQ, Virenwarnungen • Informationen zu verfügbarer Software, bekannten Fehlern und Programmupdates • Informationen zu Stromabschaltungen und Netzausfällen • Investitionsanträge, Vorlagen • Handbücher, Softwarebibliothek
Entwicklung	• Informationen über Konkurrenzprodukte • Standards, Methoden und Spezifikationen, Bibliotheken • Informationen zu Aufgaben, Fehlern, Werkzeugen und Erfahrungen • Produktideen, Produktentwicklungsdaten, Produktspezifikation • Projektdokumentation, Statusinformationen

Tabelle 43: Typische Informationsangebote in Intranets [vgl. SCHWICHTENBERG 97b; IDM 01; FRANZ 01; BLOCK 99, S. 240ff.; FISCHER u. a. 97, S. 8]

Empfehlungen für KMU

Die Bereitstellung von Informationen im Intranet ist prinzipiell sehr einfach und preiswert möglich, da durch die Nutzung von Basisdiensten im Allgemeinen keine besonderen Anpassungen oder Programmierungen notwendig sind.

Eine für KMU interessante Minimallösung ist, auf einen Webserver zu verzichten und die Informationen im Dateisystem des Unternehmens abzurufen. Dazu werden die Webseiten nicht über die URL „http://...“, sondern der Standort der HTML-Datei im Netzwerk über „file://...“ im Browser aufgerufen bzw. in den Webseiten referenziert. Auch ist inzwischen eine direkte HTML-Unterstützung in allen aktuellen Office-Paketen enthalten.

Mit entsprechenden Plug-Ins wird in Browsern neben dem Aufruf von HTML-Dateien der direkte Zugriff auf die in Unternehmen verbreiteten Word- oder PDF-Dokumente möglich. In Tabelle 44 werden die verbreiteten Dokumenten(beschreibungs-)formate für den Einsatz in Intranets verglichen.

	HTML	PDF	proprietäre Formate
Vorteile	• Gut lesbare Darstellung in allen Auflösungen • Geringe Dateigröße • Können von allen heutigen Suchmaschinen im Volltext erfaßt werden • Bearbeitung mit jedem Texteditor möglich	• Einheitliche Wiedergabe auf allen Systemen • Alle Gestaltungsfeatures der ursprünglichen Applikation verwendbar	• Viele Gestaltungsfeatures • Einheitliche Darstellung, da nur über die proprietäre Anwendung möglich
Nachteile	• Vergleichsweise wenige Gestaltungsfeatures • Wiedergabe des Dokumentes systemabhängig • Formulare nicht speicherbar	• Datei muß weiterhin im ursprünglichen Format gespeichert werden • Nicht alle Suchmaschinen können PDF-Dokumente indizieren • Lesen bei geringen Auflösungen erfordert horizontales Scrollen, da keine automatischen Umbrüche erfolgen	• Nur lesbar mit speziellem Anwendungsprogramm oder Viewer • Nicht alle Viewer können im Browserfenster ausgeführt werden

Tabelle 44: Vergleich von im WWW verbreiteten Dokumentenformaten [vgl. SCHWICHTENBERG 97b]

Auch wenn proprietäre Dokumentenformate wie MS-Word keine offenen Standards darstellen, so kann der Einsatz in Unternehmen durch die Möglichkeit der Durchsetzung einer homogenen Softwarelandschaft, die z. B. ausschließlich auf Microsoft-Produkte aufbaut, durchaus sinnvoll sein. Der Vorteil liegt in der Möglichkeit einer schnellen Realisierung von Informationsangeboten, weil in diesem Fall keine aufwendige HTML-Konvertierung der Dokumente notwendig wird.

Für KMU und zur internen Nutzung in einzelnen Abteilungen großer Unternehmen besteht durch die beschriebene Vorgehensweise die Möglichkeit, allein durch Installation kostenloser Browser und der Nutzung des allgemein bereits vorhandenen Netzwerks nahezu aufwandsfrei umfangreiche Informationsstrukturen aufzubauen. Eine HTML-Datei dient dabei als Einstiegsseite, welche über Verknüpfungen (Links) auf bereitgestellte Dokumente in beliebigen Formaten verweist.

Als geeignetes Vorgehen wird der kurzfristige Einsatz der beschriebenen Methode vorgeschlagen. Bei einem späteren Aufbau eines Webservers ist ein Parallelbetrieb und eine langsame Überführung des Informationsangebotes möglich.

4.3 Intranets als Kommunikationsmedium

Das Ziel von „Intranets als Informationsplattform" liegt in der einfachen Bereitstellung von Informationen ohne Individualisierungs- oder Interaktionsmöglichkeit. Die in diesem Abschnitt betrachteten Anwendungsfelder der Kommunikation beschreiben Möglichkeiten des gegenseitigen Austauschs von Informationen oder des mit Interaktionen verbundenen Abrufs von individualisierten Informationen.

Grundsätzlich ermöglichen die Kommunikationsdienste im Intranet:

- die 1:1-Kommunikation über E-Mail, SMS oder Voice over IP
- Teamkommunikation über Newsgroups, Chats (IRC) und Online-Konferenzen
- die Verteilung von Informationen nach dem Push-Prinzip als 1:n-Kommunikation über Mailing-Listen oder durch Bereitstellung in gesonderten Web-Bereichen

Tabelle 45 gibt einen Überblick über wichtige Eigenschaften der für Intranets zur Verfügung stehenden Kommunikationssysteme.

Dienst	Häufigste Kommunikations-beziehung	Unterstützte Medien	Besonderheit
E-Mail	1:1	Text (Dateianhang möglich)	Basisdienst im Internet/ Intranet
FTP	1:n	Dateien	Basisdienst im Internet/ Intranet
IRC	m:n	Text (Dateitransfer möglich)	Basisdienst im Internet/ Intranet
News	m:n	Text (Dateianhang möglich)	Basisdienst im Internet/ Intranet
SMS	1:1	Text, Grafik	Zusatzfunktion durch spezielle Technologien
Video-confe-rencing	m:n	Video, Audio (Text)	Zusatzfunktion durch spezielle Technologien
VoIP	1:1	Audio	Zusatzfunktion durch spezielle Technologien
WAP	1:n	Text, Grafik	Zusatzfunktion durch spezielle Technologien
WWW	1:n	Text, Grafik, Audio, Video	Basisdienst im Internet/ Intranet

Tabelle 45: Geeignete Anwendungen zur Kommunikation in Intranets

Tabelle 46 vergleicht die zur Kommunikation im Intranet geeigneten Dienste bzw. Technologien und skizziert einige Anwendungsfelder.

	Vorteile	Nachteile	Anwendungsfelder
E-Mail	• Übertragung von Text und Dateianhängen • Bei Textübertragung geringe Ressourcen-belastung	• E-Mail Formate nicht international standardisiert (HTML-Mail) • Schlechte Unterstützung internationaler Zeichensätze • Ohne Zusatzsoftware keine Sicherheit	• Asynchrone Kommunikation innerhalb/außerhalb des Unternehmens • Automatische Benachrich-tigung durch Systeme • Dateitransfer
FTP	• Effizientes, einheitliches Übertragungsprotokoll	• Ohne Zusatzsoftware keine Sicherheit • Kenntnisse über Server-adresse und Ort der Datei notwendig	• Transfer großer Datenmengen
IRC	• Einfache Realisierung • Geschlossene Diskussionen möglich	• Freizeitimage	• Online-Diskussionen • Ad-hoc Besprechungen
Mailing-listen	• Schnelle Verteilung	• Wenig komfortable Bedienung	• Rundschreiben • Betriebszeitung
News	• Komfortable Nutzung über Standardbrowser möglich	• Eingeschränkte Retrievalfunktionen	• Asynchrone Diskussionen • Problemfindung • Servicesystem
SMS	• Geringe Übertragungszeit • Wird von allen Mobiltelefonen unterstützt	• Max. Länge nur 160 Textzeichen • Hohe Kosten	• Sofortige Übermittlung von Kurznachrichten an ein Mobilgerät • Auslösen von Aktionen bei SMS-Empfang in Anwendungsprogrammen
Telnet	• Verbreiteter Standard • Ressourcenschonend	• Wenig komfortable Bedienoberfläche	• Fernwartung • Entfernter Aufruf von Kommunikationsdiensten
Video-conferen-cing	• Telepräsenz • Möglichkeit der Integration von Medien, Funktionen und Diensten	• Technisch relativ aufwendig • Bandbreitenprobleme	• Besprechungen • Präsentationen
VoIP	• CTI und Sonderfunk-tionen möglich • Einsparung von Tele-kommunikationskosten	• Hohe Einstiegskosten	• Alternative zu externen Telefonaten • Ersatz für interne Telefonanlage
WAP	• Nutzung von Hypertext-funktionalität bei Geräten mit geringen Ressourcen (Display, Bandbreite)	• Mangelnde Verbreitung und Akzeptanz • Unzureichende Endgeräte • Sehr geringe Bandbreite • Hohe Kosten • Umständliche Bedienung	• Abruf individualisierter Informationen • Mobile Nutzung anderer Kommunikationsdienste (z. B. E-Mail)
WWW	• Verbreiteter Dienst mit sehr komfortabler Oberfläche • Sehr hohe Flexibilität und Akzeptanz • Möglichkeit der Integration weiterer Dienste	• Teilweise unterschiedliche HTML-Formate • Hohe Sicherheitsrisiken bei Nutzung voller Funktionalität (Java, Java-Script, Active Scripting)	• Dokumentenaustausch (HTTP-Dateidownload)

Tabelle 46: Vergleich von Kommunikationsdiensten bzw. -technologien [nach FRANZ 01, S. 37]

Neben den etablierten Basisdiensten im Intranet stehen mit Videoconferencing, SMS, WAP und Voice over IP neue und innovative Möglichkeiten zur Kommunikation zur Verfügung. Voice over IP besitzt dabei aufgrund der Einsparungspotentiale, den Anwendungsfeldern und der zunehmenden Unterstützung durch Hersteller die aussichtsreichsten Chancen einer breiten Akzeptanz.

In Tabelle 47 werden die wichtigsten Vor- und Nachteile der mit Voice over IP verbundenen Integration von Sprach- und Datenkommunikation gegenübergestellt.

Vorteile	Nachteile
Kosten • Leastcost-Routing im WAN, Einsparung von Telefongebühren • Keine interne TK-Anlage notwendig • Einheitliche Netzwerkinfrastruktur (Einsparungen bei der Verlegung von Leitungen und den laufenden Kosten) **Medien- und Anwendungsintegration** • Digitalisierte, komprimierte Sprachübertragung • Innovative Anwendungen realisierbar (z. B. Sprachverbindung als Zusatzfunktion in Gruppeneditoren, Telefonfunktionen auf dem Computerdesktop oder Anwendungen in Call-Centern unter Einsatz von CTI) • Aufzeichnung, Speicherung (Archivierung) und Weiterverwendung möglich **Sicherheit** • Authentifizierung möglich • Hohe Abhörsicherheit	**Kosten** • Kosten für notwendige Hard- und Software **Quality of Service (QoS)** • Schlechtere Sprachqualität gegenüber klassischen TK-Systemen • Übertragungsverzögerungen (Delay) • Einschränkung der Bandbreite im Datennetz **Interoperabilität** • Nicht alle technologischen Maßnahmen sind über ITU H.323 standardisiert **Ausfallsicherheit** • Wesentlich geringer als bei klassischen TK-Anlagen

Tabelle 47: Vor- und Nachteile des Einsatzes von Voice over IP [nach SEIFERT 00, S. 88, 91]

Mit zunehmender Verfügbarkeit preiswerter Hardware und technischer Lösungen zur Aufhebung der Nachteile wird sich VoIP als interessante Alternative zur klassischen Telekommunikation etablieren. Das IETF arbeitet an Standards zur Integration von Sprache und Daten, wie z. B. der Möglichkeit, über Web-Links Telefongespräche aufzubauen oder Faxe zu versenden [vgl. KURI 99a].

Der Einsatz von VoIP muß nicht die Abschaffung der klassischen Telekommunikationsinfrastruktur im Unternehmen bedeuten. Es ist problemlos möglich, parallele Strukturen aus analogen und digitalen (ISDN)-Endgeräten, klassischer TK-Anlage, VoIP-Telefonen und PC mit VoIP-Software aufzubauen (vgl. Abbildung 33).

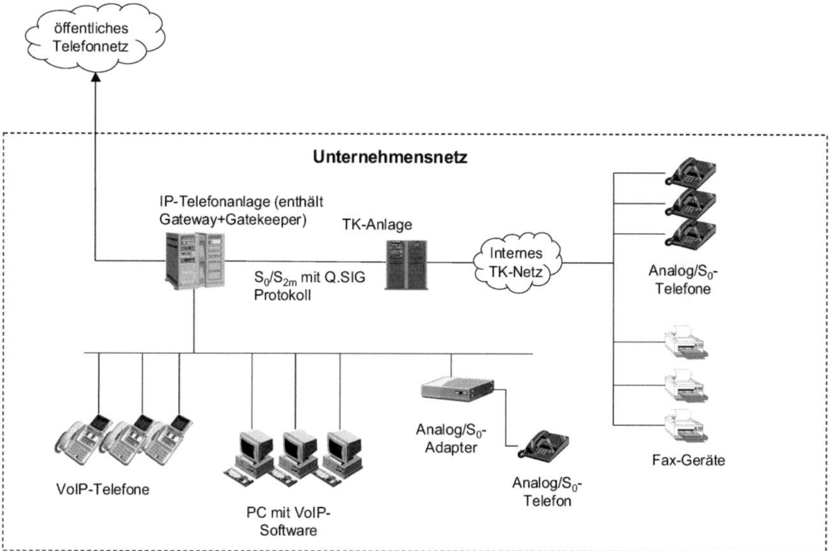

Abbildung 33: IuK - Struktur mit Paralleleinsatz einer klassischen TK-Anlage und VoIP [NÖLLE u. a. 01, S. 157]

Die Nutzung unterschiedlicher klassischer und innovativer Kommunikationsdienste erfordert Lösungen zur Medienintegration für die Vermeidung von Medienbrüchen. So ist es ohne Zusatzfunktionen nicht möglich, eine Fax-Nachricht auf ein Handy weiterzuleiten oder eine E-Mail auf ein Telefon zu senden.

Möglichkeiten zur Umwandlung der zur Kommunikation verwendeten Medien sowie die Verwaltung und Weiterleitung der Nachrichten werden unter dem Begriff Unified Messaging (UM) zusammengefaßt. Dabei werden gängige Nachrichtendienste wie Telefax, E-Mail, SMS oder Voice-Mail über eine Schnittstelle zusammengefaßt und eine Konvertierung zwischen den unterschiedlichen Medien ermöglicht. So können z. B. in Unternehmen bei Außendienstmitarbeitern oder außerhalb der Geschäftszeiten zeitnahe Reaktionen auf Mail-, Fax- oder Voice-Nachrichten realisiert werden [BLEICH u. a. 01, S. 158].

Die Konvertierung zwischen den Medien ist nach dem derzeitigen Stand der Technik nicht für alle Wege ausgereift. Gerade Konvertierungen mit OCR oder Spracherkennung ist noch relativ fehlerbehaftet.

Tabelle 48 zeigt mögliche Konvertierungspfade und führt eine Bewertung zu deren technologischer Reife durch.

nach von	Voice-Mail (Audio)	E-Mail (Text)	Fax (Grafik)
Voice-Mail (Audio)	---	**Voice-Attachment** *Spracherkennung*	**Meta-Informationen (Absender, Zeitpunkt...)** *Spracherkennung*
E-Mail (Text)	**Text-to-Speech**	---	**Fax-Umsetzung**
Fax (Grafik)	*OCR* *Handschrifterkennung* **Text-to-Speech**	**Grafik-Attachment** *OCR* *Handschrifterkennung*	---
Fett = heute automatisierbar / *Kursiv = problematisch*			

Tabelle 48: Konvertierungsmöglichkeiten zwischen verschiedenen Medien [SEEGER 00]

Der Einsatz von UM-Systemen kann sowohl firmenintern (Produktvergleich in [SEEGER 00]) als auch über das Internet (Angebotsvergleiche in [DAMBECK u. a. 02] und [BLEICH u. a. 01]) erfolgen.

Tabelle 49 faßt wichtige Nutzenspotentiale der in Intranets verbreiteten Kommunikationsdienste zusammen.

	Kostensenkung	Effizienz/Effektivität	Sicherheit
Alle Dienste	• Einsparung von Papier	• Keine feste Arbeitsplatzzuordnung, dadurch hohe Flexibilität der Mitarbeiter	• Absicherung auf Basis der Transportprotokolle • Absicherung nach Bereichen (Firewalls)
E-Mail	• Briefporto • Telefongebühren	• Vermeidung von Medienbrüchen • Sofortige Zustellung ohne Störung des Kommunikationspartners	• Digitale Signatur
FTP	• Versandgebühren	• Entlastung des Mailverkehrs	• Durch Zusatzsoftware gesicherte Verbindungen
IRC	• Telefongebühren • Einsparung einer separaten Telefonanlage	• Hohe Flexibilität • Verknüpfung mit anderen Diensten	• Geschlossene Benutzergruppen und weitere Funktionen
News	• Telefongebühren • Reise- oder Versandkosten	• Schnelle und zielgerichtete Problem- und Fehlerlösung	
Mailinglisten	• Versandkosten	• Vermeidung von Medienbrüchen • Schnelle Informationsverteilung	• Digitale Signatur
Videoconferencing	• Reisekosten	• Zeitersparnis • Hohe Flexibilität • Verknüpfung mit anderen Diensten	• Gesicherte Übertragung durch Standards
VoIP	• Telefongebühren Einsparung separater Telefonanlagen und -leitungen	• Hohe Flexibilität • Zahlreiche Sonderfunktionen • Integration mit anderen Diensten	• Gesicherte Übertragung durch Standards
WWW	• Versandgebühren • Reisekosten • Telefonkosten	• Schnelle Informationsfindung • Am Arbeitsplatz möglich • Vermeidung von Medienbrüchen • Hohe Aktualität	• Sichere Verbindungen durch Standards

Tabelle 49: Nutzenspotentiale der Intranet-basierten Kommunikation [vgl. RICHTER 00, S. 26]

Empfehlungen für KMU

Für KMU empfiehlt sich in jedem Fall der Einsatz der Standard-Internetdienste E-Mail, WWW, News, FTP und IRC. Selbstverständlich ist der Einsatz von E-Mail und WWW. Dabei ist es möglich, auf den Einsatz von Serversoftware zu verzichten, wenn der E-Mail-Verkehr über kostenlose Angebote im Internet abgewickelt und Webseiten, wie im letzten Abschnitt beschrieben, ohne Server im Dateisystem des Unternehmensnetzes bereitgestellt werden.

Der Einsatz von Diensten wie IRC, News oder auch Mailinglisten stellt auch in KMU weder ein technisches noch ein Anwendungs- oder Kostenproblem dar. Die Hürde liegt in der Notwendigkeit der Schaffung von Akzeptanz, der Förderung neuer Denkweisen und Erschließung von Anwendungsfeldern für diese Dienste. So eignen sich News (Diskussionsforen) wesentlich besser zur gemeinsamen Ideen- oder Zielfindung größerer Gruppen als andere Kommunikationswege. Auch erlaubt die mögliche Anonymisierung im IRC ein objektiveres Meinungsbild bei Diskussionen durch die Ausschaltung vorhandener Hierarchien.

Für den Einsatz von Unified Messaging, SMS-Versand und anderen Spezialdiensten zur Kommunikation bietet sich die Nutzung von im Internet zur Verfügung stehender Angebote an.

Videoconferencing oder VoIP ist für die meisten kleineren Unternehmen derzeit zu teuer. Wird ein zukünftiger Einsatz angestrebt, muß der Aufbau einer strukturierten Breitband-Verkabelung in die zukünftige IuK-Strategie einfließen.

4.4 Intranets als Integrator und Anwendungsplattform

Die Client-Server-Technologie vollzieht eine Trennung von Anwendungen in zwei, drei oder teilweise mehr Ebenen in Abhängigkeit der Aufgabenbereiche. Intranets erlauben eine Fortsetzung dieses Weges durch die Bildung von anwendungsspezifischen Komponenten, die sich flexibel in eine Anwendungslandschaft einbinden lassen.

Grundsätzlich bieten sich drei Strategien der Anwendungsbereitstellung in Intranets an, die in den meisten Fällen in Form einer Mischstrategie umgesetzt werden:

- Eigenentwicklungen auf Basis von offenen Standards
- Einsatz von vorkonfigurierten Intranet-Fertiglösungen
- Einsatz proprietärer Software und deren Integration ins Intranet

Diese Strategien werden nachfolgend kurz vorgestellt und bewertet.

a) Eigenentwicklungen auf Basis von offenen Standards

Die Eigenentwicklung von Intranetanwendungen bietet eine Reihe von Vorteilen:

- Die einheitliche Darstellung durch den Webbrowser macht die Programmierung und Portierung grafischer Benutzerschnittstellen überflüssig [STRÄUBIG 00, S. 117].

- Die Aktualisierung der Serverkomponente bei Client-Server-Anwendungen verursacht nur einen Bruchteil des Aufwandes gegenüber eines Updates auf Client-Seite [GREER 97, S. 324].

- Open-Source-Software ermöglicht eine preiswerte Entwicklung bzw. Anpassung von Programmkomponenten.

- Es steht eine Vielzahl offener Standards und Technologien (vgl. Kapitel 2.4) für ein breites Anwendungsspektrum zur Verfügung.

Tabelle 50 gibt einen Überblick zu realisierbaren Anwendungen für Intranets. Dargestellt werden Anwendungen, die sich besonders für die Realisierung in Intranets eignen und nicht so komplex sind, daß auf Spezialsoftware oder komplexe Anwendungssysteme zurückgegriffen werden muß.

Bereich	Intranetanwendungen
Allgemein	• Terminplanung und –abstimmung • Zugriff auf externe Datenbanken • Workflow-Management • Internes Bestellwesen (ESS-Anwendung) • Desktop-Conferencing • Integration von Legacy-Systemen und Fremdnetzen
Personal	• Unterstützung der Bewerberauswahl (beschränkter Zugriff) • Eigenpflege des Qualifikationsprofils (ESS-Anwendung) • Online-Antragstellung, Urlaubsplan (ESS-Anwendung) • Reisekosten- und Spesenabrechnung (ESS-Anwendung) • Gewährung von Sozialleistungen und Mitarbeiterbeteiligungen (ESS-Anwendung) • Pflege der eigenen Daten, wie Adresse oder Mailverbindung (ESS-Anwendung) • Zeit- und Projektabrechnung (ESS-Anwendung)
Marketing/ Verkauf	• Kontaktmanagement mit Datenbank • Verwaltung von Anfragen und Aufträgen • Feedbackmöglichkeiten zu Marketingkampagnen • Verkaufsinformationssystem mit externem Zugang für Mitarbeiter und Kunden • Verkaufsprognosen und –berichte • Anbindung von B2B- und B2C-Funktionen an interne Systeme (ERP, Lagerwesen, E-Mail)
Produktion	• Integration von Maschinensteuerungen sowie von BDE/MDE-Einheiten • Abruf und Rückmeldung von Produktionsaufträgen • Abruf von Informationen zu Aufträgen, Materialien, Verfügbarkeit, ... • Integration von PPS-Systemen oder Leitständen • Qualitätsmanagement und Lieferantenbewertung (inkl. Datenerfassung) • Verfolgung von Chargen und Losen • Instandhaltungsmanagement, Inventarmanagement
Service/ Support	• Externe Serviceauftragsauslösung mit Auftragsverfolgung (Tracking) • Interne und externe Generierung von Serviceanfragen mit Bearbeitungsverfolgung • Anmeldung von Garantieansprüchen • Interne und externe Bereitstellung von Patches • Supportdatenbanken • Behandlung von Problemeskalationen (Verknüpfung zur Entwicklung und Produktion) • Supportsysteme (automatisierte aktive Unterstützung bei der Fehlersuche)
Finanzen	• Management Support Systeme (eingeschränkter Zugriff) • Budgetierung und Ausschöpfung • Reporting einzelner Abteilungen (ESS-Anwendung möglich) • Inventarverwaltung (ESS-Anwendung möglich)
DV-Abteilung	• Fehlermeldung und Bearbeitungsverfolgung • Software- und Hardwarebestellung • Netzwerküberwachung, entfernte Wartung
Entwicklung	• Projektmanagement, Projektkonferenzen • Feedbackermittlung • Erfassung von Verbesserungsvorschlägen (ESS-Anwendung) • Verteilte Entwicklung, Versionskontrolle • Bereitstellung von Prototypen (mit Feedbackoption)

Tabelle 50: Überblick zu Anwendungen in Intranets [vgl. IDM 01; SAP 01a; FRANZ 01; RICHTER 00; FISCHER u. a. 97, S. 8]

Grundsätzlich lassen sich auch komplexe Systeme auf Intranet-Basis realisieren. Als Beispiel wird in Abbildung 34 der Aufbau eines Intranet-basierten Workflow-Systems dargestellt.

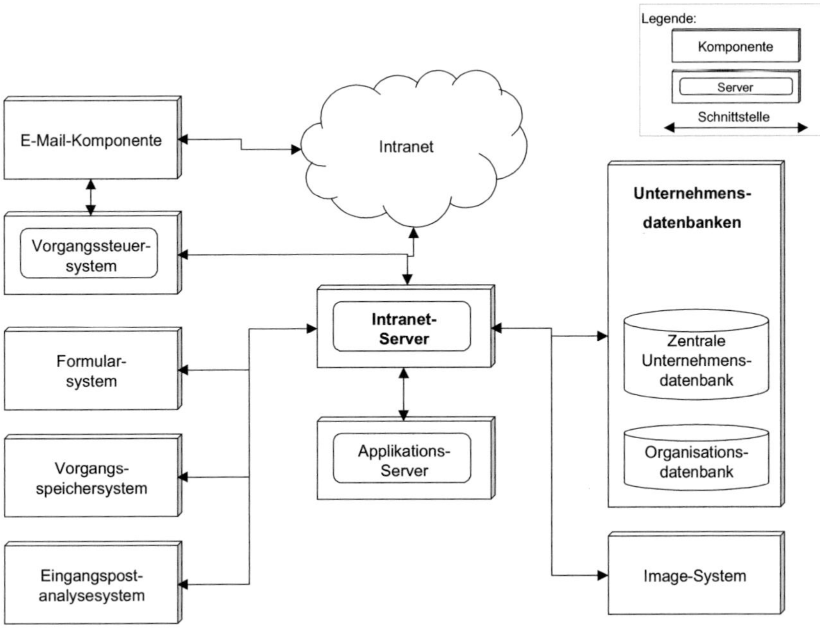

Abbildung 34: Komponenten eines Intranet-basierten Workflow-Systems [ITTER 99, S. 176]

Die Verbindung der dargestellten Komponenten kann durch die in den Kapiteln 2 und 3 dargestellten Technologien und Realisierungsoptionen erfolgen. So kann bei java-basierter Realisierung der Komponenten der Datenbankzugriff über JDBC erfolgen, der E-Mail-Austausch über SMTP, IMAP4, POP3 realisiert und die Kommunikation der einzelnen Komponenten mit dem Intranet-Server über CGI-Skripte abgewickelt werden.

Tabelle 51 beschreibt die Aufgaben und notwendigen Schnittstellen der zum Aufbau des Workflow-Systems notwendigen Komponenten.

Komponente	Aufgaben	Schnittstellen
Intranet-Server	Verbindet die Komponenten untereinander und ermöglicht die Kommunikation mit den dezentralen Komponenten	Muß zu allen verwendeten Schnittstellen kompatibel sein
Vorgangssteuer-system	Koordiniert das gesamte System und sorgt so für einen ordnungsgemäßen Prozeßablauf	HTML/CGI
Unternehmens-datenbanken	Beinhaltet die zentralen Unternehmens-daten und die aufbauorganisatorische Struktur des Unternehmens	HTML/CGI, JDBC
Image-System	Klassifiziert und archiviert gescannte Dokumente	HTML/CGI
Formularsystem	Erzeugt Eingabeformulare und archiviert sie für späteren Wiedergebrauch	HTML/CGI
Vorgangsspeicher-system	Archiviert die Workflow-Typen sowie die laufenden und die beendeten Workflow-Instanzen	HTML/CGI, JDBC
Eingangspost-analysesystem	Verteilt die Einganspost soweit möglich automatisiert auf die einzelnen Mitarbeiter und führt Vorverarbeitungen durch	HTML/CGI
E-Mail-Komponente	Stellt Kommunikation über E-Mail für das Vorgangssteuersystem zur Verfügung	Protokolle: SMTP, IMAP4, POP3
Applikations-Server	Stellt Applikationen und Java-Applets bereit	Protokolle: TCP, LDAP, FTP

Tabelle 51: Aufgaben und Schnittstellen der Komponenten des Workflow-Systems [ITTER 99, S. 177]

Der dargestellte Weg des Aufbaus eines komponentenbasierenden Systems läuft derzeit auf die Notwendigkeit einer Eigenentwicklung bzw. einer individuell entwickelten Lösung eines Softwarehauses hinaus. Eine Softwarekomponenten-Industrie, welche flexibel miteinander verknüpfbare Elemente mit spezifischen Funktionen systemunabhängig anbietet, ist derzeit nicht existent [DIETZSCH u. a. 01, S. 708f.].

Die Entscheidung zur Eigenentwicklung muß trotz der genannten Vorteile wegen des schwer abzuschätzenden Aufwands und Verfügbarkeitszeitpunkts sorgfältig gegenüber den nachfolgend beschriebenen Alternativen abgewogen werden.

b) Einsatz von vorkonfigurierten Intranet-Fertiglösungen

Der Vorteil des Einsatzes vorkonfigurierter Lösungen liegt in der Einsatzbereitschaft innerhalb weniger Stunden. Diese Systeme bilden eine Alternative zu den meist wesentlich teureren proprietären Softwarelösungen, die zwar oft eine weitergehende Funktionalität besitzen, aber auf der anderen Seite einen erhöhten Wartungs- und Administrationsaufwand erfordern. Die Beschaffungskosten einer Groupwarelösung liegen bei ca. 15.000 bis 20.000 Euro für eine 250-User-Lizenz, während eine fertige Intranet-Lösung bereits für etwa die Hälfte erhältlich ist [ZECH 00, S. S4].

Gegen den Einsatz von Intranet-Fertiglösungen sprechen folgende drei Gründe [STRÄUBIG 00, S. 161]:

- Intranets wachsen mit den Bedürfnissen eines Unternehmens.
- Ein Hauptziel der Intranet-Entwicklung ist die individuell angepaßte Unterstützung von Arbeitsabläufen.
- Die dynamische Entwicklung im Intranet-Bereich wird auch zukünftig von der Entwicklung neuer Anwendungsfelder begleitet werden.

Diese Argumente können zumindest abgeschwächt werden, wenn die Lösungen skalierbar sind, regelmäßige Anpassungen und Erweiterungen (Updates) bereitgestellt werden und wenn die Möglichkeit einer anforderungsgerechten Konfiguration (Customizing) besteht. Einige Anbieter bieten komponentenbasierte Systeme an, die durch Spezialisten entsprechend den konkreten Anforderungen des Kunden zusammengestellt und abgestimmt werden. Diese Lösungsart nähert sich Individualsoftware an, ist aber auch mit höheren Kosten verbunden.

Eine Alternative zur Anschaffung und Implementierung von Fertiglösungen besteht in der Nutzung von Application Service Providing (ASP). Dies bedeutet, daß dem nutzenden Unternehmen kein Aufwand für Installation, Administration und Wartung entsteht.

Tabelle 52 gibt einen aktuellen Überblick über einige vorkonfigurierte Intranetpakete, die teilweise auch als ASP-Lösung vertrieben werden, und deren Funktionalität.

Komplettpaket/ WWW-Adresse/ Preis	Funktionalität	Integration von Fremdsystemen	Personalisierbar
CAS-Teamworks www.cas.de Preis: 10 Lizenzen 3050 € 100 User = 29000 € + Support- und Systembetreuungskosten	• Dokumenten-, Projekt-, Termin-, Urlaubs- und Kontaktmanagement, • Aufgabenverteilung, • Routenplaner, • Abgleich mit PDA´s, • Individueller Informationsagent	• MS-Office, MS-Exchange • ERP-System • Unified Messaging- und Projektplanungs-Integration möglich • Datenbanken Oracle 8i und Windows 2000 SQL Server	Ja
Company Intranet www.companyintranet.com Preis: ASP 7 $ je User und Monat	• Dokumenten-, Termin- und Personalmanagement • Aufgabenverteilung • News-Forum • Wörterbuch und Übersetzungsfunktionen	• Office-Produkte	Ja
Intranet-Connections www.intranetconnections.com Preis: einmalig 4500 $ + 700 $ je Jahr (1. Jahr frei)	• Dokumentenmanagement • Telefon- und Adreßverwaltung • Trainings- und Bibliotheksverwaltung • Inventarliste	• MS-Office, Visio, Word Perfect u. a. Office-Produkte	Ja
Planet Intra www.planet-intra.com Preis auf Anfrage	• Dokumenten-, Termin- und Kontaktmanagement • Unternehmens-News • Mail, Forum	• Office-Produkte	Nein
Seven Mountains 7M Aspire www.sevenmountains.com Preis auf Anfrage	• Webserver, Mail, Forum • Resourcenplanung • Projekt-, Termin- und Kontaktmanagement • Lizenzverwaltung	• Integration von Legacy-Systemen möglich	Ja
United Planet Intrexx www.unitedplanet.de Preis: 10 User = 700,- € 100 User = 5000,- €	• Dokumenten-, Projekt-, Termin- und Kontaktmanagement • Aufgabenverteilung • Literaturarchiv • Preis- und Artikellisten, • Bewerberverwaltung • internes Bestellwesen, • Abgleich mit PDA's	• MS-Office • Warenwirtschaftssystem	Nein
Yada E-ROM www.yada.de Preis: ASP 389 € je Monat	• Dokumenten-, Termin und Kontaktmanagement • Aufgabenverteilung • Projektmanagement • Workflowunterstützung • Unternehmens-News • Forum	• MS-Office 2000	Ja

Tabelle 52: Marktübersicht zu vorkonfigurierten Intranet-Komplettpaketen

Alle vorgestellten Intranet-Pakete stellen Suchfunktionen und ermöglichen die Erstellung von HTML-Seiten.

c) Einsatz proprietärer Software und deren Integration ins Intranet

Ehemals mit Intranets konkurrierende Groupware-Applikationen und geschlossene Dokumentenmanagementsysteme wurden in den letzten Jahren für den Einsatz in Intranets angepaßt [STRÄUBIG 00, S. 116]. Ähnliches gilt für ERP-Systeme und weitere proprietäre Anwendungssysteme. Die große Verbreitung von Internettechnologien zwang die Hersteller, ihre Produkte durch Unterstützung der TCP/IP-Protokollfamilie und weiterer Internetstandards sowie durch die Zugriffsmöglichkeit über Webbrowser für den Einsatz in Intranets zu öffnen.

Dies ermöglicht den Firmen, die ihre IT-Basis vollständig auf Internettechnologien ausrichten, die nach wie vor notwendigen, meist unternehmenskritischen Anwendungen in das Intranet zu integrieren. Die Einbindung erfolgt dann mit TCP/IP als Transportprotokoll über einen transparenten Zugriff, z. B. innerhalb eines Portals oder durch Nutzung eines proprietären Clients bzw. einer Terminalemulation.

Insbesondere für größere Unternehmen ist der Einsatz proprietärer Systeme aufgrund der weitreichenden Funktionalität und der Möglichkeiten zur Programmierung von integrierten Erweiterungen für spezifische Anforderungen auch weiterhin notwendig. Der erhöhte Administrationsaufwand fällt bei diesen Unternehmen weniger ins Gewicht. Entsprechend ausgebildete Systemexperten sind vorhanden oder das notwendige Know-how wird durch externe Mitarbeiter bzw. über Beratungsunternehmen bereitgestellt.

Insbesondere in der Anfangszeit des Aufkommens des Intranet-Begriffs versuchten Hersteller proprietärer Groupware-Lösungen wie Lotus-Notes diese durch Unterstützung von TCP/IP und WWW als Intranet-System zu etablieren [KOSSEL 96, S. 298].

Groupware und Intranet bilden durch ihre unterschiedlichen Strukturen und Philosophien nach wie vor getrennte Welten (vgl. Tabelle 53).

Intranet – Eigenschaften	Groupware – Eigenschaften
• Schnelle, preisgünstige Bereitstellung von Anwendungen mit eher kurzer Lebensdauer • Wenig Sicherheitsfunktionen • Offener Zugriff/Zugang • Einfache Planung und Implementierung • Einsatz einfacher Standardanwendungen • Große Informationsvolumina • Großer Benutzerkreis, intuitive Bedienung • Verbreitet externe Kommunikation	• Aufwendige Erstellung, Pflege und Verwaltung von Programmen mit meist längerer Lebensdauer • Ausgeprägtes Sicherheitskonzept/ differenzierte Arbeitsumgebungen • Unternehmenskritische Anwendungen mit hoher Nutzungsintensität

Tabelle 53: Unterschiede zwischen Groupware und Intranet-Lösungen [KAUFFELS 00, S. 434f.]

Tabelle 54 vergleicht die Vor- und Nachteile der verbreiteten Groupware-Lösungen Lotus Notes und MS-Exchange mit einer Realisierung als Intranet-Komponente.

	Lotus Notes	MS-Exchange	Intranet-Komponente
Vorteile	• Sicherheits-funktionen • Replikations-mechanismen • Applikations-vielfalt	• Integration in Backoffice • Integration in MS-Office • Objektorientiertes Management	• Offene Standards / niedrige Kosten • Plattformunabhängigkeit • Einfache Anbindung von Anwendungen und Diensten • Mobile Nutzung leicht realisierbar • Client-Kosten gering/ NC-Client • Einfache Internet-Integration
Nachteile	• Eigenständige Infrastruktur • Aufwendige Administration	• Fehlende Unter-stützung heterogener Systemlandschaften • Ressourcenbedarf	• Keine Offline-Nutzung möglich • Eingeschränkte Interaktion • Replikation sehr aufwendig

Tabelle 54: Groupware-Systeme im Vergleich zur Intranet-Realisierung [VIEHWEGER 98, S. 68; KUNOW u. a. 99, S. 34]

Da die Entwicklung von Intra-GroupWeb-Anwendungen erst begonnen hat, besitzen proprietäre Groupware-Systeme nach wie vor eine Existenzberechtigung in Intranets und ermöglichen durch Integration unter Verwendung des Webbrowsers als Client umfangreiche Funktionen im Bereich der Kooperation im Unternehmen [DÖGE 97, S. 37ff.]. Sie können jedoch nicht selbst als Intranet bezeichnet werden, da sie eine andere Spezifik besitzen.

Durch die Annäherung von klassischen Workflow-, Groupware- und Intranetanwendungen bezüglich Funktionalität und Standardisierung verwischen die Grenzen zwischen den Systemen zunehmend [WAGNER 99, S. 76].

Empfehlungen für KMU

Aufgrund der einfachen und kostengünstigen Anwendungsentwicklung und des ohne größeren Schulungsaufwand möglichen Einsatzes von Browsern als universellen Client eignen sich Intranet-Lösungen der Variante a) und b) im besonderen Maße für KMU und ermöglichen Anwendungen, die zuvor nur mit teurer Groupware und anderen Spezialsystemen möglich waren.

Trotz der leistungsfähigen Umgebung werden komplexe Systeme und Software für unternehmenskritische Aufgaben wie betriebswirtschaftliche Anwendungssysteme aufgrund der hohen Kostenrisiken bei der Entwicklung und unzureichender Standards für die Interoperabilität, vorerst kaum als komponentenbasierte Intranet-Lösungen entwickelt. Sie lassen sich aber inzwischen fast immer in Intranets integrieren. Oftmals lassen sich Produkte, die bereits länger auf dem Markt sind aufgrund ihrer Komplexität oder ihrer Architektur nicht modularisieren oder mit offenen Standards ausstatten. Anwendungen auf Basis offener Standards decken derzeit hauptsächlich die Gebiete Informationsbereitstellung sowie Gruppenarbeit in Form von Systemen zur Kommunikations- und Kooperationsunterstützung ab. In Bereichen mit hohen Innovationsgrad, wie z. B. im E-Commerce oder Content Management werden aufgrund der modernen Architektur der Produkte eher eine umfassende Unterstützung von Intranets und offenen Schnittstellen angeboten.

Aufgrund der dargestellten Notwendigkeit, auch weiterhin häufig klassische proprietäre Systeme in Intranets einsetzen zu müssen, müssen KMU folgende Abwägung zwischen den in diesem Abschnitt dargestellten Alternativen treffen:

- Eigenentwicklungen sind für KMU die erste Wahl, wenn Mitarbeiter mit den notwendigen Kenntnissen und Erfahrungen zur Verfügung stehen. Werden selektiv kleine Lösungen realisiert, ist das finanzielle Risiko gering, und gesammelte Erfahrungen können in einen evolutionären Prozeß zum Ausbau des Intranets einfließen. Besonders geeignet ist der Einsatz von Open-Source-Software mit Anpassung an die individuellen Unternehmensanforderungen.

- Fremdentwicklungen auf vertraglicher Grundlage sind für KMU aufgrund der hohen

Kosten nur für einfache Systeme oder Einzelkomponenten mit begrenzter Komplexität zu empfehlen. Eine mögliche Lösung besteht in der Anpassung von Open-Source-Software auf Vertragsbasis oder die Nutzung eines Systemanbieters mit bereits vorhandenen Funktionsbausteinen oder Lösungen, die nur einer Anpassung bedürfen.

- Der Einsatz vorkonfigurierter Lösungen lohnt sich, wenn nur verbreitete Standardfunktionen durch die Systeme bereitgestellt werden sollen und kein qualifiziertes Personal zur Eigenentwicklung und Wartung/Administration (dann ASP-Lösung bevorzugen) zur Verfügung steht.

- Der Einsatz proprietärer Software sollte nur erfolgen, wenn diese ins Intranet eingebunden werden kann, da eine Parallelnutzung oder eigenentwickelte Integration für KMU schwer finanzierbar ist.

5 Innovative Komponenten von Intranets zur Steigerung der Produktivität der Mitarbeiter

Die bereits dargestellten kurzfristig realisierbaren Möglichkeiten zur Kommunikation und Informationsdarstellung über Standarddienste geraten beim Intranet-Ausbau schnell an Grenzen und erschließen nur einen Teil der strategischen Optionen. So wird mit steigender Zahl von Inhalten und Anwendungen die Navigation und Verknüpfung mit Prozessen für die Mitarbeiter schwieriger.

Dieses Kapitel untersucht den weiteren Ausbau bereits eingeführter Intranets am Beispiel folgender drei Anwendungskomponenten:

- **Intranet-Portale** als universelle Zugangssysteme zu Inhalten und Anwendungen im Unternehmen mit integrierten Zusatzfunktionen zur Steigerung von Effizienz, Effektivität und Akzeptanz der betrieblichen Informationsverarbeitung,

- **Content Management** als Komponente zur Verwaltung der stetig zunehmenden Menge an Daten und Dokumenten in Intranets und

- **Employee-Self-Service** als ein für die Realisierung in Intranets besonders geeignetes Konzept zur Steigerung der Effizienz interner Administrationsprozesse.

5.1 Intranet-Portale als universeller Zugang zu Inhalten und Anwendungen

Nach Schätzungen liegen etwa 80 Prozent der betriebswirtschaftlich relevanten Daten unstrukturiert in Form von Textdateien, E-Mails, Tabellen, Präsentationen usw. vor. Auch strukturierte Daten sind meist auf verschiedene DV-Plattformen, von Legacy-Systemen bis hin zu ERP-Systemen und selbstentwickelten Client/Server-Anwendungen verteilt [REINHARDT 94; BEUTHNER 00; NOGATZ 00, S. 20f.]. Weiterhin sind für eine effiziente zielorientierte Arbeit Zugänge zu externen Informationen aus dem Internet notwendig.

Prinzipiell stehen den Anwendern alle Zugänge zu Informations- und Transaktionssystemen im Intranet zur Verfügung. Eine effiziente Unterstützung der internen und unternehmensübergreifenden Geschäftsprozesse wird erst durch die Verknüpfung von Informationen und Transaktionen ermöglicht [SIEMENS 01, S. 22].

Intranet-Portale ermöglichen die geforderte Verbindung von Informationen und Transaktionen durch einen einheitlichen Zugang und eine Reihe weiterer Funktionen, welche in den folgenden Abschnitten beschrieben werden.

5.1.1 Definition

Umgangssprachlich bezeichnet ein Portal ein (prunkvolles) Tor, einen großen Eingang. Die meisten Definitionen zu Portalen im Internet/Intranet sind unscharf und teilweise widersprüchlich [CW 00c; RENNAU 01, Anhang A]. So werden verschiedenste Eingangsseiten für Massenpublikum, Branchenmarktplätze, Anwendungen und Plattformen zur Integration von Geschäftsprozessen unter dem Begriff Portal vermarktet [vgl. GRUBER 00]. Die uneinheitliche Definition und die starke Prägung durch den Markt hatten zur Folge, daß sich ein Begriffschaos von weit über 50 Namen für Portaltypen gebildet hat [vgl. RENNAU 01, S. 3].

Als Intranet-Portal wird eine zentrale webbasierte Zugangskomponente bezeichnet, die Mitarbeitern eines Unternehmens die zur Abwicklung der Aufgaben notwendigen Informationen und Werkzeuge in Form von Intranetkomponenten, Diensten, Altsystemen und effizienzsteigernden Funktionen, wie z. B. Suchmaschinen, Personalisierung usw., zur Verfügung stellt.

Intranet-Portale unterscheiden sich von anderen Web-Zugängen, wie z. B. Homepages oder Linksammlungen, durch die Bereitstellung von Möglichkeiten zur Personalisierung, Sicherheit, Suche, Integration von Anwendungen und Diensten sowie weiteren Funktionen zur Effizienzsteigerung, wie systemübergreifende Anmeldungen (Single-Sign-On) und die Unterstützung von Workflows. Abbildung 35 zeigt eine typische Oberfläche eines Intranet-Portals.

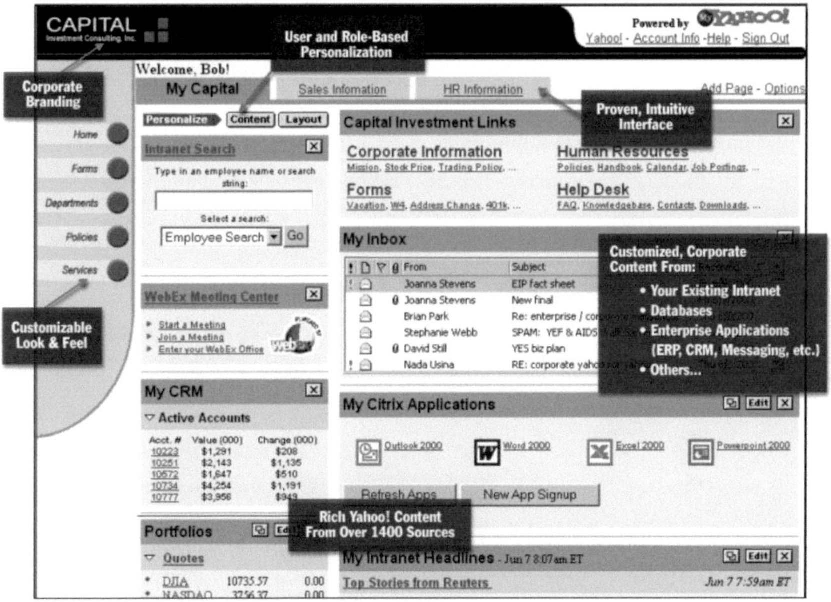

Abbildung 35: Oberfläche eines Intranet-Portals

5.1.2 Klassifikation und Funktionalität

Intranet-Portale stellen grundsätzlich ein flexibles, rollenbasiertes Berechtigungskonzept bereit, um die teilweise sensiblen Informationen und Anwendungen des Unternehmens vor unberechtigtem Zugriff zu schützen. In diesem Zusammenhang besteht die Möglichkeit einer systemübergreifenden Anmeldung. Dieses ermöglicht durch eine zentrale Verwaltung der Zugangsdaten den Zugriff auf alle relevanten Anwendungssysteme über eine einmalige Authentifizierung am Portal. Es werden differenzierte Arbeitsumgebungen für unterschiedliche Aufgabenbereiche (persönlich, team- oder projektbezogen) bereitgestellt. Eine weitere zentrale Funktion stellt die Möglichkeit der Personalisierung der Oberfläche dar, die sowohl durch vom Benutzer angegebene Daten (Profile-based personalisation) als auch aus dem Nutzungsverhalten des Anwenders (Recommendation-based personalisation) [DAVYDOV 01, S. 178] abgeleitet werden kann. Weitere zentrale Funktionen sind die Bereitstellung von Kategorien und Suchhilfen zur Vereinfachung der Navigation. Auch der Zugriff über mobile

Endgeräte (WAP-Handy, PDA) wird ermöglicht [BLYTHE 00].

Für die Entwicklung von Intranet-Portalen gibt es grundsätzlich zwei Herangehensweisen:

- Funktionsorientierte Portale sind meist aus spezifischen Anwendungssystemen entstanden, für die durch den Anbieter eine mit Portalfunktionen ausgestattete Web-Oberfläche bereitgestellt wurde.

- Funktionsneutrale Portale stellen eigenständige Produkte dar, die über offene Standards die Integration von Anwendungen und Inhalten ermöglichen. Durch ihre Unabhängigkeit von den zu integrierenden Produkten bildet diese Gruppe eine innovativere Basis und erlaubt eine wesentlich größere Anwendungsbreite im Unternehmen. Sie unterstützen einen flexiblen ganzheitlichen Ansatz durch Einsatz und Integration von Komponenten, wie ERP-Systemen, Datenbanken, Content-Management-, Workflow- oder ESS-Systemen ohne Einschränkung durch Ausrichtung auf bestimmte Funktionen oder Anwendungen.

Nachfolgend wird eine Klassifikation funktionsorientierter Portale vorgenommen:

Application-Portale

Das Ziel dieses Intranet-Portaltyps liegt in der Unterstützung operativer Tätigkeiten. Das Portal bildet die zentrale Arbeitsumgebung für den Benutzer [BOROWSKY u. a. 01, S. 62]. Es werden Funktionen durch das Portal selbst bereitgestellt bzw. es wird der Zugriff auf externe Anwendungen ermöglicht.

Prinzipiell kann das Intranet-Portal auch selbst als Anwendungsplattform dienen. Geeignete Funktionen für diese Konstellation sind Workflow-Mechanismen, einfache Retrievalfunktionen und die Realisierung von Anwendungen des Employee-Self-Service. Abbildung 36 zeigt ein Beispiel zur direkten Prozeßunterstützung durch Portale in Form von vorkonfigurierten Zugängen zu Fremdsystemen in Abhängigkeit vom Prozeßschritt.

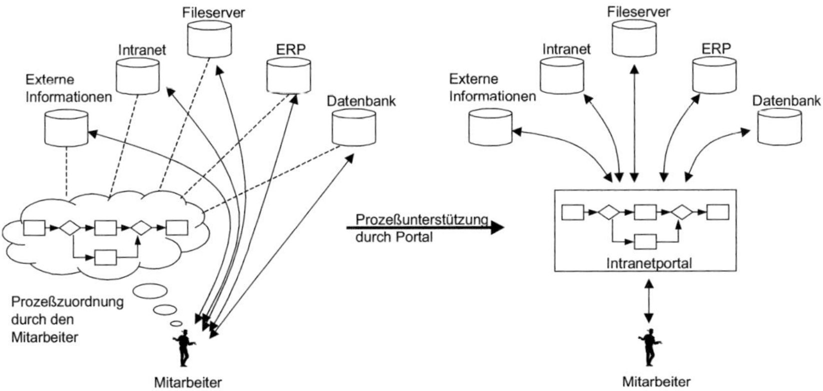

Abbildung 36: Bereitstellung von Funktionen zur Prozeßunterstützung durch Portale [APPSOLUT 01, S. 5, 8]

Anbieter dieses Portaltyps sind Portal Wave und Epicentric sowie ERP-Systemhäuser, wie SAP und Oracle.

Content-Portale

Content-Portale stellen Funktionen zum Publizieren, Verwalten und Verteilen von Inhalten zur Verfügung. Dazu können Systeme zum Dokumenten- bzw. Wissensmanagement, zur Link-Verwaltung, zur Meta-Datenverwaltung sowie Retrievalmechanismen integriert werden [vgl. FÖCKER u. a. 00, S. 19]. Weitere Ausführungen zu diesem Themenkreis sind in Abschnitt 5.2 enthalten.

Anbieter dieses Portaltyps sind Hyperwave, Verity, IDS Scheer, Knowledge Track und Hersteller von DMS-Systemen.

Community-Portale

Community-Portale stellen Funktionen zur Kommunikation, Kooperation und Koordination bereit. Neben den inzwischen schon selbstverständlichen Anwendungen, wie E-Mail, Kommunikationsforen, Terminkalendern und weiteren Bürofunktionen, etablieren sich zunehmend Systeme, die eine umfassende Unterstützung des inner- und überbetrieblichen Beziehungsmanagements ermöglichen. Dies bildet eine wichtige Grundlage für die erfolgreiche Abwicklung von E-Business-Geschäften [KUPPINGER 00, S. 36].

Im Gegensatz zu Content-Portalen werden keine Informationen (Güter), sondern Wissensträger (Personen) mit einem gemeinsamen Arbeitsbereich (z. B. innerhalb einer Abteilung) oder ähnlichen Interessengebieten (z. B. betrieblicher Umweltschutz, Betriebsrat) miteinander verbunden. Das Ziel liegt in der Verteilung schwer darstellbarer Informationen und der Schaffung neuen Wissens [vgl. SKYRME 99, S. 234f.].

Anbieter dieses Portaltyps sind Groupwaresystem-Hersteller, wie Lotus oder Novolabs.

Decision-Portale

Decision-Portale dienen der Unterstützung von Entscheidungsprozessen. Angeboten wird dieser Portaltyp von Herstellern, wie Brio, Business Objects, Cognos, Hummingbird, Mineshare, Sterling oder Visual Mining [GRUBER 00].

Expertise-Portale

Expertise-Portale realisieren Kommunikationsplattformen für die Suche nach Mitarbeitern mit bestimmen Fähigkeiten und Qualifikationen sowie zum Austausch von Erfahrungen [vgl. RENNAU 01, S. 6].

Funktionsorientierte Portale sind auch als Mischformen der genannten Portaltypen möglich wie der Bildung eines Wissensportals aus den Funktionsbereichen der Portaltypen für Content, Community und Expertise.

In den nächsten Jahren ist eine Ablösung der funktionsorientierten Portale durch funktionsneutrale Portale (Metaportale) zu erwarten, um unter einer einheitlichen Oberfläche die gesamte Anwendungsvielfalt abzudecken [CW 00e; BORN 00]. Entsprechende Lösungen werden von den Anbietern Appsolut Software, Sybase, Hummingbird und Plumtree bereitgestellt [vgl. BLYTHE 00, S. 40].

Die Nutzung von Intranet-Portalen ermöglicht eine Reihe von Vorteilen. Prozesse im Unternehmen können durch Zuordnung im Portal integrierter Anwendungen und die kontextabhängige Bereitstellung von Informationen durch Push- und Pulltechnologien aktiv unterstützt werden. Neue oder weniger qualifizierte Mitarbeiter können sich durch Nutzung der intuitiv bedienbaren Oberfläche, der Navigationswerkzeuge und der bereitgestellten Hilfen schneller und selbständiger in die Aufgabenbereiche und Anwendungen einarbeiten. Die Nutzung eines Internetbrowsers als universellen Client erzeugt eine hohe Akzeptanz bei den Mitarbeitern und ermöglicht Einsparungen bei der Administration. Die Bereitstellung zusätzlicher Funktionen durch das Portal selbst erlaubt die Erweiterung der Anwendungsfelder und ermöglicht die Abdeckung von bisher nicht unterstützten Prozeßschritten. Durch die transparente Bereitstellung von Anwendungen und Inhalten ist eine Beschleunigung und Qualitätssteigerung bei der Entscheidungsfindung und Prozeßabwicklung in Unternehmen zu erwarten.

5.1.3 Realisierungsoptionen

Wie bei allen Softwareprojekten muß zu Beginn eine Entscheidung getroffen werden, ob der Einsatz einer Standardsoftware oder die Individualprogrammierung eines Portals die bessere Lösung ist. Im Gegensatz zu anderen Bereichen ist aufgrund der besonderen unternehmensspezifischen Anforderungen (Integration, Corporate Identity, Nutzerakzeptanz) und der Vielfalt an Anwendungsfeldern sowie den damit verbundenen Aufwendungen keine klare Entscheidung zugunsten der Standardsoftware möglich [WENZKE 01, S. 37].

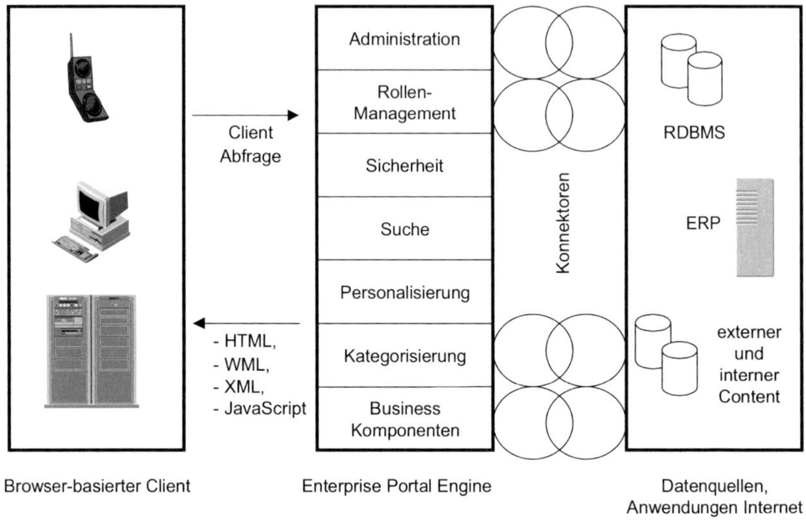

Abbildung 37: Architektur von Intranet-Portalen [BLYTHE 00, S. 38]

Eine Architektur mit intern bereitgestellten portaltypischen Funktionen, middlewaregestützter Anbindung von Fremdsoftware und Datenbanken sowie flexiblen Zugängen per PC, Mobilgerät und Fremdsystemen wird in Abbildung 37 dargestellt. Die Realisierung der dargestellten Architektur erfolgt über den Einsatz von Standardsoftware (Portal-Engine) und zusätzlicher Individualprogrammierung (Integration, Oberfläche, spezielle Anwendungsfunktionen). Die dabei entstehenden Kosten sind stark abhängig von den zu integrierenden Funktionen, Inhalten, Geschäftsprozessen und Fremdsystemen.

Je nach Ausbau können die zu veranschlagenden Gesamtkosten zwischen 25000 und 25 Millionen Euro liegen [CW 00e, S. 36]. Mögliche Ausbaustufen werden in Abbildung 38 dargestellt.

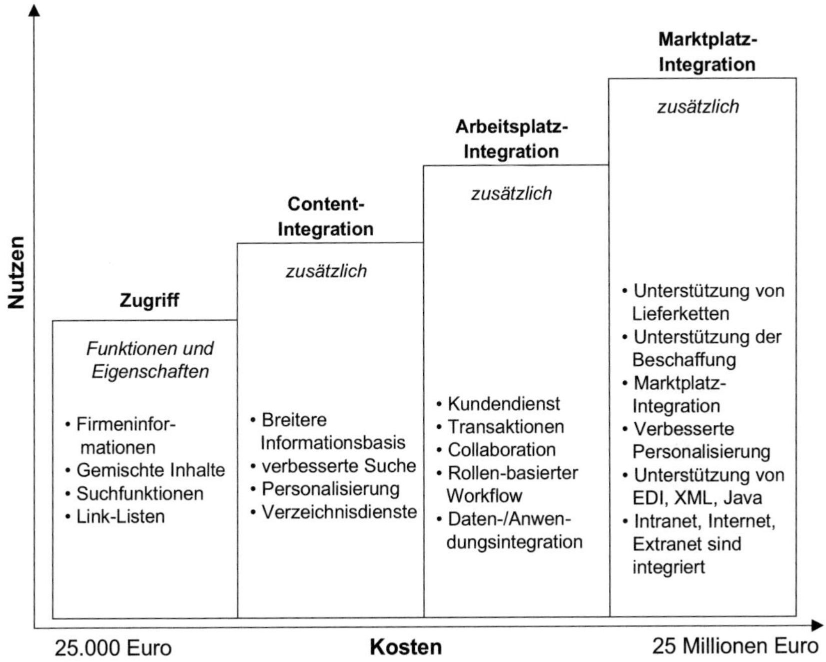

Abbildung 38: Ausbaustufen und Kosten bei Intranet-Portalen [nach CW 00e, S. 36]

Die Kosten setzen sich dabei zusammen aus [WENZKE 01, S. 48ff.]:

- **Hardwarekosten:** Webserver, Datenbankserver, Integrationsserver, Kosten für eine Lösung zur Lastverteilung und die benötigte Netzinfrastruktur

- **Softwarelizenzkosten:** Kosten für die ausgewählte Standardsoftwarelösung, eine evtl. zusätzlich zu lizensierende Datenbank, eingesetzte Betriebssysteme, Webserver-Software und für evtl. zu erwerbende Komponenten zur Suche bzw. für eine systemübergreifende Anmeldung

- **Einführungskosten:** Kosten für die ausführliche Planung und Vorbereitung der Anpassung an die unternehmensindividuellen Gegebenheiten (Customizing), zur Eigenentwicklung evtl. zusätzlich notwendiger Funktionen, zur Integration bestehender Anwendungssysteme und zu notwendigen Anpassungen für den Einsatz spezieller Technologien wie der systemübergreifenden Anmeldung, evtl. weitere Kosten durch notwendige organisatorische (Änderung der Geschäftsprozesse und Strukturen, Benutzerschulungen) und technische (Bereitstellung von Browsersoftware) Anpassungen im Unternehmen

Weitere Kosten sind für den laufenden Betrieb einzuplanen, dazu zählen im Wesentlichen Wartungskosten (Administration) und Aufwendungen zur Pflege der Inhalte [vgl. WENZKE 01, S. 52].

Besonderheiten in KMU

Der Einsatz von Portalen ist erst ab einer bestimmten Ausbaustufe der Intranetstruktur oder beim Einsatz von komplexer Standardsoftware sinnvoll. Bei KMU sind beide Faktoren eher selten anzutreffen. Dieses und die zu erwartenden Kosten machen Portale insbesondere für kleine Unternehmen unattraktiv.

Eine für diese Gruppe geeignete Alternative ist die Bereitstellung von einfachen Startseiten mit Links zu den relevanten Inhalten und Anwendungen ohne spezifische Portalfunktionen, die ohnehin erst ab einer gewissen Größe des Benutzerkreises meßbare Vorteile erwarten lassen. Soweit notwendig, können auch einzelne Funktionen, wie ein einfacher Zugriffsschutz oder kontextabhängige Strukturen, durch einfache Webseitenprogrammierung ohne hohe Lizenzkosten für entsprechende Komponenten bereitgestellt werden.

Für mittelständische Unternehmen besteht die Möglichkeit, auf die beschriebenen funktionsorientierten Portale für im Unternehmen eingesetzte Anwendungen zurückzugreifen bzw. die Anschaffung von Anwendungen mit Portalzugang vorzunehmen. Mittelfristig sind ausgereifte kostengünstige funktionsneutrale Portale am Markt zu erwarten, die jedoch für die Anpassung und die Integration von Anwendungen einen nicht zu vernachlässigenden Implementierungsaufwand erfordern werden.

5.2 Content-Management – Konzepte zur Verwaltung und Pflege von Inhalten

5.2.1 Begriff und Einordnung

Als Content wird Inhalt verstanden, der in digitalisierter Form modular vorliegt. Er schließt prinzipiell alle Medientypen ein und liegt meist in schwach oder unstrukturierter Form vor. Stark strukturierte Daten können jedoch innerhalb der Präsentation integriert werden [GERSDORF 02a, S. 75].

Durch die vereinfachten, für alle Mitarbeiter offenen Wege zur Publikation von Inhalten im Intranet entstehen schnell komplexe Strukturen der durch unterschiedliche Autoren zu unterschiedlichen Themen bereitgestellten Inhalte. Die Handhabung großer Informationsmengen ist mit klassischen Methoden über statische HTML-Seiten nicht mehr effizient möglich und kann den Aufwand für die Pflege der Inhalte auf 90 % der Betriebskosten steigen lassen [KARAJANNIS u. a. 00, S. 66].

Weiterhin geht mit steigender Zahl von Webseiten ohne entsprechende Verwaltungsmechanismen und -systeme schnell die Transparenz über die vorhandenen Informationen verloren. Häufig sind Webseiten nicht (mehr) aktuell oder sachlich richtig. Der Aufwand zur Content-Erstellung ist aufwendig und zeitintensiv. Es entstehen leicht Redundanzen bei den Dokumenten, was wiederum speziell in Verbindung mit lokalen Kopien zur Nutzung von veralteten Versionen führen kann [STEIN 00, S. 310; BECHTHOLSHEIM u. a. 01, S. 7].

Die Aktivierung der Potentiale zum Informationsaustausch im Intranet sind nur über eine durchdachte, ebenfalls IT-gestützte Organisation der Inhalte möglich. Mit dem Einsatz von Internettechnologien im Unternehmen findet also eine Verschiebung des Aufwandes von der technischen Realisierung und Administration zur Organisation und Verwaltung der Informationen statt. Ab einer bestimmten Größe des Intranets besteht daher die Notwendigkeit des Managements der Inhalte. Zu diesen zählen alle im WWW unterstützten Medien und Datenstrukturen, wie Texte, Grafiken, Audio, Video und weitere Daten, die in digitaler Form vorliegen und verteilt bzw. verarbeitet werden können [ROHSE u. a. 00, S. 184].

An dieser Stelle setzt das Content Management an. Darunter werden alle Aktivitäten entlang des Lebenszyklus von der systematischen Planung, Erstellung bzw. Erschaffung, Verwaltung, Bereitstellung, Überarbeitung bis zur Vernichtung des Content verstanden. In Abgrenzung zum eher umfassenden Begriff des Content Managements wird beim Web Content Management schwerpunktmäßig die Unterstützung des Publikationsprozesses im WWW gesehen [GERSDORF 02a].

Enstprechend dieser Begriffsdefinitionen kann zur informationstechnischen Unterstützung dieser Prozesse in Content-Management-Systeme (CMS) und Web-Content-Management-Systeme (WCMS) unterschieden werden [GERSDORF 02b, S. 17] wobei nachfolgend der Fokus auf Content Management als umfassenderes Konzept gerichtet wird.

Für die Implementierung eines leistungsfähigen Content Managements unter Einsatz von CMS sprechen verschiedene ökonomische und organisatorische Gründe (vgl. Tabelle 55).

	Ohne Content Management	**Mit Content Management**
Wer gibt die Inhalte ein?	Einzelne, speziell auf HTML-Editoren geschulte Mitarbeiter oder Agenturen	Alle Mitarbeiter, die Inhalt erzeugen
Wo werden die Inhalte eingegeben?	An einzelnen, speziell ausgerüsteten Arbeitsplätzen	An allen Arbeitsplätzen, an denen Inhalt erzeugt wird
Wie werden die Inhalte eingegeben?	Mit speziellen HTML-Editoren	Mit den Standardprogrammen
Wann werden die Inhalte eingegeben?	Mit zeitlicher Verzögerung	Zum Zeitpunkt, an dem der Inhalt entsteht
Wer kann welche Informationen in der Webseite ändern?	Mitarbeiter mit Zugang zum Webserver können in der Regel alle Bereiche verändern	Für jeden Mitarbeiter lassen sich Rechte festlegen
Wie werden veränderte Inhalte archiviert?	Gar nicht, oder über Backups, die ein Wiederauffinden schwer ermöglichen	Für jeden Zeitpunkt kann der Zustand der Seite rekonstruiert werden
Wie wird eine einheitliche Corporate Identity aller Seiten sichergestellt?	Disziplin beim manuellen Erstellen der Seiten	Durch die Trennung von Form und Inhalt sorgen Vorlagen (Templates) automatisch für korrekte Gestaltung
Wie wird die Qualität der Inhalte überwacht?	Mündliche Absprachen	Automatische Einhaltung eines vordefinierten Workflows

Tabelle 55: Veränderungen bei der Erstellung und Verwaltung von Inhalten durch die Einführung von Content Management [LOHRER 00, S. 29]

Durch die mögliche Verlagerung der Content-Erstellung und -Pflege zu den Mitarbeitern aus den Fachabteilungen wird eine Entlastung der IT-Abteilung und eine Verkürzung der Aktualisierungszeiträume (Time to Web) ermöglicht [SCHMIDT 01, S. 30].

5.2.2 Aufgaben, Rollen und Abläufe

Die Aufgaben des Content Managements liegen primär in der Strukturierung und Sicherstellung von Qualität und Akzeptanz des Informationsangebotes [STEIN 00, S. 311]. Dies wird über Planungs- und Steuerungsmechanismen realisiert (vgl. Abbildung 39).

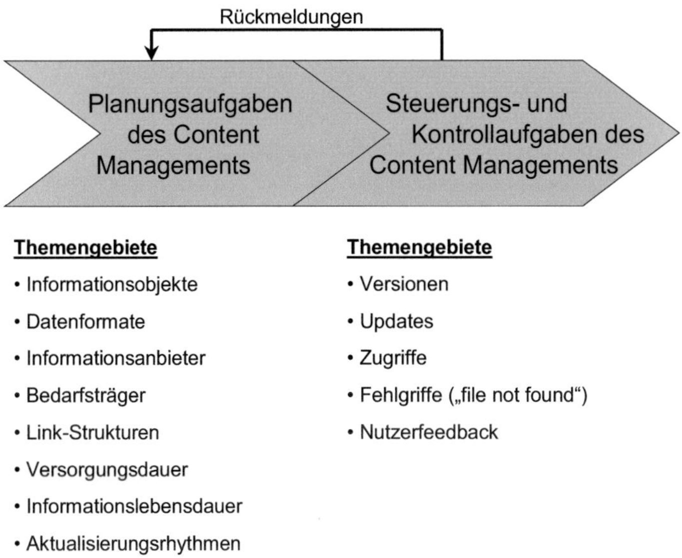

Abbildung 39: Aufgaben des Content Managements [STEIN 00, S. 311]

Content-Management-Systeme nehmen eine Trennung von Inhalt (Daten, Texten, Bildern), Layout (Darstellung, Design) und Struktur (Beziehungen, Links) vor und unterstützen das kollaborative Arbeiten innerhalb des gesamten Content-Lifecycle, also beim Publikationsprozeß, bei der Verwaltung und Pflege bis hin zur Archivierung [KARAJANNIS u. a. 00, S. 66; MILLEG u. a. 01, S. 37] (vgl. Abbildung 40). Zur Abwicklung dieser Aufgaben enthalten CMS die Komponenten Daten-Repository, Workflow und Benutzerschnittstelle. Die Dokumente werden in verschiedenen Formaten ohne aufwendige Konvertierung in HTML verwaltet. CMS stellen formatübergreifende Funktionen zum Retrieval, zur Versionsverwaltung und für den Zugriffsschutz bereit [STARKE u. a. 98].

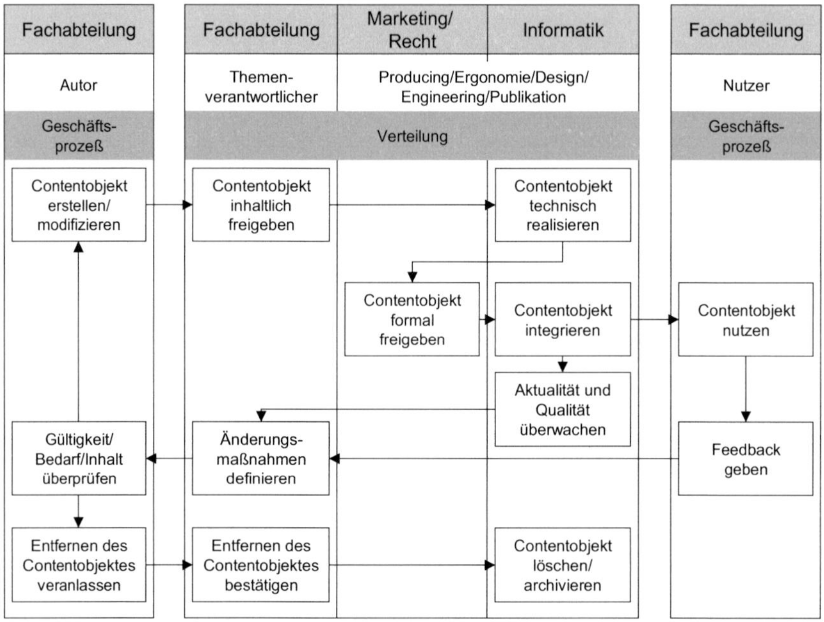

Abbildung 40: Management des Content-Lifecycle [vgl. BACH 00, S. 77]

Wird der gesamte Ablauf des Content-Management mit den inhaltlichen, technischen, organisatorischen und administrativen Aspekten betrachtet, können prinzipiell folgende Rollen definiert werden [vgl. SANDER u. a. 98, S. 14ff.; REICH 00, S. 202; BACH 00, S. 76ff.; TEKOM 02]:

- **Autor:** Der Autor ist für die Erstellung zu publizierender Inhalte verantwortlich und gibt Vorschläge für die eventuelle Integration weiterer Medien. Er benötigt Fachkompetenzen und Fähigkeiten zur Nutzung der Eingabesysteme.

- **Technischer Redakteur:** Im Gegensatz zum Autor, der schwerpunktmäßig eigene Ideen, Erfahrungen und Erkenntnisse bezüglich spezifischer Problemfelder beschreibt, ist es die Aufgabe eines Technischen Redakteurs, technische Dokumentationen über Produkte,

Anlagen und Systeme zu verfassen. Er übernimmt nach Vorgaben des Auftraggebers die notwendigen Schritte zur Erstellung von der Konzeption (Zielgruppe, Art, Kooperationspartner, Struktur, Kostenplan...) und Erstellung (Recherche, Kommunikation mit Erfahrungsträgern, Strukturierung und Zuordnung der gewonnenen Informationen bis zur Manuskripterstellung und Layoutgestaltung).

- **Themenverantwortlicher:** Der Themenverantwortliche ist häufig auch der Vorgesetzte des Autors oder Technischen Redakteurs. Er ist für den korrekten Inhalt verantwortlich und muß das Gesamtangebot für seinen Aufgabenbereich überwachen und steuern. Er benötigt dafür besonderes Fachwissen.

- **Producer:** Producer sind für die Erstellung der im Fachkonzept des Autors bzw. Technischen Redakteurs geforderten Audio- und Videosequenzen, Animationen, Bilder, Grafiken und anderer Medienbausteine zuständig.

- **Designer:** Der Designer ist unter Beachtung von Anforderungen der Softwareergonomie verantwortlich für eine leicht verständliche Benutzeroberfläche und eine logisch aufgebaute, über alle Angebote konsistente Bedienerführung.

- **Engineering-Verantwortlicher:** Das Engineering bildet die Schnittstelle zwischen Inhalt und Gestaltung. Dabei werden mit Hilfe von Methoden, Sprachen und Werkzeugen der Softwareentwicklung der Inhalt, zugeordnete Medien und Gestaltungsanforderungen in Einklang gebracht. Weiterhin ist dieser Bereich für die Dokumentation zu DV-Konzept und Implementierung zuständig.

- **Management:** Das Management hat die Aufgabe, die Gesamtstruktur der Inhalte zu planen und anzupassen, Richtlinien für Abläufe im Publishing-Prozeß zu definieren und notwendige Entscheidungen zur weiteren Ausgestaltung, zum Einsatz von Technologien und Werkzeugen sowie zur Festlegung des Investitionsbedarfs zu treffen.

- **Nutzer:** Als Nachfrager der Informationsangebote muß er Feedback zu den von ihm genutzten Inhalten geben, um damit Unterstützung bei der Fehlersuche und Anstöße zur Qualitätsverbesserung zu geben.

Insbesondere bei einfachen Content-Strukturen können einzelne Rollen zusammengefaßt werden oder wegfallen.

5.2.3 Realisierungsoptionen

Content Management beinhaltet ein umfassendes Konzept mit technischen, organisatorischen, rechtlichen und weiteren Dimensionen. Aus diesem Grund muß ein System zur Unterstützung des Content Management eine Reihe verschiedener Funktionen integriert bereitstellen, welche ursprünglich durch Einzelsysteme bereitgestellt wurden (vgl. Abbildung 41).

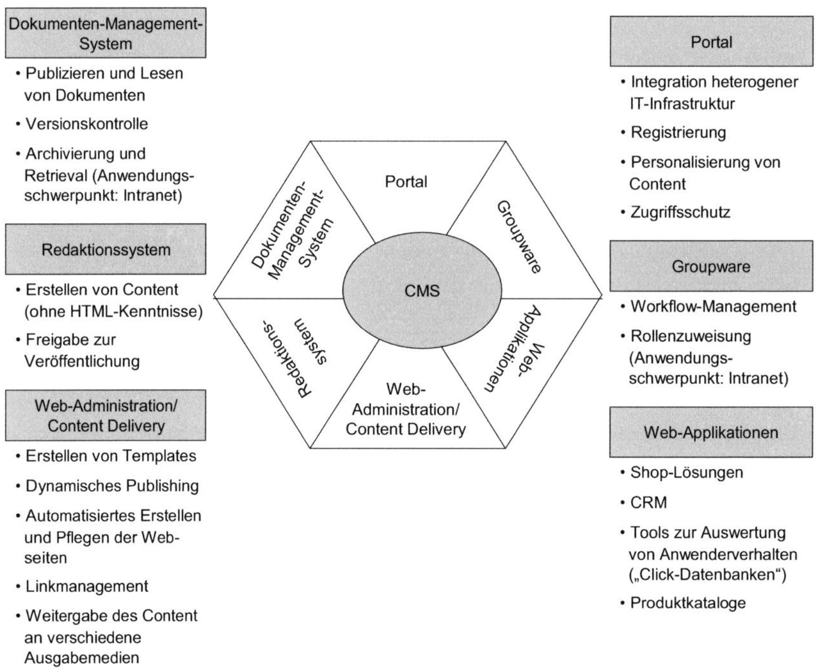

Abbildung 41: Funktionale Ansätze von Content-Management-Systemen [MILLEG u. a. 01, S. 38]

Die sehr unterschiedlichen Anforderungen an Daten-Repository, Workflow und Benutzerschnittstelle sowie eine Reihe weiterer Faktoren, wie Migration, Schulung, Wartung und Pflege etc., lassen eine Bewertung verfügbarer Systeme nur oberflächlich zu. Aus diesem

Grund ist eine Nutzwertanalyse das geeignete Werkzeug zur Auswahl eines Systems im konkreten Anwendungskontext des Unternehmens [KARAJANNIS u. a. 00].

Für die in Content-Management-Systemen notwendige Trennung von Inhalt, Struktur und Layout eignet sich idealerweise XML. Die Speicherung von XML-Dokumenten kann in CMS unter Zwischenschaltung eines Konverters in relationalen Datenbanken erfolgen. Wesentlich besser geeignet ist jedoch die Nutzung spezieller XML-Datenbanken, wie z. B. Apache Xindice, ipedo XML Database oder die Produkt-Reihe Tamino-Server der Software AG, welche verschiedene Kooperationen mit CMS-Herstellern (z. B. der Imperia AG) verfolgt. XML-Datenbanken können XML-Dokumente direkt ohne Konvertierung speichern und ermöglichen damit die direkte Anwendung von Sicherheitsmechanismen auf die Dokumente, eine effizientere Versionierung von Web-Inhalten auf Dokument- und Objektebene und die ad-hoc-Speicherung von Dokumenten mit noch nicht definierten Datenstrukturen [TUROWSKI 01, S. 157ff.; GIESEN 01; ZIEGLER 01; IPEDO 02; IMPERIA 02].

Aktuelle Marktübersichten zu CMS sind in [ROHSE u. a. 00; KARAJANNIS u. a. 00, S. 74f.; CM 01] enthalten.

Für KMU liegen die Preise professioneller CMS häufig außerhalb eines ökonomisch vertretbaren Rahmens. Auch ist der Aufwand für Installation und Pflege dieser Systeme sehr hoch. Mittelfristig ist jedoch mit schlankeren Lösungen zu rechnen. Zu erwarten sind Redaktionssysteme, die in einfachster Form unter 500 Euro kosten sollen [ROHSE u. a. 00].

Eine preiswerte Alternative zu teuer lizensierten CMS ist die Verwendung verfügbarer Open-Source-Software. In [KARAJANNIS u. a. 00] werden als Beispiele die folgenden geeigneten Systeme genannt, wobei die letzten drei Systeme eher Web-Publishing-Werkzeuge sind, die in unterschiedlichem Maß Funktionen von CMS bieten:

- **OpenCMS** (http://www.opencms.org) ist ein relativ junges Projekt mit Schwachstellen bei der Administration, der Geschwindigkeit und dem Bedienungskomfort, die aber zunehmend abgebaut werden. Zur Speicherung der Inhalte wird MySQL eingesetzt, weitere Datenbanken sollen später hinzukommen. Das System basiert auf Java-Servlets und arbeitet in jeder Umgebung, die diese unterstützt.

- **ArsDigita Community System** (ACS) (http://www.arsdigita.com) ist ein System, welches primär für die computergestützte Gruppenarbeit konzipiert ist, für welches aber ein Content-Management-Modul bereitgestellt wird.

- **Zope** (http://www.zope.org) ist ein Application-Server und Publishing-System mit vollständig objektorientiertem Ansatz.

- **Midgard** (http://www.midgard-project.org) ist ein Application-Server, basierend auf PHP und MySQL als Datenbank. Neben Content-Management-Funktionen bleiben auch alle Möglichkeiten zur PHP-Programmierung erhalten.

Die genannten Systeme erfordern keine Lizenzgebühren, der hohe Aufwand für Implementierung und Pflege existiert aber weiterhin. So werden für die Anpassung und Implementierung des CMS-Moduls von ArsDigita durch Mitarbeiter dieser Firma 60 bis 120 Tage und Kosten von 200.000 Euro veranschlagt. Bei OpenCMS wird versucht, die Komplexität von CMS-Systemen durch eine vorkonfigurierte Lösung nicht auf die Implementierung zu übertragen. Auf diese Art ist eine kostengünstige Einbindung mit allerdings nur begrenzter Anpassung an Unternehmensanforderungen realisierbar.

Zur Realisierung umfangreicher Anwendungen einschließlich der Unterstützung von Content Management eignen sich Zope und Midgard. Beide sind Application-Server und bieten umfangreiche über CMS hinausgehende Funktionalität und Möglichkeiten zur eigenen Anwendungsentwicklung. Der Einsatz dieser Systeme ist mit einem vergleichsweise hohen Aufwand bei der Implementierung verbunden.

5.2.4 Web-Content-Management in KMU

Da auch der Einsatz von Open-Source-Software für viele KMU wegen fehlendem Know-how, geringen Zeitressourcen oder einfach mangels Notwendigkeit infolge einer überschaubaren Informationsmenge nicht in Frage kommt, müssen in kleineren Intranets andere, einfachere Mechanismen zu Publizierung und Verwaltung von Inhalten etabliert werden.

Ein speziell für KMU geeigneter Weg ist die Bereitstellung einfacher Funktionen zur Verteilung von Inhalten über Standardwerkzeuge. Statt Web-Content-Management-Systeme und HTML-Editoren als aufwendig einzuführende Spezialsoftware zur Erstellung und Verwaltung von Inhalten bietet sich dabei der Einsatz von Endbenutzerwerkzeugen in Form moderner Office-Anwendungen an. Wichtige Eigenschaften dieser Produkte mit Relevanz zur Erstellung und Veröffentlichung von Inhalten im Intranet sind [ZILAHI-SZABO 98, S. 337f.]:

- eine selbständige Informationsverwaltung
- die Möglichkeit zur Erstellung, Veränderung, Archivierung und persönlichen Verwaltung von Dokumenten
- Kommunikationsmöglichkeiten mit anderen Anwendern

Alle großen Hersteller von Endbenutzerwerkzeugen bieten, ähnlich dem Trend in anderen Softwarekategorien, eine mehr oder weniger konsequente Unterstützung von Internettechnologien, wie HTTP, HTML, FTP oder URL-Verlinkung an [vgl. HIMMELEIN 00a, S. 216]. Zur Bewertung der Eignung von Endbenutzerwerkzeugen für die Unterstützung der Publizierung im Intranet werden in Tabelle 56 wichtige Anforderungen formuliert.

Anforderung	Beschreibung
HTML-Unterstützung	Dateien sollen bei Bedarf direkt im HTML-Format gespeichert werden
Hyperlinkbearbeitung und URL-Akzeptanz	Erstellung, Bearbeitung, Verfolgung und Löschen von Hyperlinks und Akzeptanz von URLs
Gemeinsame Dokumentennutzung und -bearbeitung	Markierungen, Kommentare, Web-Diskussionen, Versionsverwaltung, Konsolidierung, Bearbeitungsrechte, Dokumentensicherheit
Transparenter Zugriff	Zugriff über Browser auf beliebige Dokumente, Dateien, Dienste und Rechner; der physikalische Ort der Speicherung ist dabei unerheblich
Verfahren zum Datenaustausch	Offene Datenaustausch-Verfahren ermöglichen ein kooperatives Arbeiten in heterogenen Strukturen (Anwendungen, Datenformate u. a.) im Intranet
FTP-Unterstützung	FTP-Dateitransfer erleichtert die Zusammenarbeit mehrerer Personen an einem Objekt. Über FTP können alle Berechtigten Zugriff auf Software und gemeinsame Dokumente erhalten, die sie erst im Bedarfsfall heranziehen.
DB-Schnittstellen	Datenbanken sollen Standardschnittstellen zur Intranetnutzung bereitstellen

Tabelle 56: Anforderungen an EBW zur Unterstützung von Intranet-Publikationen [vgl. GENADIEVA 01, S. 52]

Werden diese Funktionen erfüllt, besteht die Möglichkeit, direkt aus den Office-Anwendungen Dokumente ins Intranet zu speichern oder aus diesem abzurufen. Die Nutzung von HTML-Editoren kann entfallen. Kommunikation mit anderen Mitarbeitern wird durch im Paket enthaltene Mail-Software und Spezialprogramme wie MS-Netmeeting ermöglicht und kann zur Abstimmung der Inhalte und für die Realisierung von Freigabemechanismen dienen. Diese Eigenschaften lassen den Einsatz von Office-Paketen als ideale Lösung für das Web-Publishing in Intranets mit überschaubaren Informationsstrukturen speziell in KMU erscheinen.

Allerdings existieren eine Reihe von Problemen und Hindernissen auf diesem Weg. So erlaubt das verbreitete MS-Office keine Versionsverwaltung von Dokumenten und keine Steuerung von Workflows. Eine unzureichende Rechteverwaltung und nicht internetkonforme Komponenten (z. B. das Kommunikationsforum in Word 2000) sind weitere Schwachstellen bezüglich eines Einsatzes im Intranet [SOMMERGUT 99]. Die von MS-Office konvertierten Webdokumente sind bis zu zehnmal so groß wie ein normales HTML-Dokument bei Übereinstimmung von Inhalt und Darstellung. Zur Umsetzung komplexer Formatierungen bedienen sich MS-Office-Anwendungen fortgeschrittener Webtechniken wie Cascading Style Sheets (CSS), Java-Script und XML-Tags, was zur Folge hat, daß diese nur über den MS-Internet-Explorer dargestellt werden können [HIMMELEIN 00b].

Ein Teil der genannten Probleme relativiert sich wieder, wenn der Einsatz dieser Systeme ausschließlich im Intranet erfolgt, da dort eine hohe Bandbreite und die zwingende Benutzung eines bestimmten Browsers sichergestellt werden kann.

Die Einschränkungen hinsichtlich der Intranettauglichkeit von Microsoft-Produkten und anderen Office-Paketen ähneln sich [vgl. GENADIEVA 01, S. 54ff.]. Speziell die HTML-Konformität stellt bei den verbreiteten Produkten ein Problem dar, wie Tabelle 57 verdeutlicht.

Produkt	Office 2000 SR-1	SmartSuite 9.5	StarOffice 5.2
Komplexe Dokumentstruktur			
Überschriftentypen / Fußnoten	+ / +	+ / + (als Endnoten)	+ / + (als Endnoten)
Export eingebundener Grafik			
GIF / JPEG / PNG	+ / + / +	+ / + / +	+ / + / -
Automatische Formatauswahl	+	-	-
Ändert Dateinamen bei Export	+	+	+
Bildausrichtung	+	+	+ (nicht zentriert)
Textformatierung/Sonderzeichen			
Fett / Kursiv / Unterstrichen	+ / + / +	+ / + / +	+ / + / +
Versalien / Kapitälchen	+ / -	- / -	- / -
Textfarbe / Hintergrundfarbe	+ / +	+ / -	+ / +
Alle Ausrichtungen	+	+	+
Mehrspaltentext	-	+ (parallele Spalten)	-
Schrifttypen definieren	+	+	+
Hyperlinks intern / extern / CSS	+ / - /+	+ / + /+ (einstellbar)	+ / + /+ (einstellbar)
Gedankenstriche	+ (als Unicode)	+ (als ASCII-Code)	+ (als ASCII-Code)
Umlaute / Akzente / Formeln	+ / + / GIF	+ / + / JPEG	+ / + / GIF
Tabellen			
Mehrere Arbeitsblätter	+ (per DHTML)	+	+ (untereinander)
Verknüpfte Tabellen / Hyperlinks	GIF / +	JPEG / +	GIF / +
Homepage-Funktionen			
CSS-Positionierung	+	-	+
Hintergrund-Bitmaps	+	+	+
Dynamische Seitenbreite	+	+	+
Webseiten laden / mit Frames	+ / +	+ (zerreißt Layout) / -	+ / +
Bewertung			
Layout-Treue	Gut	Zufriedenstellend	Zufriedenstellend
Flexibilität	Schlecht	Gut	Gut
HTML-Qualität	Schlecht	Schlecht	Schlecht

+ vorhanden, - nicht vorhanden

Tabelle 57: HTML-Export mit Office-Paketen [vgl. HIMMELEIN 00a].

Zusammenfassend kann festgestellt werden, daß ein eingeschränktes Content Management in Intranets auch ohne HTML-Editoren und (W)CMS realisierbar ist. Allerdings müssen in diesem Fall einige Abstriche, speziell auf den Gebieten Qualität (Layoutfehler, tote Links...), Versionsverwaltung, Sicherheit, Design (Medienintegration) und Benutzerfreundlichkeit (Navigation, Suche), gemacht werden. Nicht unterstützt werden beim Content Management durch Office-Pakete die Trennung von Inhalt und Layout, Möglichkeiten zur Personalisierung der Inhalte, der flexible Einsatz von Fremdformaten, die Archivierung, der Einsatz von Workflows und ein über dokumentenbezogene Kennwörter hinausgehender Zugriffsschutz.

5.3 Employee-Self-Service als innovative Intranetanwendung

5.3.1 Begriff und theoretische Einordnung

Beim Begriff Employee-Self-Service (ESS) handelt es sich um ein klassisches Beispiel eines marktgetriebenen Konzeptes, welches in der Wissenschaft bisher kaum beachtet wurde. Nur wenige Veröffentlichungen und dann meist durch Autoren mit hohem Praxisbezug widmeten sich diesem innovativen Thema. Durch diese Situation bildete sich schnell ein weiterer Begriff mit schwer nachvollziehbarer Abgrenzung zwischen Modewort und Fachbegriff (vgl. Kapitel 2.3.1).

Eine der wenigen veröffentlichten Definitionen beschreibt den Employee-Self-Service als „...Optimierung betriebswirtschaftlicher und organisatorischer Prozesse im (Personal-) Verwaltungsbereich..." bei denen „...Mitarbeitern Funktionen, Tätigkeiten und Dienste (Self-Services)" übertragen werden, welche zuvor von den entsprechenden Personalabteilungen ausgeführt wurden [FRÖHLICH 98, S. 20].

In [MÜLDER 00, S. 104f.] werden zum Employee-Self-Service auch über statische Webseiten verbreitete allgemeine Informationen der Personalabteilung gezählt. Allerdings rechtfertigt der einfache Wechsel des Mediums nicht den Begriff Employee-Self-Service für Inhalte, wie Firmenportraits, Reiserichtlinien oder Arbeitgeber-Leistungen. ESS muß, soll er als Fachbegriff Bestand haben, eine Innovation beinhalten. Zu einer personenbezogenen Dienstleistung werden Informationen erst durch eine Individualisierung, die damit zur notwendigen Voraussetzung für ESS wird.

Auch eine Beschränkung auf den Bereich der Personalwirtschaft ist nicht notwendig [vgl. PASK 00]. Mitarbeiter nehmen zwar häufig Dienstleistungen der Personalabteilung in Anspruch, welche sich für einige Aufgaben gut über das Intranet als „Self-Service" realisieren lassen. Ähnliche Strukturen existieren aber ebenso zu anderen Dienstleistungsbereichen des Unternehmens für Mitarbeiter, wie dem DV-Benutzersupport oder dem Einkauf.

ESS kann aus wissenschaftlicher Sicht wie folgt definiert werden:

Employee-Self-Service beinhaltet ein integriertes Technologiekonzept, welches durch den dezentralen, kontrollierten Zugriff auf zentralisiert verantwortete, informationsbasierte Bearbeitungsprozesse für Unterstützungsfunktionen (Service-Funktionen) eine partielle Verlagerung vom Service-Anbieter (Unternehmensabteilung) hin zum internen Kunden (Mitarbeiter) erreicht. Diese ehemals aus Gründen der Spezialisierung und Kompetenzabgrenzung zentralisiert abgewickelten Prozesse mit direktem Nutzer-Bezug werden hierbei in Teilschritten vom Nutzer als Initiator und Träger der höchsten Kompetenz selbst realisiert.

Das Intranet bildet für diese Verlagerung die technologische Basis. Die besondere Eignung zur Realisierung von ESS beruht vor allem auf den leistungsfähigen Technologien für den Datenaustausch und zur Anwendungsintegration sowie auf der anwenderfreundlichen intuitiv bedienbaren Benutzeroberfläche.

ESS hat durch die Veränderung von Geschäftsprozeßabläufen Überschneidungen mit dem Themenbereich des Workflow-Management. Wie Tabelle 58 verdeutlicht, steht bei ESS nicht die Förderung des Arbeitsflusses, sondern die Minderung von Effizienzverlusten durch Abstimmungs- und Koordinationsprozesse im Vordergrund [KÜNTSCHER 00, S. 17]. Die ESS-Unterstützung bezieht sich dabei immer auf einzelne Schritte und nicht auf den Gesamtprozeß (z. B. der Bestellerfassung und nicht die gesamte Beschaffung).

	Employee-Self-Service	Workflow-Management
Ähnlichkeiten	• Beides sind Technologiekonzepte und sollen zur Verbesserung von Geschäftsprozessen beitragen (Beschleunigung, Qualitätssteigerung) • ESS kann in WFMS integriert werden, da es selbst einen Abschnitt eines Workflows darstellt	
Unterschiede	• Hauptziele sind Effizienzsteigerungen, die Verbesserung der Prozeßqualität und die Stärkung der Eigenverantwortung der Mitarbeiter • Es werden nur Teilschritte eines Prozesses unterstützt • Auf Mitarbeiter ausgerichtet • System stellt Anwendungsfunktionen bereit	• Hauptziele sind die Beschleunigung und Überwachung der Prozesse • Der gesamte Prozeß wird abgebildet • Ausrichtung auf alle am Prozeß Beteiligten (Lieferanten, Kunden, Partner etc.) • System selbst muß keine Anwendungsfunktionen außer zur Steuerung des Workflows zur Verfügung stellen

Tabelle 58: Vergleich der Begriffe ESS und Workflow-Management

ESS kann aufgrund der Verlagerung einzelner Prozeßschritte von verantwortlichen Abteilungen zu den auslösenden Mitarbeitern auch als technologischer Service-Kanal gesehen werden, welcher als Alternative zu den etablierten Kanälen im Unternehmen, wie Hauspost, persönlicher Kontakt oder Call-Center zur Verfügung steht. Zentralbereiche des Unternehmens wie das Personalwesen, die Vertragsabteilung, die Beschaffung oder die DV-Administration erbringen Dienstleistungen (Services) für alle nachfragenden Abteilungen über entsprechende Service-Kanäle.

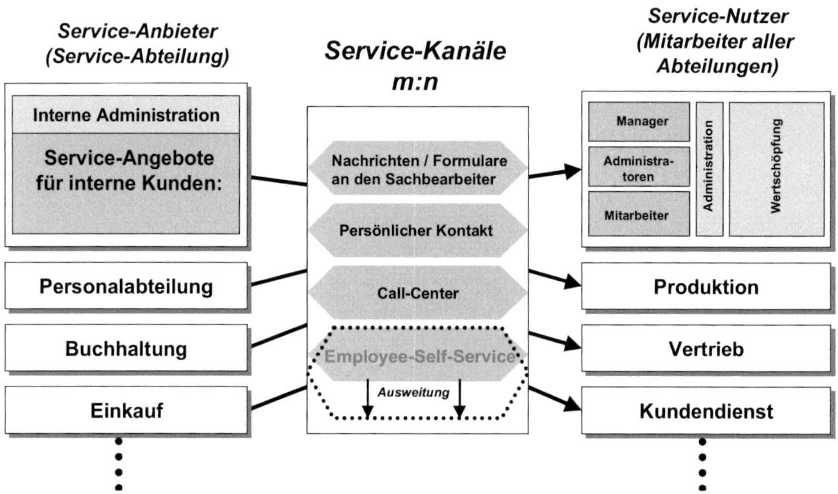

Abbildung 42: ESS als alternativer Service-Kanal [nach MORCZINEK 01, S. 56]

Abbildung 42 beschreibt diese Services als m:n-Beziehung zwischen den Service-Bereichen der einzelnen Abteilungen als Anbieter und den Mitarbeitern aller Unternehmensbereiche als Nachfrager. ESS bildet dabei den einzigen Service-Kanal, der keine persönliche Beteiligung eines Mitarbeiters der Service-Abteilung erfordert.

5.3.2 Potentiale durch den Einsatz von ESS

Potentiale durch ESS sind durch eine höhere Akzeptanz der Möglichkeit zur direkten Beeinflussung und Beschleunigung von Vorgängen, die Verhinderung von Medienbrüchen und weniger Rückfragen und Fehlern bei der Eingabe von Daten durch die höhere fallbezogene Kompetenz des betroffenen/auslösenden und gleichzeitig erfassenden Mitarbeiters zu erwarten.

ESS wird auf Arbeitnehmerseite nicht nur positiv gesehen, da durch Einführung von ESS-Anwendungen den Angestellten neue Aufgaben zugewiesen und entsprechende Gegenleistungen gefordert werden, wie eine Zusatzvergütung nach Anzahl der Aktionen [vgl. MÜLDER 01].

Tabelle 59 stellt Aufwand und Nutzen der ESS-Orientierung von Prozessen gegenüber.

Aufwand		Nutzen	
Anschaffungskosten	**Betriebskosten**	**Wertsteigerung**	**Einsparungen**
• Auswahl und Anpassung relevanter Prozesse • evtl. Aufbau von Kontrollmechanismen • Anschaffung der Software bzw. Kosten der Eigenentwicklung • Schulung der Mitarbeiter	• Pflege/Anpassung bei Prozeßänderungen • Lizenz- bzw. Leasingkosten • Ausgleichsforderungen der Mitarbeiter	• Anwenderzufriedenheit • Verfügbarkeit • Reaktionszeit • Transparenz • Prozeßbeschleunigung • Beitrag für die allgemeine Unternehmensinfrastruktur und Wettbewerbsfähigkeit • Technologische Attraktivität • Beherrschung webbasierter Prozesse und Optimierung, Flexibilitätssteigerung	• Personalkosten • Indirekte Einsparungen durch elektronische Lösung: Papier, Druck, Transport, Archivierung, Vereinfachung der Bearbeitung

Tabelle 59: Aufwand und Nutzen ESS-gestützter Prozesse [vgl. MORCZINEK 01, S. 61]

Trotz der vielfältigen Vorteile und Potentiale von ESS muß angemerkt werden, daß sich der notwendige Aufwand, speziell für Erstellung/Kauf und Anpassung der Software, nur bei häufiger Wiederholung der betroffenen Prozesse trägt.

5.3.3 ESS-geeignete Anwendungsbereiche

Zur Identifikation der für ESS geeigneten Geschäftsprozesse können folgende Kriterien herangezogen werden [vgl. MORCZINEK 01, S. 66]:

- Wiederholungscharakter, Regelmäßigkeit (Häufigkeit des Auftretens)
- nur einmaliger Lernaufwand bei implementierter IT-Lösung (keine ständige Anpassung der Lösung erforderlich)
- Prozeßverbundenheit: Prozeßergebnis ist im Interesse des Auslösenden und liegt vorzugsweise in dessen Aufgaben-/Verantwortungsbereich
- Verfügbarkeit einer Technologie zur Abwicklung (IT-Infrastruktur, Nutzungs-Know-how)
- Qualifikation und Akzeptanz beim Mitarbeiter: Fähigkeit, vorher arbeitsteilig ausgeführte Aufgaben selbst durchzuführen (der zwangsweise Einsatz von ESS darf zu keiner erheblichen Ablenkung/Überlastung bei der Haupttätigkeit führen)
- Flexibilität der Organisation: Fähigkeit zur Bewältigung der organisatorischen Veränderungen und Gestaltung der Regelungen
- sinnvolles Kosten/Nutzen-Verhältnis

In Tabelle 60 werden zweckmäßige ESS-Anwendungen der Servicebereiche in Unternehmen beispielhaft genannt. Dabei handelt es sich nur dann um echte ESS-Anwendungen, wenn kein direkter Eingriff durch Mitarbeiter der Serviceabteilungen innerhalb des Prozeßschrittes notwendig ist. Eine Abwicklung über E-Mail würde diese Bedingung nicht erfüllen.

Hauptabteilung	Servicebereich	ESS-Anwendungen
Allgemeine Verwaltung	**Gebäude-/ Ressourcenverwaltung**	• Reservierungen von Räumen, Kfz, Medientechnik usw. • Fehler- und Mängelanzeigen (Fremdverantwortung)
	Sicherheitsdienst	• Routinemeldungen, Verlustmeldungen (Schlüssel, Karten) • Absicherung von Räumen oder Transporten (Antrag) • Anforderung von Wachpersonal • Beantragung von Ausweisen und Zugangsberechtigungen
	Wartung/ Hausmeisterservice	• Erfassung von Reparaturaufträgen • Mängelanzeigen (Eigenverantwortung)
Controlling	**Erfassung/ Pflege**	• Kostenstellen erfassen/pflegen, Auswertungen anzeigen
Datenverarbeitung	**Benutzerservice**	• Beantragung von Logins, Ressourcen und Beratungen • Problemmeldungen, Anmeldung zur Weiterbildung • Bestellungen von Hard- und Software, Installationsanfragen
Forschung/ Entwicklung	**Vorschlagswesen**	• Erfassung von Verbesserungsvorschlägen, Feedback und Ideen zu Produkten
Materialwirtschaft	**Beschaffung**	• Bestellungen und Reklamationen
	Lager/ Werkzeugausgabe	• Reservierung von Lagerflächen (spezielle Anforderungen) • Reservierung von Werkzeugen und Materialien
Organisation	**Büroservice**	• Beantragung von Sekretariatsdiensten und Übersetzungen
	Soziale Dienste	• Reservierungen von Veranstaltungskarten/ Mittagessen/ Sportanlagen • Fabrikverkauf (Bestellungen)
Personal	**Personalbetreuung**	• Bescheinigungswesen, Änderungsmeldungen • Erfassung von Beschwerden (anonym), Vorschläge • Versetzungs- und Weiterbildungswünsche bzw. -anträge • Pflege eigener Daten, Qualifikations- und Interessenprofil • Reisekostenabrechnung, Zeiterfassung, Urlaubsanträge • Firmendarlehen (Antrag), Mitarbeiteroptionen auf Aktien • Persönliche Lohn- und Gehaltsauswertungen
Produktionsplanung	**Mitarbeiter-Disposition**	• Anmeldung zu Sonderschichten oder Spezialaufträgen
Qualitätsmanagement	**Erfassung/ Pflege**	• Lieferantenbewertung (Meldungen) • Erfassung von Qualitätsdaten
Unternehmensführung	**Unternehmensinformationen/ PR**	• Abstimmungen, Umfragen, Berichtserfassung • Erfassung von Hinweisen zu Intranet- und Internetinhalten
	Rechtsabteilung	• Rechtsberatung, Klärung zur Vertragsgestaltung
Vertrieb	**Marketing**	• Anträge zur Erstellung und Schaltung von Werbung • Einbringung neuer Ideen zu Produkten und Kampagnen

Tabelle 60: ESS-Anwendungen

Die Struktur der Servicebereiche und deren Zuordnung zu den Hauptabteilungen des Unternehmens kann variieren. Der Einsatz von ESS-Anwendungen ist in nahezu allen Servicebereichen möglich. Aus der Tabelle ist ersichtlich, daß die umfangreichsten und vielfältigsten ESS-Anwendungen durch den direkten Mitarbeiterbezug im Personalbereich zu finden sind. Dennoch zeigt sich, daß der Employee-Self-Service nicht auf diese Abteilung beschränkt ist, sondern alle internen Services einschließen kann. Durch die Ähnlichkeit einiger Anwendungstypen (DV-gestützte Beantragung, Reservierung, Meldung oder Bestellauswahl) können Einsparungen und Synergien bei mehreren Realisierungen entstehen.

5.3.4 Realisierungsoptionen

Zur Bereitstellung von ESS-Anwendungen im Intranet bieten sich folgende drei Realisierungsformen an (vgl. Abbildung 43):

- Kauf der entsprechenden ESS-Komponenten beim Anbieter der im Unternehmen eingesetzten Anwendungssysteme im Servicebereich (z. B. ERP-System), soweit diese angeboten werden

- Erweiterung des im Servicebereich eingesetzten Anwendungssystems durch Eigenentwicklung (Dazu muß dieses eine Internet-/Intranet-fähige Entwicklungsumgebung bereitstellen und den schreibenden Zugriff auf die Datenbasis zulassen.)

- Individualprogrammierung mit Zugriff auf das im Servicebereich eingesetzten Anwendungssystem oder auf die entsprechende Datenbank

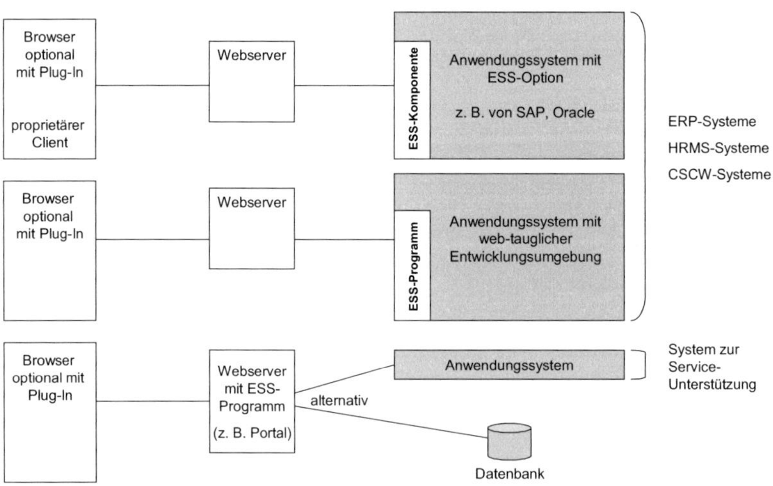

Abbildung 43: Realisierungsoptionen von ESS-Anwendungen

Als Anbieter von Fertiglösungen treten vor allem traditionelle ERP-, HRMS-, CSCW- und Add-On-Anbieter mit ihren Produkten SAP ESS, Oracle HRDA, Peoplesoft HRMS, JD Edwards HRMS, Workscape HRSS, MS GreatPlains Solomon, CA iiJasmine, Geac HRMS, Baan iBaan, Deltek PMS und Lotus Domino auf [MORCZINEK 01, S. 69].

ESS-Anwendungen eignen sich sehr für eine Integration in eine Portallösung, da in dieser entsprechende Komponenten der Oberflächengenerierung, Bereitstellung von Zugriffsrechten, Middleware und Datenbankintegration eingebunden werden können.

Fazit

Beim Employee-Self-Service handelt es sich um ein innovatives Technologie-Konzept, welches sich bisher vor allem marktgetrieben über große ERP-Anbieter verbreitet hat. Eine eigenständige Realisierung im Intranet ist vor allem wegen der zunehmend zur Verfügung stehenden Technologien (Middleware, Transport, Darstellung) und der vielfältigen Anwendungsbereiche auch außerhalb der Personalwirtschaft technisch relativ leicht realisierbar. Eine Implementierung in kleinere Anwendungssysteme zur Unterstützung der Service-Bereiche würde die Attraktivität der Produkte auf dem Markt wesentlich erhöhen.

Die wichtigsten Eigenschaften dieses Konzeptes können folgendermaßen zusammengefaßt werden:

- ESS kann helfen, Durchlaufzeiten bei internen Service-Prozessen wesentlich zu verkürzen und Kostensenkungen, Qualitätsverbesserungen, Akzeptanz- und Transparenzsteigerungen zu erzielen.

- ESS-Anwendungen werden vor allem bei einer Integration bzw. Anbindung an die für die Servicebereiche relevanten Anwendungssysteme attraktiv. Dazu existieren unterschiedliche Realisierungsoptionen.

- Zur Realisierung von ESS-Lösungen müssen eine Reihe von organisationsspezifischen Voraussetzungen, wie eine hohe Aufgabendifferenzierung und eine hohe Wiederholungsrate, erfüllt sein. Diese Voraussetzungen und die bei großen ERP-Systemen vorhandene

Option lassen ESS-Anwendungen derzeit vor allem für große und mittelständische Unternehmen attraktiv erscheinen.

ESS-Anwendungen eignen sich für periodische oder unregelmäßig wiederkehrende Prozesse, die eine Unterstützung zur Verarbeitung von zumindest teilstrukturierten Informationen erfordern (vgl. Abbildung 44).

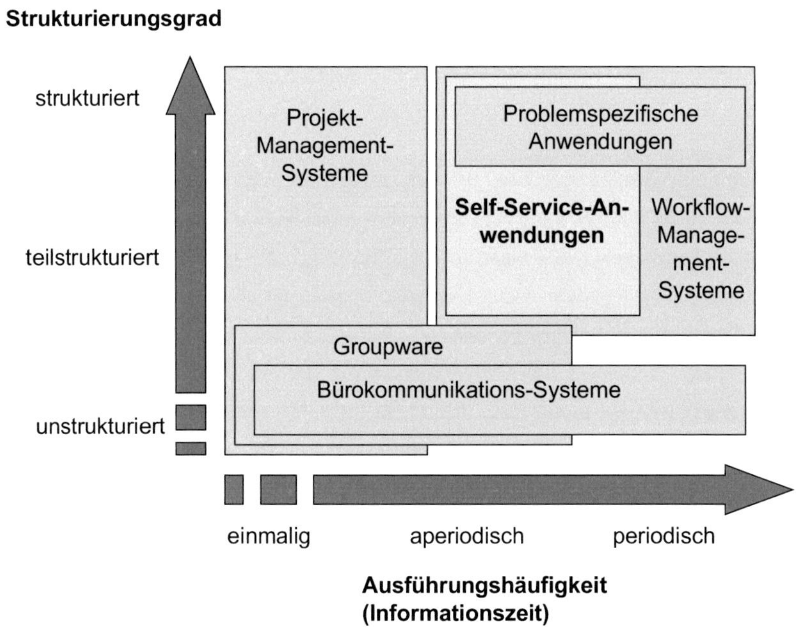

Abbildung 44: Einordnung von ESS-Anwendungen nach Strukturierungsgrad und Ausführungshäufigkeit [nach MORCZINEK 01, S. 81]

Werden ESS-Anwendungen als Option bereits eingesetzter Anwendungssysteme angeboten, lohnt der Einsatz auch in kleinen und mittleren Unternehmen, da die einmaligen und laufenden Kosten relativ niedrig sind und keine unwägbaren Risiken entstehen. Die Eigenentwicklung als Intranet-Anwendungskomponente lohnt sich dagegen für KMU nur bei Wiederholungshäufigkeit und leicht realisierbarer Funktionalität.

6 Strategische Aspekte der Gestaltung von Intranets

6.1 Ausbaustufenkonzept und Vorgehensmodell

6.1.1 Ausbaustufenkonzept

Ein besonderer Vorteil bei der Installation eines Intranets liegt in seiner Skalierbarkeit und der insbesondere für KMU interessanten Option, mit geringem technischen, organisatorischen und finanziellen Aufwand die Intranetnutzung auf einfachem Niveau zu beginnen, ohne sich damit den weiteren Ausbau zu blockieren bzw. erheblich zu verteuern.

Intranets können nicht ausschließlich aus unternehmensinterner Sicht betrachtet werden. Sie stellen zumindest in einer höheren Ausbaustufe auch eine Schnittstelle zur unternehmensübergreifenden Nutzung im Rahmen eines integrierten Gesamtkonzeptes dar. Aus diesem Grund muß ein entsprechendes Ausbaustufenkonzept den Einsatz bzw. die Integration von Internet und Extranet berücksichtigen. Die Flexibilität von Intranets läßt weiterhin sehr unterschiedliche Vorgehensweisen beim Ausbau zu, so daß es nicht möglich ist, allgemeingültige Ausbaustufen zu definieren, die zwingend aufeinander aufbauen.

Abbildung 45 beschreibt ein mögliches Ausbaustufenkonzept eines auf Internettechnologien basierenden Unternehmensnetzes, welches alternative Wege zur Einbindung von externen Partnern über Extranetoptionen berücksichtigt.

Eine mehr anhand der technischen Funktionalität orientierte und nur auf den Dienst WWW bezogene Sicht wird in [ORFALI u. a. 97] dargestellt (vgl. Abbildung 46).

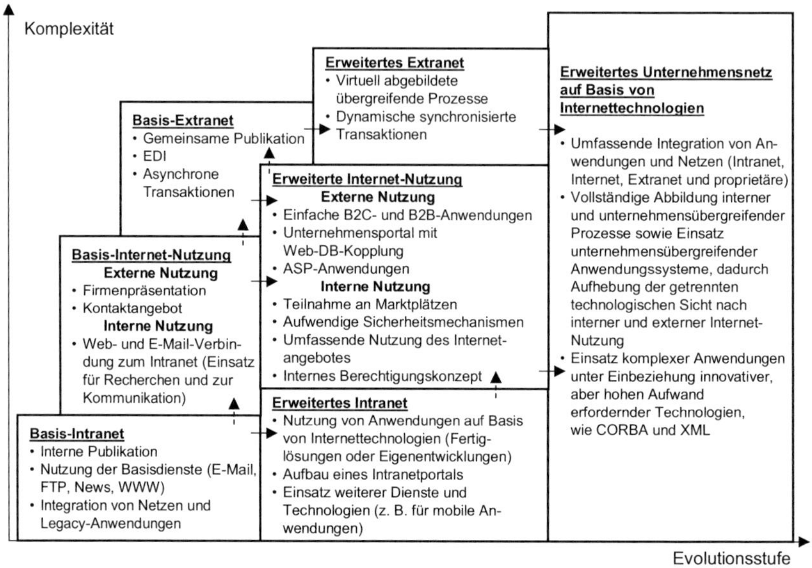

Abbildung 45: Mögliche Ausbaustufen eines auf Internettechnologien basierenden Unternehmensnetzes [in Anlehnung an LIEßMANN u. a. 99; ALTMANN 99, S. 9]

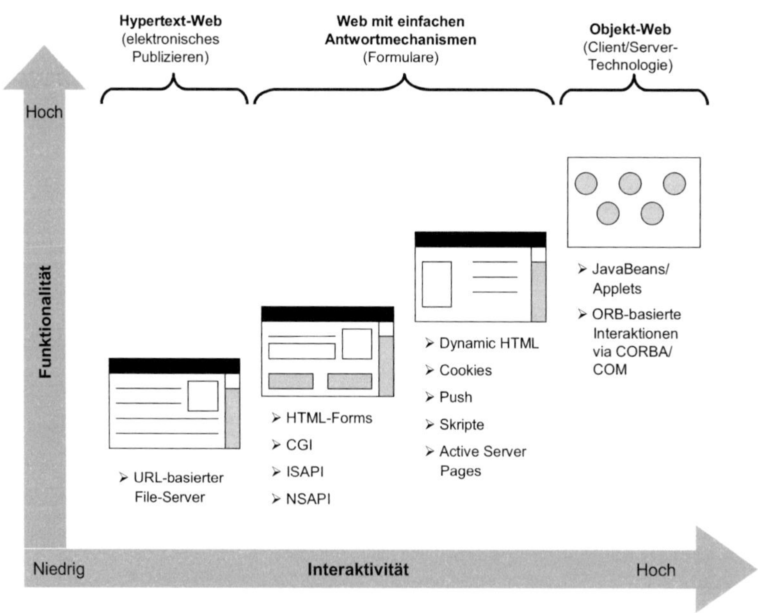

Abbildung 46: Web-Ausbaustufen aus technischer Sicht [ORFALI u. a. 97]

In Abbildung 46 werden die Ausbaustufen in Form zusätzlicher Funktionalität und Interaktivität durch Einsatz weiterer technischer Bausteine erreicht. Die in den höheren Stufen eingesetzten Technologien implizieren jeweils einen steigenden Erstellungs- und Wartungsaufwand, ihre Nutzung erfordert zusätzliche Kenntnisse bei den verantwortlichen Mitarbeitern. Sie beinhalten eine steigende Fehlergefahr durch die höhere Komplexität.

Die Sichtweise nach Orfali ist nicht unabhängig von der zuvor dargestellten Anwendungs- und Integrationssicht. Es ist vielmehr eine Parallelität zu beobachten, da die unteren Stufen des ersten Modells wegen des geringeren technischen Aufwands auch weniger Funktionalität und Interaktivität ermöglichen.

Höhere Ausbaustufen bedingen auch eine Erhöhung der finanziellen und personellen Ressourcen. Diese meist erheblichen Aufwandssteigerungen machen die Wahl der Ausbaustufe auch wegen der damit verbundenen Notwendigkeit der Neugestaltung von Geschäftsprozessen speziell für KMU zu einer strategisch wichtigen Entscheidung.

Nachfolgend wird in Anlehnung an [STRÄUBIG 00, S. 137ff.; KYAS 97a, S. 80ff.; KAUFFELS 00, 436ff.; ZSCHUCKELT 00, S. 55ff.] und den zu Beginn dargestellten Modellen ein weitgehend allgemeingültiges Ausbaustufenmodell entwickelt.

Erste Stufe: Bereitstellung von Grundfunktionen

In der ersten Ausbaustufe existieren ein TCP/IP-fähiges Netzwerk, entsprechende internetfähige Clients mit installierter Browsersoftware und E-Mail-Clients. Ziel dieser Stufe ist die Bereitstellung der Basisdienste WWW und E-Mail. Dieses Szenario kann zur Publikation von Informationen, die von Mitarbeitern häufig genutzt werden und die leicht in Hypertext-Formate konvertierbar sind, sowie zur Mitarbeiterkommunikation dienen.

Dazu ist es nicht zwingend notwendig, einen WWW-Server zu installieren oder alle Dokumente ins HTML-Format zu konvertieren. Die Nutzung der Dokumente über das Dateisystem der Firma und die Darstellung anderer Dokumentenformate wird von Webbrowsern direkt oder über Plug-Ins unterstützt (vgl. Abschnitt 4.3).

Diese Option ermöglicht es auch kleinsten Unternehmen, ohne spezielles Know-how und mit sehr geringem Aufwand Informationen intern bereitzustellen und über die Verlinkung mit einer einfachen HTML-Seite zu strukturieren.

Die beschriebene erste Ausbaustufe ist in den zu Beginn vorgestellten Modellen als Basis-Intranet bzw. Hypertext-Web einzuordnen.

Zweite Stufe: Netz-, Anwendungs- und Datenbankintegration

In einer zweiten Ausbaustufe sind die notwendigen Dienste auf dedizierten Servern installiert und stehen für die im Unternehmen eingesetzten Anwendungen (siehe Kapitel 4) zur Verfügung. Neben dem grundsätzlich erforderlichen Einsatz eines Mail-, Web- und FTP-Servers lohnt sich, je nach Informationsumfang und Aktualisierungsbedarf für die Verwaltung dieser Dokumente, der Einsatz spezieller Dokumentenmanagement- oder Content-Management-Systeme.

In vielen Fällen bietet sich auch der Einsatz von Datenbanken an, um die Web-Inhalte dynamisch zu verwalten und zu präsentieren. Eine Erstellung statischer HTML-Dokumente ist nur bei sehr langfristig gültigen Informationen rentabel.

Neben dem Einsatz eines E-Mail-Systems ist die Einrichtung eines News-Servers zu erwägen, auf dem entsprechende Diskussionsforen, zum Beispiel für

- Projektgruppen,
- Abteilungen oder
- neue Produkte

realisiert sind. Gegenüber E-Mail hat dies den Vorteil, daß sich Mitarbeiter nur bei Bedarf an der Diskussion zu den von ihnen ausgewählten Themen beteiligen und nicht permanent mit für sie irrelevanten Informationen überhäuft werden.

Die zweite Stufe besitzt Integrationsbeziehungen nach außen (Internet, Extranet) und nach innen (Anwendungs- und Datenbankanbindung), was in den beiden zu Beginn vorgestellten Modellen in der jeweils zweiten Stufe (beim ersten Modell Basis-Internet und optional mit

Basis-Extranet) abgebildet wird.

Auch diese Ausbaustufe empfiehlt sich für viele kleine und mittelständische Unternehmen, zumal das externe Engagement im Internet über einfache Dienste und Anwendungen (wie E-Mail und passiven Web-Angebote) in Zeiten des E-Commerce auch für kleinere Unternehmen bedeutende Chancen eröffnet.

Dritte Stufe: Optimierung und Team-Anwendungen

In der dritten Stufe existieren aufwendige Webseiten mit hohem Interaktionsgrad und einfache Eigenentwicklungen auf Basis von Internettechnologien. Spezielle Technologien von Drittanbietern für Voice over IP (VoIP), Videoconferencing oder spezielle Intranet-Software und Anwendungen des Employee-Self-Service oder zur Data-Warehouse-Nutzung werden bedarfsabhängig eingesetzt. Die Integration von anderen Anwendungen, wie ERP-Systemen, wird teilweise bis zur semantischen Ebene realisiert.

Interne Unternehmensportale bilden die universelle personalisierbare Benutzerschnittstelle zum transparenten Zugriff auf alle Ressourcen.

Diese Stufe ist durch den verstärkten Einsatz von innovativen Technologien geprägt, die jedoch ein hohes Know-how und einen hohen Aufwand erfordern. Aus diesem Grund ist der Einsatz in KMU nicht in jedem Fall ökonomisch sinnvoll. Lediglich einzelne Fertiglösungen ohne kostenintensive Administration, wie z. B. die Telefon-Anbindung einer neuen Außenstelle der Firma über VoIP in Verbindung mit der ohnehin notwendigen Datenanbindung, können wie konkrete Beispiele zeigen auch für kleinere Unternehmen eine kostengünstige Lösung darstellen [vgl. SCHOBLICK 01].

Die dritte Ausbaustufe entspricht im ersten Modell den erweiterten Stufen von Intranet, Internet und Extranet und im zweiten Modell der dritten Stufe.

Vierte Stufe: Vernetzte Applikationen

In der vierten Ausbaustufe existieren Neuentwicklungen verteilter Anwendungen, die vollständig auf offenen Technologien, wie XML, Java oder CORBA, basieren. Diese Stufe ermöglicht die Integration von Geschäftsprozessen und die Einbeziehung geschäftskritischer Anwendungen in das Intranet. Verbindungen zu anderen Systemen werden über Intranet, Internet und Extranet automatisiert und auf semantischer Ebene realisiert.

Diese Stufe wird in den Modellen als erweitertes Unternehmensnetz bzw. Object-Web dargestellt.

Aufgrund der schwer abzuschätzenden Kosten und der bei großen Softwareprojekten bekannten Risiken bezüglich Zeit, Qualität, Wartung etc. sind diese Anwendungen in der Regel für KMU nur über einen Verbund oder über externe Partner mit Kostenbegrenzung sinnvoll zu realisieren.

Zusammenfassend kann festgestellt werden, daß der Ausbau eines Intranets nicht unabhängig von den Anwendungsfeldern des Internets und Extranets betrachtet werden darf, da ein wichtiger Teil der Ziele, wie die Integration zu Anwendungen im Internet (z. B. Web-Shops) und die unternehmensübergreifende DV-gestützte Zusammenarbeit, nur bei ganzheitlicher Betrachtung der verschiedenen Nutzungsformen erreicht werden kann. Jedes Unternehmen muß sich positionieren, welche Ausbaustufe zur Unterstützung interner und externer Prozesse das beste Aufwand/Nutzen-Verhältnis bietet und langfristig den Unternehmenserfolg sichern kann.

6.1.2 Vorgehensmodell

Der Aufbau eines unternehmensweiten Intranets bedeutet den Wechsel zu einer neuen IuK-Architektur. Dabei werden nicht nur technologische, sondern auch strategische, organisatorische und betriebswirtschaftliche Dimensionen berührt.

In Abbildung 47 wird ein mögliches Vorgehensmodell zum evolutionären Ausbau einer auf Internettechnologien aufgebauten IuK-Architektur in einem Gantt-Diagramm dargestellt.

Dieses lehnt sich an die zu Beginn des Kapitels dargestellten Ausbaustufen an und ordnet die Vorgehensschritte in die o. g. Dimensionen ein.

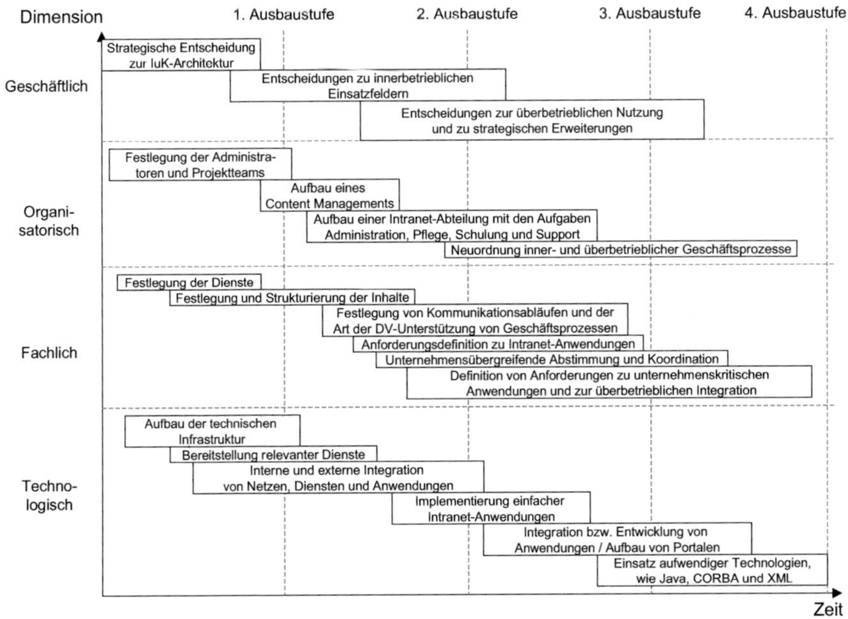

Abbildung 47: Vorgehensmodell zum Aufbau eines auf Internettechnologien basierenden Unternehmensnetzwerkes

Die Einordnung in Abbildung 47 erfolgt nach der für den betreffenden Schritt wichtigsten Entscheidungsdimension. So tangiert das Content Management neben der organisatorischen auch fachliche und technologische Dimensionen. Ähnliches betrifft die Auswahl der Dienste, die Anforderungen zu Intranet-Anwendungen und andere Themenkreise.

Nachfolgend werden die im Modell dargestellten Schritte erläutert.

Nach der strategischen Entscheidung zum Aufbau eines Intranets findet die Festlegung der Rollen und Personen für dieses Projekt statt. Das Projektteam trifft die Entscheidungen über erforderliche Hard- und Software und die im Grundausbau bereitzustellenden Dienste.

Nach dem Aufbau der notwendigen Netzwerkinfrastruktur findet die Vergabe von IP-Adressen und Rechnernamen statt. Im Intranet können durch die Trennung vom Internet beliebige IP-Adressen verwendet werden, jedoch wird empfohlen, die in Tabelle 61 dargestellten Adreßbereiche zu verwenden, da diese im Internet nicht geroutet werden.

IP-Adreßraum	Internet-Adreßklasse	Subnetzmaske
10.0.0.0 – 10.255.255.255	A	255.0.0.0
172.16.0.0 – 172.31.255.255	B	255.255.0.0
192.168.0.0 – 192.168.255.255	C	255.255.255.0

Tabelle 61: IP-Adreßraum für Intranets nach RFC 1918 [vgl. RFC 02; KYAS 97a, S. 124ff.]

Nach der Installation und Konfiguration der Clients mit der entsprechenden Browsersoftware und E-Mail-Programmen und evtl. notwendigen Tests ist das Intranet einsatzfähig. Anschließend müssen Entscheidungen zu den bereitzustellenden Inhalten und deren Struktur getroffen werden. Nach der Bereitstellung und der Integration wichtiger Netze und Anwendungen ist die erste Ausbaustufe realisiert.

Als nächste Schritte sind auf der Führungsebene Entscheidungen zu den über die Informationsbereitstellung hinausgehenden Einsatzfeldern und den späteren strategischen Erweiterungen zu treffen. Durch die zunehmende Menge an Inhalten wird der Aufbau eines Content Managements und im Verlauf des weiteren Ausbaus der Aufbau einer Intranet-Abteilung zur Pflege und Administration notwendig. Für die zu realisierenden Anwendungen werden die Anforderungen und Fachkonzepte definiert und anschließend implementiert. Nach der Realisierung der ersten Anwendungen, dem Einsatz von Fertiglösungen bzw. der Nutzung von Diensten oder Anwendungen für die unternehmensübergreifende Zusammenarbeit wird die zweite Ausbaustufe erreicht.

Zur Realisierung der dritten und vierten Ausbaustufe werden weitere, im Endausbau auch unternehmenskritische, Anwendungsfelder erschlossen, welche zunehmend über innovative, aber auch mit höherem Aufwand verbundene Technologien realisiert werden. Die Anwendungsstruktur wird schrittweise an die zu unterstützenden Prozesse angepaßt. Die Koordination der Zusammenarbeit zwischen den durch die vier Dimensionen dargestellten Unternehmensebenen und zwischen den beteiligten Unternehmen gewinnt weiter an Bedeutung. Die unternehmensübergreifende Kooperation beinhaltet die Abstimmung und Einigung zu den gemeinsamen Zielen, über Art, Ablauf und Inhalt der betroffenen Prozesse sowie der technischen Interoperabilität. Letztere wird durch den beiderseitigen Einsatz von Internettechnologien wesentlich erleichtert.

Auf technologischer Ebene muß für viele Anwendungsfelder entschieden werden, ob die Anwendungen durch eigene Mitarbeiter bzw. ein beauftragtes Softwarehaus entwickelt werden sollen oder ob auf Intranet-Fertiglösungen zurückgegriffen werden kann (siehe Kapitel 4.5). Bei komplexen Anwendungen besteht die Möglichkeit des Outsourcing oder des Application Service Providing (ASP). Diese auch für kleine und mittlere Unternehmen interessanten Alternativen [vgl. ENDRES 00; ERNST 00] werden in Tabelle 62 verglichen.

	Application Service Provider	**Traditionelle Outsourcer**	**Inhouse-Lösung**
Software-lizenz	ASP ist Eigentümer der Software und verwaltet die erforderlichen Lizenzen.	Fallweise unterschiedlich: Eigentum hat der Anbieter oder der Anwender. In der Regel besitzt und verwaltet der Anwender die Softwarelizenzen.	Anwender ist Eigentümer der Software-lizenz.
Infra-struktur	Hardware gehört dem ASP.	Hardware kann sowohl dem Anbieter (Application Hosting) als auch dem Anwender gehören.	Anwender muß die Hardware selbst kaufen, installieren und vorfinanzieren.
Lokation der Infra-struktur	ASP – Data Centers	Beim Anwender- oder Anbieterunternehmen	Anwendereigenes Rechenzentrum
Infra-struktur-manage-ment	ASP übernimmt Systemmanagement, Systembetrieb und –verwaltung.	Outsourcer betreibt die Infrastruktur im eigenen Haus oder beim Anwender über den Remote Service.	Anwenderunternehmen ist selbst für das Infra-struktur- und System-management verant-wortlich.
Implemen-tierungs-kosten	Standard-Implementie-rungsleistungen werden über einen Faktor mit der monatlich anfallen-den Gebühr abgedeckt. Über die standardisier-ten Anpassungen hi-nausgehende Implemen-tierungskosten verursa-chen zusätzliche Kosten.	Systemintegrator paßt die Software an die Geschäftsprozesse an. Meist werden hierfür Fixpreis-Projektverträge vereinbart.	Anwender paßt die Software den erforder-lichen Geschäfts-prozessen an.
laufende Kosten	ASP-Gebühr	Lizenzgebühren (bzw. Abschreibung bei Kauf) Pflege- und Wartung	Lizenzgebühren (bzw. Abschreibung bei Kauf) Pflege- und Wartung Betriebskosten (Strom, Räume)

Tabelle 62: Vergleich von ASP, Outsourcing und Inhouse-Lösungen [nach LIESS 00, S. 11]

Kleine Unternehmen und Start-ups, deren Kerngeschäft nicht im IT-Bereich liegt, können sich keine vollwertige IT-Abteilung leisten. Sie müssen ihr knappes Kapital in das Kerngeschäft investieren. Gerade bei jungen Unternehmen ist oftmals schwer abzusehen, wie sich der Personalstamm und die Einnahmen in den nächsten Monaten entwickeln. In diesem Bereich eignen sich ASP-Angebote sehr gut zur eigenen Konzentration auf das Kerngeschäft. Sie entlasten von hohen IT-Investitionen und geben den Firmen eine hohe Planungssicherheit durch feste Monatsmieten. Application Service Provider können kleinen Unternehmen und Mittelständlern als deren Hauptzielgruppe die Software wesentlich günstiger anbieten, als diese im Eigenbetrieb kosten würde. So können sich KMU auch Anwendungen leisten, die sonst ihr Budget überschreiten würden [DICK u. a. 01].

Neben den akzeptierten, teilweise kostenlosen Lösungen zur Internetkommunikation bis hin zur Bürokommunikation bieten sich für ASP auch betriebswirtschaftliche Lösungen bis zum ERP-System an. Mit steigender Komplexität und Dynamik der Prozesse wird die entsprechende Realisierung als ASP-Lösung schwieriger.

Ein erfolgversprechendes Gebiet für ASP-Lösungen sind mobile Anwendungen. Auch wenn derzeit nur einfache Lösungen zum E-Mail-, Datei- und Dokumentenzugriff möglich sind, so ergeben sich große Chancen für die Zukunft in Form von mobilen Erweiterungen des unternehmensweiten Intranets ohne kostenintensive Investition in die Infrastruktur [vgl. DIERCKS 01, S. 111].

Das ASP-Konzept steht allerdings auch in der Kritik der Anwender. So stellte sich bei einer Umfrage der Computer-Zeitung heraus, daß nur 11% der befragten Unternehmen das Angebot an ASP-Lösungen als befriedigend einschätzen. Weiterhin existierten große Bedenken zur Datensicherheit, Verfügbarkeit und zur finanziellen Stabilität der Anbieter [HEINRICH 01a]. Auch die dargestellten Kostenvorteile für KMU relativieren sich bei genauerer Betrachtung der Preisstrukturen [vgl. BAGER u. a. 01]. Ernüchternd für die hochgesteckten Erwartungen an ASP ist auch die Erkenntnis, daß komplexe und individuelle Leistungen und nicht nur die Vermietung einer Software durch den Anbieter erbracht werden müssen und daß fehlende Standards und lange Entwicklungszeiträume für ausgereifte Lösungen nur langfristig Erfolgspotentiale erwarten lassen [KNABL 01].

Gerade von Seiten der KMU als Hauptzielgruppe der ASP-Anbieter besteht kein sehr großes

Interesse an einer Auslagerung der gesamten Informationsverarbeitung, sondern eher an Teilbereichen mit beschränkter Eigenkompetenz [DIBBERN u. a. 01, S. 347]. Auch wird es für diese Kundengruppe schwierig, wenn sie die ASP-Lösung nicht mehr in Anspruch nehmen will oder der Anbieter vom Markt verschwindet. Dem Anwenderunternehmen fehlt es dann in der Regel an dem notwendigen Know-how, um die genutzten Dienste wieder in das Unternehmen einzugliedern. Es bleibt dann nur der Wechsel zu einem anderen ASP-Anbieter. Der ASP-Vertrag sollte daher Klauseln enthalten, die eine vorzeitige Vertragsauflösung oder das Laufzeitende regeln, z. B. zur Rückführung der eigenen Datenbestände [DICK u. a. 01].

In [ENGSTLER 99, S. 14] und [CLAUSS 02, S. 9f.] wird ein weiteres Vorgehensmodell zur Einführung von Intranets vorgestellt. Dieses besitzt gegenüber dem in dieser Arbeit entwickelten Modell eine vorwiegend technische Sichtweise, keine Unterteilung in Ausbaustufen und keine klare Zuordnung in die in dieser Arbeit unterschiedenen Dimensionen. Der Ausbau von Intranets erfolgt in diesem Modell schrittweise in Form der Einführung getrennter Anwendungsmodule und hat eine eher auf die Systementwicklung orientierte Sicht. Im Rahmen der Betrachtungen zu dem im Schwerpunkt auf die Anwendungsentwicklung und – implementierung gerichtete Sicht des Modells nach Engstler werden Vergleiche zwischen Projekten zur Einführung von Standardsoftware und von Anwendungsmodulen in Intranets durchgeführt (vgl. Tabelle 63).

	Vorgehensmodelle zur Einführung von standardisierten Software-Anwendungen	Intranet-Vorgehensmodell
Ziel	DV-Unterstützung der strukturierten Geschäftsprozesse	DV-Unterstützung (vorwiegend) unstrukturierter Informations- und Kommunikationsprozesse
DV-Basis	DV-Lösung (standardisiert) vorhanden, Umsetzung individueller Parameter vorbereitet	Intranet-Konfiguration noch „hausindividuell" zu bestimmen, Standardmodule und Individuallösungen sind parallel einsetzbar
Module	Technische Spezifikation und Leistungsprofile der SW-Anwendungen liegen vor	Bestimmung der „richtigen" Module und deren Spezifikation ist Teil des Umsetzungsprojektes
Fokus	Effizienzsteigerung durch begleitende Veränderungsprozesse zur DV-Einführung	Effektivität (richtige Intranet-Konfiguration) und Effizienz (durch Re-/ Organisationsprozesse)
Pflege und Ausbau	Weiterentwicklung entsprechend den Fortschritten der DV-Technik (Updates)	Individuelle Möglichkeiten zur Weiterentwicklung (Lösungen „offen"), d. h. künftige Module werden ggf. im Sinne einer Anwendungsentwicklung vor Ort oder durch Übernahme von Modulen anderer realisiert

Tabelle 63: Vergleich der Vorgehensmodelle zur Einführung von Standardsoftware und zum Aufbau von Intranets [ENGSTLER 99, S. 14; CLAUSS 02, S. 9f.]

Trotz der sich ähnelnden Ziele einer umfassenden DV-Unterstützung von Prozessen sowohl bei Einführung von Anwendungsmodulen in Intranets als auch bei der Einführung von Standardsoftware (z. B. ERP-Systemen) zeigen sich in Tabelle 63 erhebliche Unterschiede bei den Randbedingungen für diese DV-Projekte. Die Durchführung von Intranetprojekten stellt keinen Ersatz zur Einführung von Standardsoftware dar, sondern besitzt andere teilweise ergänzende Ziele. Intranetprojekte bieten aber wesentlich flexiblere Möglichkeiten in der Konfiguration der DV-Basis, der Anpassung an die Unternehmensbedürfnisse und der Weiterentwicklung. Im Zusammenhang mit den günstigen Kosten für die Realisierung unterstreicht dies die besondere Eignung von Intranets zur Unterstützung der spezifischen Anforderungen kleiner und mittelständischer Unternehmen.

6.2 Kulturelle und organisatorische Veränderungen im Unternehmen

6.2.1 Veränderte Unternehmens- und Arbeitskultur

Durch technologische Fortschritte, wie sie bei der Einführung bzw. dem Ausbau von Intranets in Unternehmen umgesetzt werden, können völlig neue Gestaltungsspielräume für die Mitarbeiter geschaffen werden. Durch ein breites Spektrum von Nutzungsmöglichkeiten und alternativen Lösungswegen entstehen neue Freiräume der Kreativität, die teilweise jedoch erst erschlossen werden müssen [vgl. SCHWARZER u. a. 96, S. 90].

Die Flexibilität von Intranets erlaubt es, daß einzelne Abteilungen interne Webserver nach ihren eigenen Anforderungen und Bedürfnissen aufbauen. Dadurch kann die lokale Autonomie und Identifikation der Mitarbeiter mit der Abteilung gefördert werden.

Die durch Internettechnologien jederzeit und ortsunabhängig bereitgestellten Informations- und Kommunikationsmöglichkeiten lassen völlig neue Arbeitsformen in virtuellen Teams zu. Entfernte Firmenstandorte rücken näher zusammen. Standortübergreifende Projekte und Teleworking werden wesentlich erleichtert.

Informationen zirkulieren im Unternehmen ungehindert. Der Zugriff auf im Intranet veröffentlichte Ressourcen deprivilegiert die vormaligen Wissensträger. Es kann bei diesen zu Vorbehalten kommen, oft wird der Ruf nach Einschränkung des Zugriffs laut [SCHERER 98, Kap. 19.2].

Intranets fördern die Befähigung der Mitarbeiter. Sie erhalten die Möglichkeit, selbst die Initiative zu ergreifen. Ein Wechsel von statischen hierarchischen Organisationsstrukturen zu auf Teams basierenden, lernenden Organisationen wird unterstützt [GREER 97, S. 28].

Zur Aktivierung der Chancen sind allerdings neue Verhaltensweisen bei den Mitarbeitern notwendig. Wissen, welches bisher oft zur „Arbeitsplatz- bzw. Machtsicherung“ oder einfach aus fehlender Motivation zurückgehalten wurde, soll in Intranets für alle zugänglich gemacht werden [DISTERER 00, S. 540, 542; BECHTOLSHEIM u. a. 01, S. 9]. Teams gewinnen gegenüber Einzelpersonen an Bedeutung. Informationen, die häufig als Holschuld gesehen wurden, erfordern durch die Web-Veröffentlichung die aktive Bereitstellung durch den Wissensanbieter. Die Bereitschaft dazu kann durch konkrete Motivations- und Entlohnungssysteme gefördert werden. Eine ausführliche Darstellung möglicher Vorgehensweisen ist in [SCHMIDT 00, S. 57ff.] enthalten.

Diese neuen Denk- und Verhaltensweisen müssen sich in vielen Unternehmen erst durchsetzen und vom Topmanagement vorgelebt werden. Zusätzliche Anreizsysteme können die Motivation der Mitarbeiter zum intranetgestützten Wissensaustausch fördern. Wissensträger im Unternehmen müssen die Chance der Verbreitung ihrer Kenntnisse und Erfahrungen als Möglichkeit zur Erhöhung der eigenen Reputation als Experte erkennen [BECHTHOLSHEIM u. a. 01, S. 9].

Die Summe aller organisatorischen und technischen Maßnahmen zur Erzeugung, Weitergabe, Speicherung und Auffindung von betrieblichen Wissen wird unter dem Begriff **Wissensmanagement** zusammengefaßt [HANSEN u. a. 01, S. 448]. Wissensmanagement ist nicht mit Dokumentenmanagement gleichzusetzen, sondern beinhaltet ein Gesamtkonzept unter Einbeziehung technischer, organisatorischer und (sozial-)psychologischer Aspekte. Dabei können Techniken und Systeme, wie Data Mining, Groupware-Programme, Werkzeuge zur Entscheidungsunterstützung, Workflow- und Dokumentenmanagementsysteme, sowie Filter- und Agentensysteme eingesetzt werden. Wissensmanagement wird erst durch den Einsatz vernetzter Software möglich [REIMANN u. a. 00; SCHMIDT 00, S. 25].

Generell kann das Wissensmanagement in folgende Bereiche bzw. Managementphasen unterteilt werden [REHÄUSER u. a. 96, S. 19]:

- Management der Wissens- und Informationsquellen
- Management der Wissensträger- und Informationsressourcen
- Management des Wissensangebots
- Management des Wissensbedarfs
- Management der Infrastrukturen der Wissens- und Informationsverarbeitung und Kommunikation

Voraussetzungen für einen erfolgreichen Aufbau von Wissenssammlungen im Intranet sind die Einführung einer gemeinsamen Sprache und ein ehrliches, konstruktives und kritisches Kommunikationsverhalten. Diese neue offene Arbeitskultur ist notwendig, um den neuen Erfordernissen der Informationsgesellschaft und der zunehmenden Teamorientierung im Arbeitsleben gerecht zu werden [DISTERER 00, S. 541f.; GREER 97, S. 31; ZACCONI 98, S. 52].

Die bereits genannten vielschichtigen Aspekte ziehen in den Managementphasen eine Reihe individueller, organisatorischer und systembedingter Barrieren nach sich. Zu den individuellen Barrieren gehören Probleme bei der Überführung des in den Köpfen der Mitarbeiter vorhandene implizite Wissen in kollektives explizites Wissen, mangelnde Fähigkeiten der Mitarbeiter sich sozial zu vernetzen, mit der Komplexität umzugehen oder ein zu akademischer Wissensansatz. Organisatorische Barrieren können u. a. fehlende freie Kapazitäten der Mitarbeiter, störende Hierarchieebenen und Überregulierung oder die Belohnung einer Kultur der Fehlervermeidung sein. Systembedingte Barrieren sind z. B. eine für die Wissensverteilung unzureichende technische Kommunikationsinfrastruktur, eine mangelhafte ergonomische Aufbereitung der Informationsobjekte für den Anwender oder das Fehlen einer gemeinsamen Fachterminologie um relevantes Wissen zu kodieren [PRENN 02].

Die Ausführungen dieses Abschnitts haben die großen Potentiale des Wissensmanagements aber auch die hohe Komplexität und Vielzahl möglicher Problemfelder angedeutet. Intranets bilden durch ihre Offenheit, Flexibilität und Benutzerfreundlichkeit eine leistungsfähige Grundlage für den Aufbau eines funktionierenden Wissensmanagements.

Weiterführende Darstellungen zu diesem Thema sind in [HECKERT 02] insbesondere zu Instrumenten der Informations- und Kommunikationstechnologie für das Wissensmanagement und in [WEISSENBERGER 00] speziell zum Wissensmanagment in Unternehmensnetzwerken enthalten.

6.2.2 Organisatorisches Konzept

Hat ein Unternehmen die Entscheidung zum Aufbau eines Intranets getroffen, ist zumindest ab der zweiten Ausbaustufe eine entsprechende Anpassung der Organisationsstruktur und in höheren Ausbaustufen auch der Geschäftsprozesse notwendig.

Wie schon im Abschnitt zum Vorgehensmodell beschrieben, existiert eine Wechselwirkung zwischen Informationstechnologie und Organisationsstruktur. Dabei ist es durchaus möglich, daß bei gleichen Informationstechnologien unterschiedliche Organisationsstrukturen entstehen und umgekehrt [ALPAR u. a. 98, S. 42]. Aus diesem Grund werden nachfolgend nur die Strukturen betrachtet, die zum Betrieb von Intranets notwendig sind. Auf sonstige durch Intranetanwendungen ermöglichte oder erzwungene Veränderungen in der Aufbau- und Ablauforganisation wird nicht näher eingegangen.

Nur in Intranets der minimalen Ausbaustufe kann auf eine Neuausrichtung der Organisation verzichtet werden. Die Bereitstellung der Inhalte und die Wartung erfolgen dann von den betroffenen Mitarbeitern bzw. einem Verantwortlichen, der diese Aufgabe zusätzlich übernimmt. Die Prozesse und Strukturen bleiben unverändert.

Spätestens ab der zweiten Ausbaustufe ist der Aufbau von Organisationsstrukturen zur Administration und zum Content-Management sinnvoll und notwendig. Beim weiteren Ausbau sollte eine umfassende Struktur zur Abdeckung der technischen, inhaltlichen und juristischen Aspekte zur Verfügung stehen, wie sie in Abbildung 48 dargestellt wird.

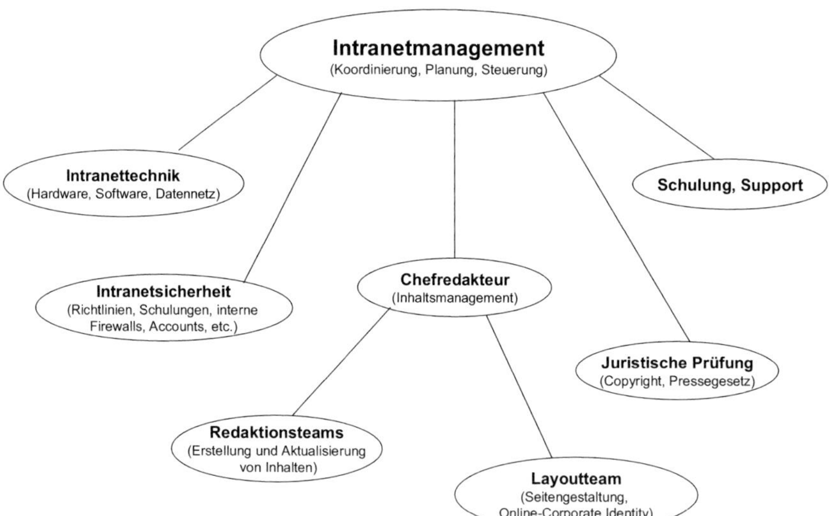

Abbildung 48: Organisationsstruktur für den Betrieb von Intranets [KYAS 97a, S. 86]

6.3 Faktoren der Erfolgssicherung beim Aufbau von Intranets

Aus den in den vorhergehenden Kapiteln bereitgestellten Alternativen, Bewertungen und konkreten Empfehlungen für den Aufbau von Intranets können Faktoren der Erfolgssicherung zum Aufbau von Intranets abgeleitet werden. Diese werden nachfolgend beschrieben.

Faktor der Erfolgssicherung: Kosten/Nutzen-Verhältnis abwägen

Durch Intranets entstehen in höheren Ausbaustufen weitreichende Möglichkeiten zur Anwendungsentwicklung mit nahezu unbegrenzten Einsatzfeldern (vgl. Kapitel 4). Die Auswahl der einzusetzenden Anwendungen muß jedoch einer Abwägung des Kosten/Nutzen-Verhältnisses standhalten. In KMU werden aufgrund der Kostenumlage auf weniger Nutzer, anderer finanzieller und fachlicher Ressourcen sowie anderer Ergebnisse auf Seite des erwarteten Nutzens (z. B. durch geringere Nutzungshäufigkeit) die Realisierung von Anwendungen häufiger abgelehnt als in Großunternehmen. Vor allem aufwendige Systeme für spezielle Anwendungsfelder sind von dieser unterschiedlichen Bewertung betroffen. Dies spiegelt sich auch in der in Abschnitt 6.1.1 getroffenen Feststellung wider, daß Intranets in einer höheren Ausbaustufe eher für Großunternehmen geeignet sind.

Auch kostengünstige Anwendungsfelder müssen auf Ihren Nutzen geprüft werden, um eine Konzentration auf die wesentlichen Optionen zu ermöglichen. Die Bereitstellung von zusätzlichen Anwendungen der gleichen Kategorie, nur weil sie wenig kosten, kann die Gefahr einer heterogenen Nutzung durch die Mitarbeiter und damit Probleme durch Bevorzugung unterschiedlicher Systeme und eine sinkende Gesamtakzeptanz zur Folge haben.

Zur Ermittlung des Kosten/Nutzen-Verhältnisses müssen die einmaligen und laufenden Kosten des Anwendungssystems dem zu erwartenden Nutzen gegenübergestellt werden. Tabelle 64 vermittelt die zu beachtenden Kostenfaktoren für IuK-Systeme.

<table>
<tr><th colspan="2">Kosten von IuK-Systemen</th></tr>
<tr><th>einmalig anfallende</th><th>laufend anfallende</th></tr>
<tr><td>Anschaffungs-/Herstellungskosten
Anschaffungsnebenkosten
Personalkosten
• Lohn/Lohnnebenkosten (Planung/Einführung)
• Kosten der Personalbeschaffung und Personalfreisetzung
• Schulungs-/Qualifizierungskosten (Erstschulungen)
Installations- und Implementierungskosten
• Kosten für Datenbereitstellung, von Test- und Parallelläufen
• Dokumentationskosten
• Raum- und Infrastrukturkosten, Transportkosten
• Kosten für Mobiliar
Kosten für externe Dienstleistungen
Ausfall- und Umweltschutzkosten</td><td>Miete/Leasing/Lizenzgebühren
Personalkosten
• Lohn/Lohnnebenkosten (Betrieb)
• Schulungskosten (Folgeschulungen)
Wartungs-, Pflege- und Anpassungskosten
Kosten für Datenschutz und Datensicherheit
Raumkosten
• Miete/Pacht
• Instandhaltungskosten
• Reinigungskosten
Energie- und Leitungskosten
Kosten für Verbrauchsmaterial
Kosten für externe Dienstleistungen
Kapitalbindungskosten</td></tr>
</table>

Tabelle 64: Kostenfaktoren von IuK-Systemen [ANTWEILER 95, S. 73]

Während die Zusammenstellung der Kosten meist relativ einfach zu ermitteln ist, wird die Ermittlung des zu erwartenden Nutzen oft schwierig. Gerade der durch Qualitäts- oder Wettbewerbsvorteile erzielbare Nutzen ist nur schwer quantifizierbar (vgl. Tabelle 65).

Nutzen von IuK-Systemen
leicht quantifizierbarer Nutzen
Kostenreduzierungen in indirekten Bereichen durch • Straffung, Substitution bzw. Einsparung von Prozessen • Qualitätserhöhung, Zeitverkürzung, Integration, Flexibilität **Zeitverkürzungen in direkten und indirekten Bereichen** • durch Beschleunigung, Unterstützung bzw. Einsparung von Prozessen
schwer quantifizierbarer Nutzen
Qualität der IuK-Komponenten (soweit ermittelbar) • Technik (Technische Daten) • Personal (Leistungsbewertungen) • Organisation (Strukturanalysen) **Integrationsaspekte in den IuK-Systemen und in den indirekten Bereichen** • Fehlervermeidung • Abstimmungsverbesserung in den Prozessen **Flexibilitätsaspekte der IuK-Systeme sowie weiterer Technologien** • Kompatibilität, Portabilität, Adaptibilität, Reaktionsfähigkeit
nicht quantifizierbarer Nutzen
Prozeßqualität in direkten und indirekten Bereichen • Qualität der Planungs-, Produktions- und IuK-Prozesse **Ergebnisqualität** in direkten und indirekten Bereichen • Qualität der Entscheidungen, Produkte und des Outputs • Wissenskonservierung **Kundenwirksame Wettbewerbsvorteile** (als Resultat anderer Wirkungen) • Termintreue sowie Lieferbereitschaft und –geschwindigkeit • Kundennähe und Erweiterung der Vertriebskanäle • Servicegrad **Kosteninduzierte Wettbewerbsvorteile** (als Resultat anderer Wirkungen) • Kostenreduzierung in den indirekten Bereichen • Transaktionskostenreduzierung **Errichtung von Markteintrittsbarrieren** **Erschließung neuer Märkte und neuer Geschäftsfelder** **Soziale Aspekte** • Mitbestimmungsrechte und Akzeptanz

Tabelle 65: Nutzenfaktoren von IuK-Systemen [ANTWEILER 95, S. 102f.]

Der in Intranets mögliche Einsatz von Komponenten erlaubt die getrennte Abwägung des Einsatzes zu jedem angestrebten Einsatzfeld. Dies ermöglicht eine Optimierung der im Unternehmen aufzubauenden Anwendungsstruktur.

Abbildung 49 gibt eine Vorabeinschätzung des zu erwartenden Kosten/Nutzen-Verhältnisses einiger verbreiteter Anwendungen im Internet und Intranet auf Basis von Unternehmensbefragungen.

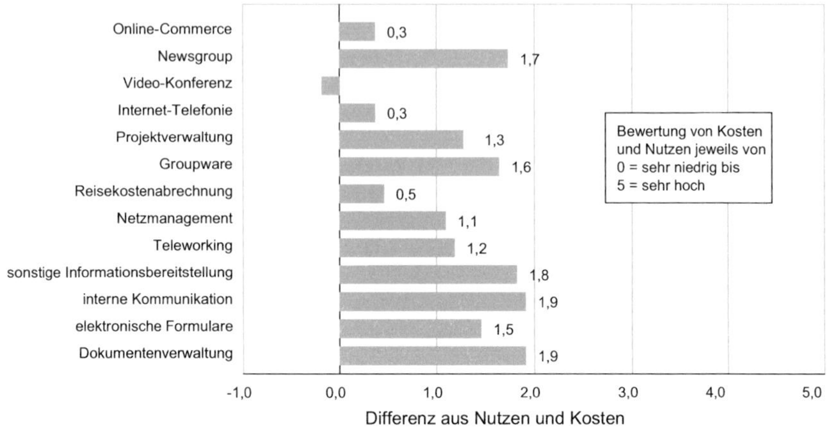

Abbildung 49: Kosten/Nutzen-Verhältnis verbreiteter Anwendungen auf Basis von Internettechnologien [STEIN 99, S. 80]

Innovative Anwendungen in Intranets müssen auch als strategische Investition gesehen werden. Das Ergebnis einer einfachen Kosten/Nutzen-Analyse kann in diesem Bereich durch den nur schwer oder nicht quantifizierbaren Nutzen und die langfristigen Potentiale nur einen Teilaspekt der einzubeziehenden Entscheidungsfaktoren bilden.

Faktor der Erfolgssicherung: Unterstützung auf allen Unternehmensebenen sicherstellen

Das Intranet darf nicht als rein technische Lösung gesehen werden. Zur erfolgreichen Einführung ist die ausdrückliche Unterstützung durch die Führungsebene notwendig. Auf diese Weise kann sichergestellt werden, daß die Interessen des gesamten Unternehmens berücksichtigt und die auf verschiedenen Ebenen vorhandenen Potentiale aktiviert werden. Dies gilt aufgrund der inhaberbezogenen Führung (vgl. Abschnitt 2.3) im besonderen Maße für KMU. Während in großen Unternehmen durch zwischengeschaltete Hierarchiestufen eine Führungsebene mit hoher Eigenverantwortung für Entscheidungen zu IuK-Systemen existiert, müssen diesbezügliche Entscheidungen bei KMU oft von fachfremden Personen getroffen werden. Obwohl bei großen Projekten auch bei Großunternehmen die Entscheidung auf höchster Ebene getroffen wird, so sind die Freiräume nach einer Zustimmung eher größer.

Ein Ausweg für KMU bildet die hohe Skalierbarkeit von Intranets, durch welche eine leichtere Überzeugung der Führung durch positive Erfahrungen in der ersten Ausbaustufe erreicht werden kann.

Sinnvoll für alle Unternehmensgrößen ist die Koordination durch ein Lenkungsgremium auf Managementebene [ENGSTLER 99, S. 17f.]. Führungsebene, DV- und Fachabteilungen müssen in allen Phasen des Aufbaus und vor allem während der Nutzungsphase miteinander kommunizieren, um die technische, fachliche und strukturelle Qualität im Intranet sicherzustellen [vgl. PÉREZ u. a. 98, S. 68].

Faktor der Erfolgssicherung: Anpassung der Organisationsstruktur

Mit zunehmender Ausbaustufe ist es zwingend erforderlich, die Firmenorganisation auf die Möglichkeiten und Besonderheiten der Intranetnutzung abzustimmen, um die erzielbaren strategischen und operativen Zielstellungen aktivieren zu können.

Eine effiziente Unterstützung der unstrukturierten Informations- und Kommunikationsprozesse und der vor allem in höheren Ausbaustufen realisierten Abwicklung strukturierter Geschäftsprozesse wird nur durch eine weitreichende Neuausrichtung der Geschäftsprozesse im Unternehmen ermöglicht. Ähnlich wie bei der Einführung betriebswirtschaftlicher Standardsoftware müssen vorhandene Prozesse und Strukturen den Erfordernissen der Intranets angepaßt werden. Notwendig ist die Vermeidung von Medienbrüchen, die Definition von Rollen und die Abflachung von Hierarchien. Die Anpassungen sind häufig aufwendiger zu realisieren als die technische Umsetzung [CW 98].

Werden Internettechnologien unternehmensübergreifend durch die Nutzung des Internets oder eines Extranets eingesetzt, bezieht sich die Notwendigkeit der Neuausrichtung der Strukturen und Prozesse auf alle beteiligten Unternehmen. Das Vorgehen muß gemeinsam geplant und abgestimmt werden, um Inkompatibilitäten bei Rollen, Vorgängen oder auf semantischer Ebene zu vermeiden. Um die Aktualität, Sicherheit und Verfügbarkeit des Intranets zu sichern, ist weiterhin die Schaffung von Strukturen für eine effiziente Administration, Pflege und Wartung notwendig (vgl. Abschnitt 6.2).

Faktor der Erfolgssicherung: Anwenderakzeptanz fördern

Im Gegensatz zu ERP-Systemen und anderen für die Arbeitsabläufe notwendigen Anwendungen müssen Intranet-Applikationen in vielen Fällen nicht zwingend durch die Nutzer eingesetzt werden. Mailsysteme, Termin- und Raumplanung oder bereitgestellte Informationen verfehlen ihren Zweck, wenn nur ein Teil der Mitarbeiter von den Möglichkeiten Gebrauch macht. Eine auch nur durch wenige Anwender erfolgte Blockade einzelner Systeme kann den Erfolg des gesamten Intranetprojektes gefährden.

Aus diesem Grund muß die Akzeptanz der Nutzer von vornherein durch das Intranetprojekt sichergestellt werden. Dazu stehen folgende Mittel zur Verfügung:

- Befragung der Nutzer zu eigenen Zielvorstellungen und zu Veränderungsvorschlägen
- Frühzeitige Bereitstellung und Evaluierung eines Prototypen
- Konsequente Unterstützung und Nutzung durch Vorgesetzte
- Ergonomische, fehlertolerante intuitive Oberflächen
- Bereitstellung von ausschließlich Online verfügbaren Daten und „Goodies“, die nicht direkt zum Tagesgeschäft gehören [vgl. CW 98]
- Hohe Verfügbarkeit und Leistungsfähigkeit der eingesetzten Systeme

Nach [REBSTOCK 98, S. 213f.] können die typischen Systemnutzer in den Unternehmen in die Kategorien

- Sachbearbeiter/ Mitarbeiter aus Fachabteilungen,
- Spezialisten,
- Manager und
- Mitarbeiter, die nur sporadisch das System für einfache Anwendungen, wie Telefonbücher oder Reisekostenabrechnungen, nutzen,

eingeordnet werden. Die Gruppen unterscheiden sich nach der Häufigkeit der Systemnutzung und dem Umfang der verwendeten Funktionen (Komplexität) wie Abbildung 50 verdeutlicht.

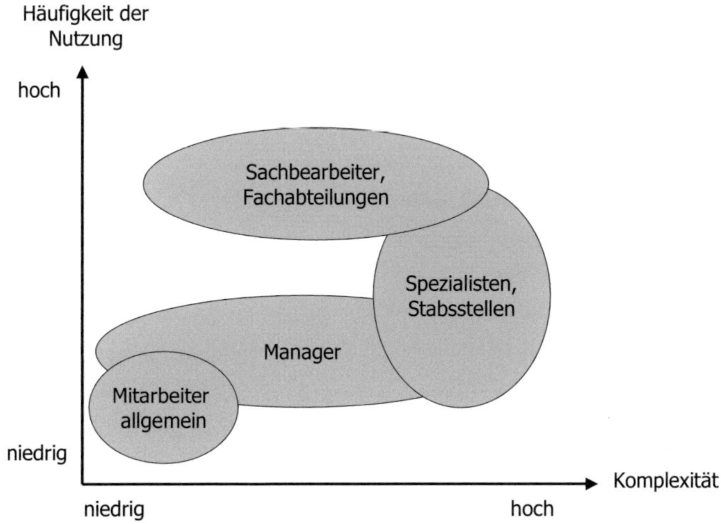

Abbildung 50: Nutzerkategorien [REBSTOCK 98, S. 214]

Aus den unterschiedlichen Anforderungen in den Dimensionen Häufigkeit und Komplexität sowie spezifischen Eigenschaften der Kategorien lassen sich entsprechende Anforderungen an die Benutzerschnittstelle und andere Systemeigenschaften ableiten, die wiederum eine Steigerung der Akzeptanz ermöglichen:

- **Sachbearbeiter/ Mitarbeiter aus Fachabteilungen** benutzen intensiv verschiedene DV-Anwendungen unterschiedlicher Komplexität. Durch die hohe Nutzungsfrequenz und den vielfältigen Bedarf an Anwendungen (ERP-Systeme, Employee-Self-Service, Kommunikationssysteme) und Inhalten profitieren sie besonders von der Intraneteinführung. Wichtig für diese Gruppe sind kurze Antwortzeiten, die Individualisierbarkeit der Eingabemasken, ein transparenter einheitlicher Zugang sowie die Möglichkeit der Personalisierung und Parallelnutzung von Anwendungen. Für diesen Bereich eignet sich der Aufbau von Intranet-Portalen. (Hauptziel: Effizienz)

- **Spezialisten** nutzen komplexe Anwendungen für spezielle Aufgabenbereiche. Sie brauchen meist keine gesonderte Hilfestellung. Sinnvoll sind personalisierbare Einstiegsseiten und leistungsfähige Systeme mit Sicherstellung einer hohen Verfügbarkeit. Eine besondere Unterstützung kann durch die Integration von Anwendungen und Netzen in das Intranet erfolgen, um einen transparenten Zugang zu allen notwendigen Systemen bereitzustellen. (Hauptziel: Effektivität)

- **Manager** sind aufgrund ihrer Position oft nicht gezwungen, die Anwendungssysteme zu nutzen. Da die Nutzungshäufigkeit nicht sehr hoch ist, müssen die teilweise komplexen Anwendungen leicht bedienbar sein, viele Hilfen bereitstellen und eine ansprechende grafische Oberfläche besitzen. Auch eine individuelle Anpassung oder Vorbereitung durch andere Mitarbeiter ist denkbar. Zunehmend genutzt werden die modernen Möglichkeiten der Information und Kommunikation, wie sie durch Intranets bereitgestellt werden. Durch die häufig sensiblen Informationen müssen die notwendigen Sicherheitsstandards transparent integriert werden. (Hauptziele: leichte Bedienbarkeit und hoher Selbsterklärungsgrad)

- **Mitarbeiter ohne direkten DV-Bezug am Arbeitsplatz** nutzen das Intranet nur sporadisch, um bestimmte Informationen (z. B. Telefonbuch) abzurufen oder einfache bzw. effizienzsteigernde Anwendungen (z. B. Employee-Self-Service) zu nutzen. Sie benötigen eine einfache Oberfläche mit der Möglichkeit, transparent auf die erforderlichen Funktionen zuzugreifen. Die Oberfläche sollte intuitiv bedienbar sein und eine einfache Suchhilfe zu den relevanten Anwendungen besitzen, was durch besonders angepaßte Portale (z. B. über Mitarbeiter-Infoterminal) bereitgestellt werden kann. (Hauptziel: einfacher Zugriff auf relevante Funktionen)

Die Akzeptanz aller Gruppen kann durch ein gemeinsam zu nutzendes Intranet-Portal mit je nach Gruppenzuordnung unterschiedlichen Oberflächen und Funktionen erfolgen.

Faktor der Erfolgssicherung: Sicherheitsanforderungen erfüllen

Intranets sollen Offenheit und die freie Zirkulation von Informationen ermöglichen. Dennoch muß das System vor unberechtigten Eingriffen und Manipulation von Daten geschützt werden. Dazu ist die Vergabe von Berechtigungen und der Einsatz weiterer Mechanismen zur Sicherstellung der Systemverfügbarkeit und dem Schutz vertraulicher oder unternehmenskritischer Inhalte notwendig.

Externe Zugänge zum Intranet müssen durch besondere Maßnahmen abgesichert werden (Firewalls, besondere Autorisierungssysteme für Teleworker). Die Vergabe von Berechtigungen ist zumindest für den schreibenden Zugang notwendig. Regelmäßige Überprüfung nach Viren, Suche nach Einbruchsversuchen und Stichproben von Log-Dateien sollten stattfinden. Auch regelmäßige Backups und die Absicherung gegen Stromausfälle müssen gesichert und überprüft werden. Der physische Zugang zu Servern sollte weitgehend unterbunden werden, der technische Zugang zu unternehmenskritischen Anwendungen muß eingeschränkt werden. Die Berechtigungen der Mitarbeiter sind regelmäßig zu überprüfen.

Obwohl diese Maßnahmen relativ einfach umzusetzen sind, vernachlässigen viele Unternehmen diese Notwendigkeiten. Ein Lösungsansatz ist die eindeutige Vergabe von konkreten Rollen und Verantwortlichkeiten und die regelmäßige Überprüfung.

Faktor der Erfolgssicherung: Einbindung von Legacy-Systemen

Hohe Investitionskosten, fehlende Alternativen und die starke Gewöhnung der Anwender an häufig auf Großrechnern laufenden Anwendungen lassen sich fast immer über Terminalemulationen oder spezifische Clients in Intranets einbinden. Die Integration erfolgt über Gateways oder durch die von den Systemen bereitgestellten Schnittstellen zu Internettechnologien. Moderne Lösungen erlauben bereits die Nutzung von Browseroberflächen und damit eine engere benutzerfreundliche Integration in Intranets. Durch die zunehmende Verfügbarkeit von Middlewaretechnologien entwickeln sich weitere Optionen zur Integration dieser Systeme bis hin zur semantischen Ebene.

Das Ziel muß nicht zwingend die Ablösung von Legacy-Systemen sein. Durch die Abkehr der Systemanbieter von der Nutzung proprietärer Technologien bildet sich ein Pfad zur schrittweisen Annäherung dieser Anwendungen an offene Standards über Upgrades und Zusatzkomponenten. Sind diese Systeme nicht wenigstens über eine Unterstützung der Transportprotokolle in ein Intranet integrierbar, rechtfertigen die durch Intranets zu erwartenden Vorteile auf anderen Anwendungsgebieten nur in den seltensten Fällen einen Parallelaufbau. Allerdings nimmt die Zahl der nicht in Intranets integrierbaren Anwendungen aufgrund der inzwischen sehr hohen Akzeptanz der Internettechnologien immer weiter ab.

Besonders für KMU relevanter Faktor der Erfolgssicherung: Eigene Know-how- und Zeit-Ressourcen in Entscheidungen einbeziehen

Da KMU nur begrenzt über Mitarbeiter mit Spezialkenntnissen im Bereich der Internettechnologien verfügen, ergeben sich nicht nur Besonderheiten bei der Eigenentwicklung von Anwendungen, sondern auch beim Einkauf fertiger Lösungen. Die Abwicklung der Wartung und Pflege sowie die Implementierung eventueller Anpassungen müssen vor dem Kauf sichergestellt sein. Die Nutzung externer Ressourcen kann hohe Kosten verursachen und die Rentabilität des Systems in Frage stellen.

Durch die knappen personellen Ressourcen kann bereits der Weggang eines DV-Spezialisten zu einer existenzbedrohenden Situation für Unternehmen führen. Dies gilt besonders, wenn dieser Mitarbeiter unternehmenskritische Anwendungen entwickelt hat. Einen Weg zur Begegnung der Gefahren durch Fehleinschätzung des im Unternehmen vorhandenen Know-how und der Abwanderung durch Mitarbeiter bietet eine Skillmatrix (vgl. Abbildung 51).

	Intranet					Datenbanken				Anwendungsfelder							
Mitarbeiter	Java	WAP	HTML	ASP	XML	ODBC	Access	SQL Server	Oracle	Außendienst-Systeme	Schadenmanagement	E-Commerce	Führungsunterstützung	...	Mitarbeiter seit ... Jahren	Abwanderungsrisiko	Maßnahmen
1	M		T	M		T	T	M		M		T	M	...	2	40%	...
2	L		M	M				L	M		T	M		...	5	10%	...
3	M	H	H	L			T	M		H	M			...	3	60%	...
4			M	M		T	T	T	M				T	...	7	20%	...
5	T	T	H	H	M		T	L	L	L	L	H	H	...	1	80%	...
6	L	L	L			H	H	M		M	T	T	L	...	4	20%	...
7	H			H		H	H			T	T			...	2	30%	...
8			L						T				T	...	4	10%	...
...	...	...	...	...	...	...	...	...	...	...	...	...	...	...	...	...	...
Ist*	6	3	10	7	1	6	12	5	5	7	10	7	8	...			
Soll*	12	10	12	10	5	5	10	8	8	7	10	10	7	...			
Maßnahmen	...	...	...	...	...	...	...	...	...	...	...	...	...	...			

*: M und besser L(ow), M(edium), H(igh), T(op)

Abbildung 51: Beispiel einer Skillmatrix von DV-Mitarbeitern [BACH 00, S. 75]

Die Skillmatrix ermöglicht einen Überblick über die im Unternehmen verfügbaren Spezialkenntnisse. Sie ermöglicht Einschätzungen zu realisierbaren Wegen für Eigenentwicklungen sowie zur Abdeckung von Pflege und Wartung der Anwendungen. Eventuelle Defizite werden leichter erkannt. Notwendige Maßnahmen zur Abwendung von Gefahren (Weggang eines Mitarbeiters, fehlendes Wissen in relevanten Bereichen) und zur weiteren Sicherung der Unternehmensziele können geplant werden.

Besonders für KMU relevanter Faktor der Erfolgssicherung: Think big - start small

Speziell KMU sollten nicht den Fehler machen und versuchen, mit einem Schlag alle Probleme des Unternehmens über ein Intranet zu lösen [vgl. SCHERER 98, Kap. 19.3]. Gerade Intranets bieten, wie in Abbildung 52 verdeutlicht, die Möglichkeit, in kleinen Schritten produktiv zu starten und anschließend schrittweise den Ausbau durch weitere Anwendungen fortzusetzen.

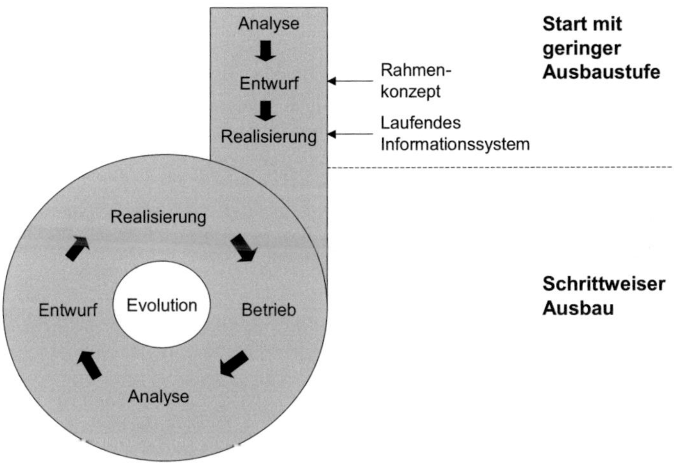

Abbildung 52: Iterative Entwicklung einer Intranetstruktur [BICHLER 97, S. 102]

Die Planung einer Gesamtstrategie mit einem fertigen Zielgerüst ist durchaus sinnvoll (Think big). Der Ausbau in Form eines evolutionären Prozesses verursacht bei Intranets jedoch kaum höhere Kosten als der sofortige Aufbau einer höheren Ausbaustufe und bietet darüber hinaus die Chance der Einbringung gesammelter Erfahrungen in die weiteren Schritte.

Abschließend werden in Tabelle 66 die beschriebenen Faktoren der Erfolgssicherung beim Aufbau von Intranets zusammengefaßt.

Faktoren der Erfolgssicherung	Kurzbeschreibung
Kosten/Nutzen-Verhältnis abwägen	• Getrennte Abwägung zu jeder Anwendung möglich • Auch Anwendungen mit geringen Kosten müssen auf den Nutzen geprüft werden • Strategischer Nutzen ist schwer quantifizierbar, deshalb sind weitere Entscheidungsfaktoren einzubeziehen
Unterstützung auf allen Unternehmensebenen sicherstellen	• Das Intranet darf nicht als rein technisches Projekt verstanden werden (Kommunikation mit Fachabteilungen und dem Management ist notwendig) • Der Einsatz muß durch die Führung „vorgelebt" werden
Anpassung der Organisationsstruktur	• Aufbau- und Ablauforganisation müssen zur Aktivierung der Potentiale in höheren Ausbaustufen für eine effiziente IuK-Nutzung angepaßt werden • Der Aufbau von Strukturen zur Wartung und Pflege sowie für Support und zur Schulung ist (speziell für höhere Ausbaustufen) erforderlich
Anwenderakzeptanz fördern	• Kann nicht erzwungen werden • Schwerer als bei ERP-Systemen o. ä. durchzusetzen • Eine Orientierung an Benutzergruppen ist förderlich • Einsatz von Intranet-Portalen erwägen
Sicherheitsanforderungen erfüllen	• Offenheit und Kreativität nicht unterbinden • Absicherung nach außen durch Firewalls • Definition von Rollen und Verantwortlichen notwendig • Häufig Nachlässigkeit bei einfachen Schutzmechanismen
Einbindung von Legacy-Systemen	• Legacy-Systeme müssen nicht zwingend abgelöst werden • Schrittweise Öffnung proprietärer Systeme durch Hersteller • Neue Integrationsmöglichkeiten durch innovative Technologien
zusätzliche Faktoren mit besonderer Bedeutung für KMU	
Eigene Know-how- und Zeit-Ressourcen in Entscheidungen einbeziehen	• Abwägung von Realisierungsalternativen bezüglich notwendiger und vorhandener Fachkompetenzen • Wartung und Pflege für Fertiglösungen sicherstellen
Think big – start small	• Erweiterungen können schrittweise erfolgen • Erfahrungen können in evolutionären Prozeß einfließen

Tabelle 66: Faktoren der Erfolgssicherung beim Aufbau von Intranets

Die genannten Faktoren sind von entscheidender Bedeutung für den erfolgreichen Aufbau von Intranets. Weitere in dieser Arbeit beschriebene Faktoren, wie die Anbindung von Datenbanken oder die Schaffung mobiler Zugänge, beziehen sich auf spezielle Fragestellungen oder betreffen ausschließlich höhere Ausbaustufen.

7 Fazit und Ausblick

Internettechnologien bilden eine universelle Basis nicht nur für Unternehmen, sondern für alle DV-Anwendungen im kommerziellen, öffentlichen und privaten Umfeld. Sie ermöglichen eine engere Verflechtung und eine stärkere Durchdringung von Strukturen und Prozessen der genannten drei Bereiche. Die Bildung strategischer Partnerschaften, neue Dienstleistungen, Virtuelle Unternehmen oder Gemeinschaften, Globalisierung und E-Government sind nur einige Beispiele aus völlig verschiedenen Bereichen, die durch diese Technologien unterstützt oder überhaupt erst ermöglicht wurden.

Für den kommerziellen Bereich bilden Intranets durch ihre Komponentenorientierung, Skalierbarkeit, Offenheit und Interoperabilität einen weiteren wichtigen Schritt der seit mehreren Jahrzehnten andauernden Entwicklung einer zunehmenden Durchdringung der Arbeitsprozesse mit DV-Technologien. Intranets ermöglichen insbesondere bei der multimedialen Information und Kommunikation sowie der Integration von Anwendungen und Netzen neue Einsatzfelder und schaffen eine Plattform für kompatible Anwendungsmodule, welche den Unternehmen eine stärkere Unabhängigkeit gegenüber den Herstellern von Hard- und Software ermöglichen.

Der Trend weg von monolithischen Systemen hin zu miteinander verbundenen Komponenten des CRM, SCM, Workflow-Managements, der Groupware etc. wird sich weiter fortsetzen. Insbesondere Anbieter von ERP-Systemen reagieren derzeit auf diese Entwicklung und richten ihre Produktpalette entsprechend neu aus. Technologien des Internets kommt dabei eine besondere Bedeutung zur Verbindung dieser Komponenten zu.

Die Anpassung bestehender Produkte an offene Standards und Internettechnologien bildet nur eine erste Etappe. Zu erwarten und notwendig zur weiteren Entwicklung ist die Bereitstellung von Systemsoftware und Anwendungen, welche ausschließlich auf offenen Standards basieren und eine hohe Komponentenorientierung besitzen. Die gesamte Anwendungsbreite von Betriebssystemen und Tools bis hin zu ERP- und DB-Anwendungen muß auf diese Art bereitgestellt und austauschbar sein. Dies würde den Anwendern eine optimale Zusammenstellung der Anwendungslandschaft bei hoher Flexibilität ermöglichen und Anbietern von Spezialfunktionen den Marktzutritt erleichtern.

Kleine und mittelständische Unternehmen profitieren besonders von dieser Entwicklung, weil sich Softwarekomponenten effizient und mit geringem Administrationsaufwand realisieren bzw. in freier Auswahl zukaufen lassen. Altanwendungen können unter heute im Allgemeinen gegebenen Voraussetzungen mit geringem Aufwand integriert werden. Kostensenkungen in der IT-Infrastruktur werden durch Einsatz der Internetstandards und der Verfügbarkeit preiswerter Software möglich, was sich aufgrund der niedrigen Nutzerzahlen bei KMU relativ stark auswirkt.

Intranets ermöglichen neben den technischen Optionen eine neue Kultur der Kreativität, des Teamgeistes und der Offenheit in den Unternehmen. Eine stärkere Identifikation und neue Möglichkeiten, Einfluß auf die Entwicklung des Unternehmens zu nehmen, werden durch Intranets unterstützt und erhöhen die Motivation und Produktivität der Mitarbeiter. Durch die umfassende Akzeptanz in allen Bereichen ergeben sich neue Formen der unternehmensübergreifenden Zusammenarbeit. Outsourcing bzw. ASP, strategische Allianzen und die damit verbundenen Möglichkeiten der Spezialisierung und Konzentration auf Kernkompetenzen und weitere Optionen zur Produktivitätssteigerung können mit Hilfe von Internettechnologien effizient realisiert werden.

Intranets sind keine Modeerscheinung. Sie sind bereits zur betrieblichen Selbstverständlichkeit geworden bzw. werden in kurzer Zeit dazu werden. Sie sind aber auch nicht die Lösung aller IT-relevanten Probleme im Unternehmen. Intranets werden durch ihre innovationsfördernde komponentenbasierte Struktur zukünftig weitere Möglichkeiten der Verknüpfung und Integration (z. B. über Portale), der Kostensenkung (z. B. über komponentenbasierte Software, Application Service Providing etc.) und Produktivitätssteigerung (z. B. durch Nutzung von Komponenten zur Unterstützung des Wissens-, Workflow- und Team-Managements) bereitstellen.

Der Einsatz von Internettechnologien muß Teil der strategischen Unternehmensausrichtung sein. Ohne Integration in die allgemeine Geschäftspolitik wird der Einsatz schnell zu einer Spielerei für wenige technikbegeisterte Mitarbeiter.

Während Performance und Speicherkapazität für die heutigen Anwendungsfelder keinen bedeutenden Engpaß mehr darstellen, bilden die Übertragungsbandbreite (z. B. zum Einsatz multimedialer Elemente) und die Mobilität (z. B. zur flexiblen, ortsunabhängigen Nutzung von Endgeräten) Eigenschaften mit hohem Innovationsdruck. Dem Weg zu erhöhter Mobilität wird durch aktuelle Entwicklungen zu Funk-LAN-Standards und die weitere Miniaturisierung von Endgeräten und Stromversorgung nachgekommen.

Höhere Bandbreiten sind ebenfalls kurzfristig realisierbar. Komponenten zum Aufbau von 100Mbit-Ethernet-Netzen sind inzwischen sehr preiswert und in vielen Firmen bereits Standard. Gigabit-Ethernet-Netze sind aufgrund einer besonderen Kodierung und Beschaltung über den Standard 1000BASE-T mit der eigentlich nur für 100Mbit-Übertragungen vorgesehenen Kategorie 5 (Cat5)-Verkabelung realisierbar [RECH 00]. Dies bildet einen enormen Vorteil für die Unternehmen, da die weit verbreitete TP-Verkabelung vorerst nicht durch teure Lichtwellenleiter ersetzt werden muß. Derzeit steht 10GBit-Ethernet als höchste LAN-Geschwindigkeit, standardisiert als IEEE 802.3ae, zur Verfügung. Die 100GBit-Ethernet-Technologie befindet sich in der Entwicklung [KAFKA 01].

IuK-Technologien sind nur Treiber für die Unterstützung der Abläufe in Unternehmen. Sie dürfen nicht alleinstehend als Quelle für Steigerungen des Umsatzes gesehen werden. Für die Steigerung des Unternehmenserfolges sind strategische Entscheidungen und Veränderungen in allen Ebenen und Prozessen des Unternehmens von der Produktpalette bis zur Motivation der Mitarbeiter notwendig, wobei IuK-Technologien die Rolle als „Enabler“ übernehmen können.

In dieser Arbeit werden erstmalig Entscheidungshilfen für den Aufbau und Einsatz von Intranets in KMU auf breiter Basis bereitgestellt und eine wissenschaftliche Betrachtung des Employee-Self-Service (ESS) durchgeführt.

Visionen

Auf Basis der in dieser Arbeit entwickelten Erkenntnisse werden abschließend einige Visionen zum Stand der Entwicklung von Intranets im Jahr 2010 formuliert:

- Intranet wird nicht mehr als Modebegriff anzutreffen sein, dafür prägen Intranets als intelligente Nervensysteme mit Universalcharakter die IuK-Struktur fast aller Unternehmen unabhängig vom Betriebstyp, der Branche und der Unternehmensgröße.

- Offene Standards dominieren als Grundlage den Aufbau von IuK-Systemen. Middleware wird soweit ausgereift sein, daß ihr Einsatz auch ohne Expertenwissen realisierbar ist. Durch diese Voraussetzungen ist die Bereitstellung einer ganzen Anwendungslandschaft auf Basis von Komponenten möglich. Softwareanbieter spezialisieren sich zunehmend auf die Bereitstellung von Komponenten, welche auf offenen allgemeinen Standards beruhen. Diese Standards schließen betriebswirtschaftliche Strukturen und Geschäftsprozesse ein.

- Speicherkapazität, Bandbreite, Performance und Mobilität bilden in einigen Jahren keine Engpässe mehr. Daraus ergeben sich weitere Anwendungsdimensionen und ein weiteres Eindringen von DV-Anwendungen in Routineprozesse (Spracherkennung, automatisierte Präsentation) und kreative Aufgabengebiete (Gruppeneditoren, PDAs als Datenspeicher). Intranets unterstützen die in einigen Jahren zu erwartende Allgegenwärtigkeit (Ubiquität) von DV-Anwendungen in allen IuK-Prozessen.

- Softwareprodukte werden intelligenter (z. B. durch Einsatz intelligenter Agenten) und bieten zunehmend Funktionen auf semantischer Ebene. Die Integration externer Daten wird automatisiert und transparent in Intranets vorgenommen.

- Der Zugriff auf Informationen wird wesentlich einfacher und sicherer (z. B. durch biometrische Verfahren), mobile LANs erhöhen die Flexibilität und ermöglichen einen transparenten Netzzugang als Backup-System bei Ausfällen.

- Der Zugang zu allen Systemen erfolgt transparent über intelligente Portale mit weitreichenden Möglichkeiten der Personalisierung und Oberflächenwahl. Allgemein akzeptierte Dokumentenstandards werden die Bürokommunikation prägen.

- Die zwischenbetriebliche Zusammenarbeit spielt sich weitgehend über das Internet ab. Abstimmungsprozesse zu Produkten, Preisen und Konditionen werden über entsprechende an Intranets gekoppelte Systeme abgewickelt.

- Ähnlich dem heutigen Stand der Telefonverkabelung wird es selbstverständlich sein, im Rahmen der strukturierten Verkabelung alle Orte eines Unternehmens mit breitbandigen Anschlüssen zur Daten- und Telekommunikation zu versorgen.

- Kenntnisse und Fertigkeiten zur Nutzung des WWW und weiterer Dienste haben sich als Allgemeinbildung etabliert und sind Bestandteil der Schulbildung.

- Moderne Methoden der Kommunikation und Informationsrecherche werden in vielen Berufen bereits in der Ausbildung vermittelt und können so auch in KMU ohne weitere Qualifikationsmaßnahmen genutzt werden.

- Die Installation von Systemen für Intranets wird weiter vereinfacht und automatisiert, so daß schnell eine Standardfunktionalität zur Verfügung steht. Dies vereinfacht den Zugang für KMU zusätzlich.

- Internettechnologien werden auch ohne explizite Installation eines Intranets zunehmend die gesamte IuK-Systemwelt durchdringen (z. B. bei der Einführung von Telekommunikationsanlagen oder Automatisierungssteuerungen, die mit Zugriff über Web-Oberfläche administriert werden).

Der Weg zu leistungsfähigen IT-Strukturen der Zukunft führt über offene Standards, hohe Leistungsfähigkeit und Verfügbarkeit, hohe Interoperabilität und verringerten Wartungsaufwand. Die technologische Basis dafür steht durch Internettechnologien bereits zur Verfügung. Standards für die Abwicklung betrieblicher Prozesse befinden sich in der Entwicklung, leistungsfähige Softwarekomponenten zur flexiblen Nutzung in Intranet und Internet sind in naher Zukunft zu erwarten.

Quellenverzeichnis

3GPP 01	o. V.: Third Generation Partnership Project; unter: http://www.3gpp.org/About_3GPP/3gpp.htm; Abruf am 04.07.01.
ADSL 01	o. V.: ADSL-Support; unter: http://adsl-support.de; Abruf am 15.01.01.
AHLERS u. a. 00	Ahlers, E./ Zivadinovic, D.: Datenkuriere - 12 WLAN-Systeme für schnelle Funknetzwerke; in: c't 2000 H. 22, S. 260–273.
AHLERS 01	Ahlers, E.: Leinen los! – Bluetooth kommt – langsam, aber sicher; in: c't 2001 H. 9, S. 100–101.
AHLERS u. a. 01	Ahlers, E./ Ziegler P.-M.: Netz aus der Dose Internet-Zugang per Stromnetz wird praktikabel; in: c't 2001 H. 13, S. 116–121.
ALPAR 96	Alpar, P.: Kommerzielle Nutzung des Internet; Berlin/ Heidelberg 1996.
ALPAR u. a. 98	Alpar, P. u. a.: Unternehmensorientierte Wirtschaftsinformatik – Eine Einführung in die Strategie und Realisierung erfolgreicher IuK-Systeme; Braunschweig/ Wiesbaden 1998.
ALTMANN 99	Altmann, H.: Intranets als Integrationsplattform; Seminararbeit, Seminar - Intranet: Konzept, Technologie, Anwendung; Dresden 1999.
ANTWEILER 95	Antweiler, J.: Wirtschaftlichkeitsanalyse von Informations- und Kommunikationssystemen (IKS); Köln 1995.
APPSOLUT 01	o. V.: Appsolut Enterprise Portal 2.0 – Business View – White Paper; unter: http://www.appsolut.com; Abruf am 30.04.2001 (geschlossene Benutzergruppe).
ARS 00	o. V: Bluetooth – ein Standard für die drahtlose Kommunikation im Nahbereich; unter: http://www.ars2000.com/PDF/bluetooth-WhitePaper.pdf; Abruf am 30.04.2001.
ASSFALG u. a. 98	Assfalg, R./ Goebels, U./ Welter, H.: Internet-Datenbanken – Konzepte, Modelle, Werkzeuge; Bonn 1998.
ASTRA 01	o. V.: IT Glossar; unter: http://www.astra-gmbh.de/astrawebsite/glossar/glossar.html; Abruf am 01.07.01.
AXHAUSEN 98	Axhausen, D.: Sicher im Extranet-Verkehr; in: Network Computing, 1998 H. 13, S. 26-28.
BABCOCK 96	Babcock, C.: Client/server is daed; Long live the intranet; in: Computerworld 1996 H. 11, S. 126.
BACH 00	Bach, V.: Business Knowledge Management : Wertschöpfung durch Wissensportale; in: Bach, V./ Österle, H./ Vogler, P. (Hrsg.): Business Knowledge Management in der Praxis; Berlin/ Heidelberg 2000.
BACHFELD 01	Bachfeld, D.: Sicheres Netz im Netz – Der Aufbau von Virtual Private Networks; in: c't 2001 H. 17, S. 164-169.

BAGER 99	Bager, J.: Das Handy spricht Web; in: c´t 1999 H. 22, S. 126.
BAGER u. a. 01	Bager, J./ Kossel, A.: Die Software-Vermieter - Application Service Provider: Anwendungen, Technik, Risiken; in: c't 2001 H. 7, S. 190-195.
BAGER 02	Bager, J.: Überall im Netz – Unterwegs E-Mail, Web, WAP, Unified Messaging, Terminplaner und Adressbuch nutzen; in: c't 2002 H. 9, S. 92-99.
BAHLE 99	Bahle, W.: Editorial – Nicht immer, aber immer öfter; in: it-av – Industrielle Informationstechnik für Systemintegration, Workflowmanagement, Arbeitsvorbereitung, Software; 1999 H. 6, S. 3.
BARRON u. a. 96	Barron, B./ Ellsworth, J. H./ Savetz, K. M.: Internet für Insider; Haar bei München 1996.
BECHTOLSHEIM u. a. 01	von Bechtolsheim, M./ Oberbauer, R.: Content Management ist Wissensmanagement – Strategie, Prozesse, Technologien; in: IM Information Management & Consulting 16. Jg. 2001 H. 3, S. 7-11.
BEHME 99	Behme, H.: Stil-Leben – XSLT: Transformation von XML-Dokumenten; in: iX 1999 H. 11, S. 181.
BEHME u. a. 00	Behme, H./ Mintert, S.: XML in der Praxis; München 2000.
BEUTHNER 00	Beuthner, A.: Dokumentenmanagement: Ordnung in der täglichen Informationsflut – Papierfreie Zonen bringen den Unternehmen enorme Zeitvorteile; in: Industrieanzeiger 2000 H. 14, S. 26.
BICHLER 97	Bichler, M.: Aufbau unternehmensweiter WWW-Informationssysteme; Braunschweig/ Wiesbaden 1997.
BLEICH u. a. 01	Bleich, H./ Ziegler, P.-M.: Freibriefe - Das E-Postfach als Zentrum mobiler Kommunikation; in: c´t 2001 H. 10, S. 158-163.
BLOCK 99	Block, C. H.: Internet, Intranet und Extranet für Manager; Landsberg/Lech 1999.
BLYTHE 00	Blythe, S.: Bausteine für das Unternehmensportal; in: IT-Journal 2000 H. 6, S. 38-40.
BMWI 01	o. V.: Initiative “Sicherheit im Internet” unter: http://www.sicherheit-im-internet.de/home/home.phtml; Abruf am 04.02.2001.
BOGASCHEWSKY u. a. 99	Bogaschewsky, R./ Kracke, U.: Internet – Intranets – Extrants: Strategische Waffe für die Beschaffung; Gernsbach 1999.
BOGNAR 98	Bognar, I.: Routing im Internet: Einführung; unter: http://www-fs.informatik.uni-tuebingen.de/~bognar/MMseminar/ struktur.html; Abruf am 18.06.01.
BORN 00	Born, A.: Tore zum Wissen – EIP: alles unter einem Hut; in: iX 2000 H. 2, S. 18.

BOROWSKY u. a. 01 — Borowski, R./ Scheer, A.-W.: Wissensmanagement mit Portalen; in: IM Information Management & Consulting 16. Jg. 2001 H. 1, S. 62-67.

BRUDER 00 — Bruder, G.: Die Chancen für xDSL stehen gut; in: Computerwoche 2000 H. 13, S. 60-62.

BURGHARDT 98 — Burghardt, P.: Intranet – Einsatz – Erfahrungen – Perspektiven; München 1998.

BUXMANN 97 — Buxmann, P.: Protokoll, höheres; in: Mertens, P. u. a. (Hrsg.): Lexikon der Wirtschaftsinformatik; Berlin/ Heidelberg 1997, S. 331-332.

CGI 01 — o. V.: The Common Gateway Interface – RFC Project Page; unter: http://cgi-spec.golux.com/; Abruf am 17.09.2001.

CIANCIOLO 00 — Cianciolo, S.: Kein Pardon für Hacker – 100-prozentige Sicherheit im Web gibt es nicht; in: c't 2000 H. 11, S. 74.

CLAUSS u. a. 02 — Clauss, W. ; Engstler, M.; Waltert, J.: Optimierte Geschäftsprozesse durch Intranet-/ Extranet-Technologie; unter: http://www.fdl.iao.fhg.de/pdfs/optimgesch.pdf; Abruf am 20.04.2002.

CM 01 — o. V.: Übersicht zu Content-Management-Software; unter: http://www.contentmanager.de; Abruf am 04.09.2001.

CW 95 — o. V.: Mit Internet-Tools läßt sich kein Geld verdienen – Netmanage setzt künftig auf das Enterprise-Networking-Geschäft; in: Computerwoche 1995 H. 43, S. 26.

CW 98 — o. V.: Technik steht an zweiter Stelle – Intranets sind eine Frage der Firmenorganisation; in: Computerwoche 1998 H. 22, S. 23-24.

CW 00a — o. V.: DIHT befragt 22000 Unternehmen - Investitionen in Internet und E-Business; in: Computerwoche 2000 H. 50, S. 29.

CW 00b — o. V.: WAP fällt bei Usern durch; in: Computerwoche 2000 H. 50, S. 37.

CW 00c — o. V.: Portale; in: Computerwoche 2000 H. 44, S. 34.

CW 00d — o. V.: Pilotprojekt für Internet-Zugang mit Satelliten-Rückkanal geplant; in: Computerwoche 2000 H. 38, S. 35.

CW 00e — o. V.: Portale sind eine Reise und kein Ziel; in: Computerwoche 2000 H. 44, S. 35-36.

DAMBECK u. a. 02 — Dambeck, H./ Mansmann, U.: Globaler Briefkasten – Unified Messaging für Sprache, Faxe, E-Mails und SMS; in: c't 2002 H. 11, S. 170-179.

DASCHMANN 94 — Daschmann, H.: Erfolgsfaktoren mittelständischer Unternehmen; Stuttgart 1994.

DAVYDOV 01	Davydov, M.: Corporate Portals and e-Business Integration; McGraw-Hill Osborne 2001.
DIBBERN u. a. 01	Dibbern, J./ Heinzl, A.: Outsourcing der Informationsverarbeitung im Mittelstand: Test eines multitheoretischen Kausalmodells; in: Wirtschaftsinformatik 43. Jg. 2001 H. 4, S. 339-348.
DICK u. a. 01	Dick, A./ Gierich, T.: Komplettpakete – Application Service Provider: Chancen und Risiken für Unternehmen; in: c´t 2001 H. 7, S. 196-197.
DIEDRICH 00	Diedrich, O.: Regierung fördert Open Source – Entwickler freier Software gegen Software-Patente; in: c´t 2000 H. 12, S. 40.
DIERCKS 01	Diercks, J.: Websourcing – ASP: Zukunftsmarkt mit Startproblemen; in: iX 2001 H. 1, S. 106-111.
DIETZSCH u. a. 01	Dietzsch, A./ Esswein, W.: Gibt es eine "Softwarekomponenten Industrie"? Ergebnisse einer empirischen Untersuchung; in: Buhl, H.-U./ Huther, A./ Reitwieser, B. (Hrsg.): Information Age Economy; Heidelberg 2001, S. 667-680.
DIFFUSE 01	o. V.: Standards and Specifications List; unter: http://www.diffuse.org/standards.html; Abruf am: 05.07.01.
DISTERER 00	Disterer, G.: Individuelle und soziale Barrieren beim Aufbau von Wissenssammlungen; in: Wirtschaftsinformatik 42. Jg. 2000 H. 6, S. 539-546.
DÖGE 97	Döge, M.: Intranet: Einsatzmöglichkeiten, Planung, Fallstudien; Köln 1997.
ECKARDT u. a. 98	Eckardt, K.-J./ Nowak, R.: Standard Architekturen für Rechnerkommunikation, in: Handbuch der Informatik, Band 7.1, München/ Wien 1998.
ECKEL u. a. 97	Eckel, G./ Steen, W.: Intranets – Technik, Aufbau und effektiver Nutzen im Unternehmen; München/ Wien 1997.
ECKERT 01	Eckert, G.: Firmen müssen mobile Strukturen schaffen; in: Computer-Zeitung 2001 H. 16, S. 1.
EICKLER u. a. 99	Eickler, S./ Nietsch, M.: Standards zum objektorientierten Paradigma; in: Wirtschaftsinformatik 41. Jg. 1999 H. 4, S. 358-370.
ENDRES u. a. 99	Endres, J./ Fremerey, F.: Volles Rohr – T-DSL in Theorie und Praxis. in: c't 1999 H. 16, S. 120 – 125.
ENDRES 00	Endres, G.: ASP-Marktprognosen – Mittelstandsinteressen können die Software zur Miete boomen lassen; in: Computer-Zeitung 2000 H. 40, S. 23.
ENGSTLER 99	Engstler, M.: Einführungsmodell für intranetbasierte Anwendungssysteme; in: Gesellschaft für Informatik, Fachausschuß Management der Anwendungsentwicklung und -wartung; Rundbrief 1999 H. 2, S. 12-18.

ERNST 00	Ernst, L.: Rent it - ASP bieten kleinen und mittleren Unternehmen Kostenentlastung; in: Computer@Produktion; 2000 H. 7, S. 52.
EWE 99	Ewe, J.: Web-to-Host: Terminal-Emulationen im Web. in: Client/Server-Computing 1999 H. 4, S. 18-19.
FASTCGI 00	o. V.: Fast-CGI; unter: http://fast-cgi.com; Abruf am 06.05.2000.
FISCHER u. a. 97	Fischer, S./ Walter, M.: Intranet; München/ Wien 1997.
FISCHER u. a. 98	Fischer, S. u. a.: Open Security; Berlin/ Heidelberg 1998.
FÖCKER u. a. 00	Föcker, E./ Lienemann, C.: Informationslogistische Dienste für Unternehmensportale; in: Wissensmanagement 2. Jg. 2000 H. 3, S. 18-22.
FOCUS 01	o. V.: Der gläserne Mitarbeiter – Wie Chefs die elektronische Kommunikation überwachen (dürfen); unter: htp://www.focus.de/D/BX/DBX26/dbx26.htm; Abruf am 21.01.01.
FRANZ 01	Franz, A.: Mobilität im Intranet – technische Möglichkeiten und ökonomische Potentiale; DiplArb., Dresden 2001.
FRÖHLICH 98	Fröhlich, U.: Employee Self Service: Prozeßoptimierung durch Intranet-Anwendungen im HR-Bereich; in: Personalführung 1998 H. 3, S. 20-21.
GATES 00	Gates, B.: Digitales Business; München 2000.
GENADIEVA 01	Genadieva, G.: Intranetunterstützung von Endbenutzerwerkzeugen – Entwicklungsstand und Tendenzen beim Einsatz in KMU; DiplArb., Dresden 2001.
GERSDORF 02a	Gersdorf, R.: Potenziale des Content-Management; in: Wirtschaftsinformatik 44. Jg. 2002 H. 1, S. 75-78.
GERSDORF 02b	Gersdorf, R.: Verteiltes Content Management für den Document Supply in der Technischen Dokumentation; in: Schoop u. a.: Dresdener Beiträge zur Wirtschaftsinformatik 2002 Bd. 35 Dresden 2002.
GIESEN 01	Giesen, A.: Content Management System und XML-Datenbank – Imperia AG und Software AG bündeln Software; unter: http://www.contentmanager.de/magazin/news_h1643_content_management_system_und_xml-datenbank_-.html; Abruf am 20.04.2002.
GOLDMANN u. a. 00	Goldmann, S./ Kunert, C.: LDAP (Lightweight Directory Access Protocol)-basierte Autorisierung ist ein entscheidender Erfolgsfaktor für unternehmensweite IT-Lösungen; Seminararbeit, Seminar: Wirtschaftsinformatik II; Universität Osnabrück 2000, unter: http://godard.oec.uni-osnabrueck.de/fachgeb/winf2/seminare/wi2_00/06; Abruf am 05.07.01.

GOLTZSCH 00	Goltzsch, P.: Patentgeschützte Mausklicke – Das Softwarepatent zwischen Schutzengel und Schreckgespenst; in: c't 2001 H. 11, S. 220.
GÖTZER u. a. 01	Götzer, K. u. a.: Dokumentenmanagement – Informationen im Unternehmen effizient nutzen; 2. Auflage Heidelberg 2001.
GREER 97	Greer, T.: Intranets verstehen; München 1997.
GRONAU 97	Gronau, N.: Migration von Engineering Management Systemen in den Mittelstand; Berlin 1997, S. E11-E17.
GRÖTSCHEL u. a. 96	Grötschel, M./ Lügger, J.: Neueste Entwicklungen der Informations- und Kommunikationstechnik und ihre Auswirkungen auf den Wissenschaftsbetrieb - Zur Entwicklung des Internet, Standardisierung; unter: http://elib.zib.de:88/edu/gib/kap-3.1.html; Abruf am 18.06.01.
GRUBER 00	Gruber, P.: Business Portals ordnen Märkte und Prozesse; in: Computerwoche 2000 H. 12, S. 29.
GUTIERREZ 00	Gutierrez, D.: Web-Datenbanken für Windows Plattformen; München 2000.
HÄCKELMANN u. a. 00	Häckelmann, H./ Petzold, H./ Stahringer, S.: Kommunikationssysteme: Technik und Anwendungen; Berlin/ Heidelberg 2000.
HAMER 97	Hamer, E.: Volkswirtschaftliche Bedeutung von Klein- und Mittelbetrieben; in: Pfohl, H.-C. u. a. (Hrsg.): Betriebswirtschaftslehre der Mittel- und Kleinbetriebe – größenspezifische Probleme und Möglichkeiten zu ihrer Lösung, Berlin 1997, S. 27-50.
HANSEN u.a. 01	Hansen, H. R./ Neumann, G.: Wirtschaftsinformatik I; 8. Aufl. Stuttgart 2001.
HAROLD 00	Harold, E.-R.: Die XML-Bibel; Bonn 2000.
HECKERT 02	Heckert, U.: Informations- und Kommunikationstechnologie beim Wissensmanagement; Diss. Wiesbaden 2002.
HELFRICH 97	Helfrich, M.: Rechtliche Tücken beim Surfen unter Aufsicht; in: PC Professionell 1997 H. 7, S. N15.
HEIN 98	Hein, M.: TCP/IP; 4. Aufl. Bonn 1998.
HEINRICH u. a. 98	Heinrich, L./ Roithmayr, F.: Wirtschaftsinformatik-Lexikon; 6. Aufl. München 1998.
HEINRICH 99	Heinrich, L.: Das Internet-Protokoll erobert die Netzwerke in den Unternehmen; in: Computer-Zeitung 1999 H. 49, S. 21.
HEINRICH 01a	Heinrich, W.: Ängste der Anwender lähmen den Markt für Mietsoftware / IT-Leiter trauen den Hosting-Anbietern nicht; in: Computer-Zeitung 2001 H. 32, S. 1, 17.
HEINRICH 01b	Heinrich, W.: DV-Manager bewerten die Mobil-IT noch kritisch; in: Computer-Zeitung 2001 H. 1+2, S. 6.

HEINZL u. a. 01	Heinzl, A./ König, W./ Hack, J.: Erkenntnisziele der Wirtschaftsinformatik in den nächsten drei und zehn Jahren; in: Wirtschaftsinformatik 43. Jg. 2001 H. 3, S. 223-233.
HENNING 01	Henning, P.: Taschenbuch Multimedia; 2. Aufl. München 2001.
HEUER u. a. 00	Heuer, A./ Klettke, M./ Meyer, H.: Datenbanken im WWW – Von CGI bis JDBC und XML; in: Heilmann, H. u. a. (Hrsg.): HMD Praxis der Wirtschaftsinformatik – WWW & Datenbanken, 37. Jg. 2000 H. 214, S. 5-22.
HEYER 00	Heyer, J.: Wellenreiter; in: PC Professionell 2000 H. 8, S. N6-N19.
HIMMELEIN 00a	Himmelein, G.: Aufs Web gezielt. Praxistest Office-Pakete: HTML-Export; in: c't 2000 H. 23, S. 216-221.
HIMMELEIN 00b	Himmelein, G.: Der Wwwiderspenstigen Zähmung – Office-Dokumente fürs Web flott machen; in: c't 2000 H. 9, S. 134-141.
HÖLLER u. a. 99	Höller, J./ Pils, M./ Zlabinger, R.: Internet und Intranet; 2. Aufl. Berlin 1999.
HORN 99	Horn, T.: Internet – Intranet – Extranet – Potentiale im Unternehmen; München 1999; Glossar unter: http://www.sowinet.com/glossar/; Abruf am 28.06.01.
HOSSENFELDER 00	Hossenfelder, R.: Möglichkeiten zur Anbindung von Datenbanken an das WWW – vergleichende Bewertung und prototypische Realisierung; DiplArb., Dresden 2000.
HUNT 98	Hunt, R.: Internet/Intranet firewall security – policy, architecture and tranaction services; in: Computer Communications 21. Jg. 1998, S. 1107-1123.
HZ 96	o. V.: Wie Firmen mit dem Internet Kosten sparen; in: Schweizer Handels-Zeitung Nr. 4 vom 25.01.1996.
IBM 95	o. V.: An Introduction to Wireless Technology; unter: http://www.redbooks.ibm.com/pubs/pdfs/redbooks/sg244465.pdf; Abruf am 07.04.2001.
IDM 01	o. V.: Putting Your Intranet to Work – 50 Ideas for Department-Specific Applications; unter: http://www.intranetjournal.com/features/usweb/50ways-toc.shtml; Abruf am 23.07.01.
IFM 93	o. V.: Institut für Mittelstandsforschung Bonn: Unternehmensgrößenstatistik 1992/1993 – Daten und Fakten; in: BMWi (Hrsg.): Studienreihe Nr. 80, Bonn 1993.
IMPERIA 02	o. V.: Content-Management-System und XML-Datenbank – Imperia AG und Software AG bündeln Software; unter: http://www.imperia.de/de/htmls/unternehmen/pressemitteilungen/01210/; Abruf am 21.04.2002.

IPEDO 02	o. V. : unter: ipedo XML-Database; unter: http://www.ipedo.com/html/products_xml_dat.html; Abruf am 21.04.2002.
ISO 01	ISO, o. V.: Introduction – What are standards; unter: http://www.iso.ch/iso/en/aboutiso/introduction/index.html; Abruf am: 17.07.01.
ISOC 01	o. V.: Prozesse der Standardisierung; unter: http://www.isoc.org/images/process.gif; Abruf am 19.06.01.
ITTER 99	Itter, R.: Internet-basierte Informationssystme in betrieblichen Prozessen – Einsatzbereiche und Vorgehensmodell; Köln 1999.
IX 02	o. V.: Web Dictionary; unter: http://xml.ix.heise.de/ix/cebit01/xslt/dict/dictionary.xml; Abruf am: 13.04.02.
JACOB 98	Jacob, O.: Einführung und Einsatz von Standardanwendungs-software im Mittelstand; in: Jacob, O./ Uhink, H.-J. (Hrsg.): SAP R/3 im Mittelstand; Braunschweig/ Wiesbaden 1998, S. 1-28.
JAEGER 00	Jaeger, T.: Zwang zur Freiheit - Freie Software als Ausweg aus dem Lizenzterror; in: c't 2000 H. 8, S. 120-123.
JANAL 99	Janal, D.: Internet-Sicherheit für Unternehmen; Frankfurt/M 1999.
JOHANN 00	Johann, M.: Workflow mit J2EE; in: Windows 2000 Magazin, 2000 H. 3, S. 64-66.
KABIR 99	Kabir, M.: Die Apache Administration Bibel; Bonn 1999.
KAFKA 01	Kafka, G.: Gigabit Ethernet Everywhere; in: Funkschau 2001 H. 1, S. 46-49.
KAISER 00	Kaiser, T.: Methode zur Konzeption von Intranets; Bamberg 2000.
KARAJANNIS u. a. 00	Karajannis, A./ Bissel, T.: Webenslauf – Content Management Systeme im Vergleich; in: iX 2000 H. 11, S. 66-75.
KARGL 98	Kargl, H.: Grundlagen von Informations- und Kommunikations-systemen; München 1998.
KAUFFELS 00	Kauffels, F.-J.: Durchblick im Netz; 3. Aufl. Bonn 2000.
KESDOGAN 00	Kesdogan, D.: Privacy im Internet; Braunschweig/ Wiesbaden 2000.
KLEINALTENKAMP 97	Kleinaltenkamp, M.: Die Bedeutung von Produktstandards für eine dynamische Ausrichtung strategischer Planungskonzepte, in: Strategische Planung, Bd. 3, S. 1-16, Heidelberg 1997.
KLUßMANN 97	Klußmann, N.: Lexikon der Kommunikations- und Informationstechnik; Heidelberg 1997.
KNABL 01	Knabl, G.: Application Service Provider – Marktwachstum nach unten korrigiert; in: Funkschau 2001 H. 4, S. 6.

KÖHNTOPP 00	Köhntopp, K.: Alles dicht - Web-Server vor unbefugtem Zugriff schützen; in: iX 2000 H. 5, S. 50-55.
KOSSEL 96	Kossel, A.: Hausmannskost – Wie die Softwareindustrie das Intranet schmackhaft machen will; in: c't 1996 H. 10, S. 298-300.
KOSSEL 00	Kossel, A.: WAP-Wahn – Das Märchen vom Surfen mit dem Handy; in: c't 2000 H. 9, S. 194-195.
KOSTER 99	Koster, K.: Informations- und Kommunikationstechnologien in Unternehmen; München 1999.
KRAUSE 00	Krause, J.: PHP – Webserver-Programmierung unter Windows und LINUX; München 2000.
KRÖBER 99	Kröber, J.: Untersuchung der Einsatzpotentiale der CORBA-Technologie zur Realisierung von E-Commerce Lösungen; DiplArb., Dresden 1999.
KRÜGER u. a. 00	Krüger, J.; Märtin, C.: Dehnbare Formate – SVG und VML: XML-Alternativen für dynamische Webgrafiken; in: iX 2000 H. 11, S. 148.
KUNOW u. a. 99	Kunow, K./ Schwickert, A.: Intranet-basiertes Workgroup-Computing; in: Arbeitspapiere WI 3/1999, Hrsg.: Lehrstuhl für Allg. BWL und Wirtschaftsinformatik, Johannes Gutenberg Universität Mainz 1999.
KÜNTSCHER 00	Küntscher, T.: Selbstmanagement im Intranet – Web-basierte Back-Office-Lösungen für kleine und mittelständische Unternehmen; DiplArb., Dresden 2000.
KUPPINGER 00	Kuppinger, M.: Verbindungen schaffen; in: IT-Journal 2000 H. 6, S. 36-37.
KURDELSKI 00	Kurdelski, L.-P.: Verteile, kombiniere und herrsche; in: NetworkWorld, 2000 (20. April), S. 17-18.
KURI 99a	Kuri, J.: Sprache in Päckchen – Telefonieren über TCP/IP: Spielerei oder Zukunftstechnik?; in: c't 1999 H. 10, S. 220-229.
KURI 99b	Kuri, J.: Virtual Private Networks als Abhilfe gegen Lauschangriffe; in: c't 1999 H. 4, S. 190-195.
KURI 00	Kuri, J.: Internet-Zugang für mehrere Rechner über das lokale Netzwerk; in: c't 2000 H. 18, S. 140-143.
KYAS 97a	Kyas, O.: Corporate Intranets – Strategie, Planung, Aufbau; Bonn 1997.
KYAS 97b	Kyas, O.: Netscape Communicator – Einsatz in Intranet und Internet; Bonn 1997.
LABS 00a	Labs, L.: Surfen im Garten-Schnurlos surfen und telefonieren per DECT; in: c't 2000 H. 16, S. 144-147.
LABS 00b	Labs, L.: T-Online-Flatrate als günstige Standleitungsalternative; in: c't 2000 H. 24, S. 252-253.

LARISCH 98	Larisch, D.: Netzwerkpraxis für Anwender; 2. Aufl. München 1998.
LATUSKE 98	Latuske, R.: IrDA – Ein Protokoll zur Datenübertragung mit Infrarotlicht; unter: http://www.ars2000.com/pdf/IrDA-WhitePaper.pdf; Abruf am 30.04.2001.
LEHR 99	Lehr, U.: Integrierte Entwicklungs- und Betriebsumgebung; in: Client/Server-Magazin, 1999 H. 11, S. 80.
LEPSCHIES 99	Lepschies, G.: E-Commerce und Hackerschutz; Braunschweig/ Wiesbaden 1999.
LIESS 00	Liess, A.: ASP: Service Realität 2000; in: Application Service Providing; IM Information Management & Consulting 15. Jg. 2000 Sonderausgabe, S. 7-13.
LIEßMANN u. a. 99	Ließmann, H./ Kaufmann, T./ Schmitzer, B.: Bussysteme als Schlüssel zur betriebswirtschaftlich-semantischen Kopplung von Anwendungssystemen; in: Wirtschaftsinformatik 41. Jg. 1999 H. 1, S. 12-19.
LIPINSKI 96	Lipinski, K.: Lexikon der Datenkommunikation; 4. Aufl. Bonn 1996.
LOBIN 00	Lobin, H.: Informationsmodellierung in XML und SGML; Berlin 2000.
LOESER 98	Loeser, H.: Techniken für Web-basierte Datenbankanwendungen: Anforderungen, Ansätze, Architekturen; in: Informatik – Forschung und Entwicklung, 13. Jg. 1998, H. 4, S. 196-216.
LOHRER 00	Lohrer, M.: Gute Gründe für Content Management; in: Webtrade 2000 H. 9, S. 29.
LOHSE 01	Lohse, M.: Vergleichende Buchbesprechnung – Intranets; in: Wirtschaftsinformatik 43. Jg. 2001 H. 3, S. 321-325.
LOSHIN 99	Loshin, P.: Internet Standards Organisations; unter: http://www.internet-standard.com/orgs.html; 1999; Abruf am 24.06.01.
LUCKHARDT 99	Luckhardt, N.: c't -Krypto-Kampagne; in: c't 1999 H. 6, S. 99.
LYBAERT 96	Lybaert, N.: Information: Erfolgsfaktor in industriellen KMU am Beispiel Belgiens; in: Internationales Gewerbearchiv 1996 H. 4, S. 43-54.
MANDL u. a. 00	Mandl, P./ Bauer, N.: Rollenspiel – Chancen und Risiken der EJB-Komponententechnik; in: iX 2000 H. 1, S. 108.
MARTIUS 00	Martius, K.: Sicherheitsmanagement in TCP/IP Netzen; Braunschweig/ Wiesbaden 2000.
MERSCH 02	o. V. (Mersch Online): Security; unter: http://www.mersch.com/research/xchange/security.htm; Abruf am 13.04.02.
MERTENS 00	Mertens, P.: Ist Sprachpanschen echt cool; in: Wirtschaftsinformatik 42. Jg. 2000 H. 1, S. 3.

MERTENS u. a. 00	Mertens, P./ Lohmann, M.: Branche oder Betriebstyp, als Klassifikationskriterien für die Standardsoftware der Zukunft? in: Bodendorf, F./ Grauer, M. (Hrsg.): Verbundtagung Wirtschaftsinformatik 2000; Aachen 2000.
METWERDT 98	Metwerdt, C.: Management auf Zeit in kleinen und mittleren Unternehmen (KMU); Bamberg 1998.
MIEZE 97	Mieze, T.: Intranet – Vorsicht vor Schnellschüssen; in: Diebold Management Report 1997 H. 4, S. 12-16.
MILLEG u. a. 01	Milleg, D./ Wagner, B.: Effizientes Content Management – ein strategischer Hebel für das Medienhaus der Zukunft; in: IM Information Management & Consulting 16. Jg. 2001 H. 3, S. 36-41.
MOCKER u. a. 98	Mocker, H./ Mocker, U.: Intranet – Internet im betrieblichen Einsatz; 2. Aufl. Frechen-Königsdorf 1998.
MÖCKEL 98	Möckel, R.: Neue Perspektiven des Informationsaustausches von Marktteilnehmern durch neue Technologien; DiplArb., Dresden 1998.
MORCZINEK 01	Morczinek, M.: Employee Self Service – Systematisierung, Produkte und Potenziale der mobilen Nutzung; DiplArb., Dresden 2001.
MÜLDER 00	Mülder, W.: Personalinformationssysteme – Entwicklungsstand, Funktionalität und Trends; in: Wirtschaftsinformatik 42. Jg. 2000 Sonderheft IT & Personal, S. S-98 - S-106.
MÜLDER 01	Mülder, W.: Employee Self Service – Delegation von Personalarbeit an Mitarbeiter, Manager und Bewerber (Leseprobe); unter: http://www.flexible-unternehmen.de/kv0905.htm; Abruf am 06.09.2001.
MÜLLER u. a. 97	Müller, G./ Kohl, U./ Schoder, D.: Unternehmenskommunikation: Telematiksysteme für vernetzte Unternehmen; Bonn 1997.
NAPPENBACH 98	Nappenbach, F.: Internetstandards – Strategische Bedeutung und Durchsetzung; unter: http://www.nappenbach.de/fabian/diplomarbeit.html; DiplArb., Augsburg 1998; Abruf am 17.06.01.
NETCRAFT 02	o. V.: The Netcraft Web-Server Survey; unter: http://www.netcraft.com/survey; Abruf am 05.05.02.
NIKOLAI u. a. 00	Nikolai, D./ Daniel, K./ Kühn, E.: Turbolader für Funk-Bits - Zehnfach schneller drahtlos surfen mit EDGE; in: c't 2000 H. 19, S. 190-197.
NOACK u. a. 00	Noack, J. u. a.: Architekturen für Network Computing; in: Wirtschaftsinformatik 42. Jg. 2000 H. 1, S. 5-14.
NOGATZ 00	Nogatz, G.: Die Brücken zwischen Web-Technik und IT-Umgebung; in: webtrade 2000 H. 9, S. 20-22.

NÖLLE u. a. 01	Nölle, J./ Ziegler P.-M.: Paket-Telefonie – VoIP im LAN-Konvergenz von Sprache und Daten; in: c't 2001 H. 16, S. 156-159.
NOWACK 98	Nowack, K.: Integration von Rechnungswesen und Logistik mit R/3 im Mittelstand; in: Jacob, O./ Uhink, H.-J. (Hrsg.): SAP R/3 im Mittelstand; Braunschweig/ Wiesbaden 1998, S. 79-96.
NUSSER 98	Nusser, S.: Sicherheitskonzepte im WWW; Berlin/ Heidelberg 1998.
ORFALI u. a. 97	Orfali, R./ Harkey, D./ Edwards, J.: CORBA, Java and the Object Web; unter: http://www.byte.com/art/9710/sec6/art3.htm; Abruf am 16.06.01.
OSI 01	o. V.: Open Source Inintiative; unter: http://www.opensource.org; Abruf am 01.07.01.
PAKSTAS 99	Pakstas, A.: Towards electronic commerce via science park multi-Extranets in: Computer Communication 22. Jg. 1999, S. 1351-1363.
PALASS 96	Palass, B.: Checkpoint zum Dschungel; in: Manager Magazin 1996 H. 9.
PAPENFUß 98	Papenfuß, S.: Vorschlag für eine Informationsinfrastruktur für die kooperativ auftragsbezogene Bündelung von KMU-Ressourcen; in: Schoop u. a.: Dresdener Beiträge zur Wirtschaftsinformatik 1997 Bd. 27 Dresden 1998.
PASK 00	Pask, J.: Employee Self-Service (ESS) – Present and Future; unter: http://www.delphis.com/sap/ess/ess.html; Abruf am 06.09.01.
PAUL u. a. 97	Paul, J. A. u. a.: Das große Buch - Intranet; Düsseldorf 1997.
PAYER 01	Payer, M.: Computervermittelte Kommunikation – Kapitel 2: Kommunikationsprotokolle; unter: http://www.payer.de/cmc/cmcs02.htm; Version v. 19.04.01; Abruf am 13.06.01.
PÉREZ u. a. 98	Pérez, M. u. a. : Geschäftsprozesse im Internet mit R/3; Bonn 1998.
PETERSON u. a. 00	Peterson, L./ Davie. B.: Computernetze; Heidelberg 2000.
PFOHL 97	Pfohl, H.-C.: Abgrenzung der Klein- und Mittelbetriebe von Großbetrieben; in: Pfohl, H.-C. u. a. (Hrsg.): Betriebswirtschaftslehre der Mittel- und Kleinbetriebe – größenspezifische Probleme und Möglichkeiten zu ihrer Lösung, Berlin 1997, S. 1-26.
PHILLIPS 02	Phillips, L.-A.: XML – Modernes Daten- und Dokumentenmanagement; München 2002.
PLATTNER u. a. 00	Plattner, B./ Lubich, H.: Grundlegende Design Prinzipien des Internet; unter: http://www.tik.ee.ethz.ch/~plattner/kurse_external/TCP-IP/einfuehrung.pdf; Abruf am 17.06.01.

PLESSEL u. a. 01 Plessel, C./ Wilde, E.: Dienstbare Geister – Server-Side-Techniken im Web – ein Überblick; in: iX 2001 H. 3, S. 88-93.

POTT 98 Pott, O.: Intranet-Bibel – Das Standardwerk zur Intranet-Praxis; SmartBooks Publishing Kilchberg (CH) 1998.

PRENN 02 Prenn, C.: Wissensmanagement und Content – Teil 3; unter: http://www.contentmanager.de/magazin/artikel_115.html; Abruf am: 21.04.2002,

PROTOCOLS 01 o. V.: Protocol Directory; unter: http://www.protocols.com/protoc.shtml; Abruf am 04.07.01.

RAUTENSTRAUCH u. a. 01 Rautenstrauch, C./ Turowski, K.: Common Business Component Modell (COBCOM): Generelles Modell komponentenbasierter Anwendungssysteme; in: Buhl, H.-U./ Huther, A./ Reitwieser, B. (Hrsg.): Information Age Economy; Heidelberg 2001, S. 681-695.

RAWOLLE u. a. 99 Rawolle, J./ Lassahn, C./ Schumann, M.: Wege zur Absicherung eines Intranets; in: Informatik Spektrum 1999 H. 22, S. 181-191.

RAEPPLE 98 Raepple, M.: Sicherheitskonzepte für das Internet; Heidelberg 1998.

REBSTOCK 98 Rebstock, M.: Anbindung von SAP R/3 an Internet, Intranet und Extranet; in: Rebstock, M./ Hildebrand, K. (Hrsg.): SAP R/3 für Manager; Bonn 1998.

RECH 00 Rech, J.: Jetzt klappt's auch mit Kupfer – 1000Base-T: Gigabit Ethernet über Twisted-Pair-Kabel auf Kupferbasis; in: c't 2000 H. 14, S. 208-217.

REHÄUSER u. a. 96 Rehäuser, J./ Krcmar, H.: Wissensmanagement im Unternehmen; in: Schreyögg, G./ Conrad, P. (Hrsg.): Wissensmanagement; Berlin 1996, S. 1-40.

REICH 00 Reich, T.: Smartnet als Kernstück des Intranets der Credit Suisse; in: Bach, V./ Österle, H./ Vogler, P. (Hrsg.): Business Knowledge Management in der Praxis. Berlin/ Heidelberg 2000, S. 193-219.

REICHWALD u. a. 99 Reichwald, R. u. a.: Vernetzungsstrategien und Techniknutzung von Small Offices und Home Offices (SOHOs); in: Wirtschaftsinformatik 41. Jg. 1999 H. 4, S. 326-334.

REIMANN u. a. 00 Reimann, P./ Müller, K./ Starkloff, P.: Kognitiv kompatibel – Wissensmanagement: Brücke zwischen Technik und Psyche; in: c't 2000 H. 4, S. 274.

REINHARDT 94 Reinhardt, A.: Managing the New Document; in: BYTE 1994 H. 8, Coverstory/ unter: http://www.byte.com/art/9408/sec7/art1.htm; Abruf am 09.04.2002.

RENNAU 01 Rennau, T.: Unternehmensportale in KMU – Spezifik und kritische Erfolgsfaktoren; DiplArb., Dresden 2001.

RFC 02	o. V.: Request for Comments; unter: http://www.ietf.org/rfc.html; Abruf am 07.05.02.
RICHTER 00	Richter, S.: Analyse der Potentiale von Intranets in KMU; DiplArb., Dresden 2000.
RIGGERT 00	Riggert, W.: Betriebliche Informationskonzepte; 2. Aufl. Braunschweig/ Wiesbaden 2000.
RODRIGUEZ u. a. 99	Rodriguez, J. u. a.: Mobile Computing: The eNetwork Wireless Solution; unter: http://www.redbooks.ibm.com/pubs/pdfs/redbooks/sg245299.pdf; Abruf am 08.04.2001.
RÖHRIG u. a. 00	Röhrig, S./ Knorr, K./ Noser, H.: Sicherheit von E-Business-Anwendungen – Struktur und Quantifizierung; in: Wirtschaftsinformatik Heft 42. Jg. 2000 H. 6, S. 499-507.
ROHSE u. a. 00	Rohse, F./ Lennartz, S.: Wuchern mit Pfründen – Inhalte mit Content Management Systemen verwalten; in: c't 2000 H. 21, S. 184-195.
ROTHFUSS u. a. 00	Rothfuss, G./ Ried, C.: Content Mangement mit XML; Berlin 2000.
RSAG 01	o. V.: MOBILEsales; unter: http://www.rs-ag.com/deutsch/mobilesales.htm; Abruf am 01.05.2001.
SANDER u. a. 98	Sander, J./ Kröger, C.: Content Management: Intranets richtig aufsetzen; in: Diebold Management Report 12/1998, S. 14-18.
SAP 01a	o. V.: Application Szenarios; unter: http://www.sapmarkets.com/its/itsapps.htm; Abruf am 29.03.01.
SAP 01b	o. V.: The Release Strategy of mySAP.com Components; SAP Walldorf 2001.
SCHEER 92	Scheer, A.-W.: Architektur betrieblicher Informationssysteme: Grundlagen der Unternehmensmodellierung; 2.Aufl. Berlin 1992.
SCHAFFNER 98	Schaffner, M.: Optimierung der Geschäftsprozesse durch Intranet-Lösungen; in: Druckspiegel-Magazin für Druck und Kommunikation Heusenstamm 1998 H. 5, S. 28-32.
SCHEPP 00	Schepp, T.: Neue Standards für mehr Speed; unter: http://www.dv-markt.de/cgi-bin/artikelanzeigen-neu?ltyp=awi&Artikel=0011/00/01/110001-27.html; Abruf am 30.04.2001.
SCHERER 98	Scherer, A.: Intranet: Webbasierte Lösungen für vernetzte Unternehmen; Bonn 1998 (CD-ROM).
SCHMIDT 98	Schmidt, M.: Virtual Private Networks - vertraulicher Datenaustausch über das Internet; in: c't 1998 H. 8, S. 226-235.
SCHMIDT 00	Schmidt, M.-P.: Knowledge Communities – Mit virtuellen Wissensmärkten das Wissen in Unternehmen effektiv nutzen; München 2000.
SCHMIDT 01	Schmidt, M.: Aufräumen im Content Dschungel; in: IM Information Management & Consulting 16. Jg. 2001 H. 3, S. 30-35.

SCHMOLL u. a. 98	Schmoll, M./ Bauer, D./ Anders, J.: Schnelles Kupfer – High-speed-Infobahn fürs Wohnzimmer; in: c't 1998 H. 16, S. 78-83.
SCHOBLICK 01	Schoblick, R.: Firmengebäude in Kontakt; in: Intranet-Magazin 1. Jg. 2001 H. 3, S. 30-33.
SCHULTE u. a. 95	Schulte, B./ Claußen, I.: Ausprägungen mobiler, virtueller Arbeitsplätze; in: HMD 32. Jg. 1995 H. 184, S. 87-105.
SCHULZKI-HADDOUTI 00	Schulzki-Haddouti, C.: Sicherheitsökonomie – Von Kosten und Nutzen der IT-Sicherheit; in: c't 2000 H. 4, S. 138-143.
SCHWARZE 97	Schwarze, J.: Einführung in die Wirtschaftsinformatik; 4. Aufl. Herne 1997.
SCHWARZER u. a. 96	Schwarzer, B./ Krcmar, H.: Wirtschaftsinformatik - Grundzüge der betrieblichen Datenverarbeitung; Stuttgart 1996.
SCHWICHTENBERG 97a	Schwichtenberg, H.: Aufbau und Komponenten eines Intranet; unter: http://intranet.ejp.de/aufbau.html; Abruf am 13.09.2000.
SCHWICHTENBERG 97b	Schwichtenberg, H.: Intranet-Anwendungsbeispiele; unter: http://www.it-visions.de/intranet/anwend.htm; Abruf am 23.07.2001.
SCHWICHTENBERG 00	Schwichtenberg, H.: Neuester Stand – Neuerungen in VBScript und JScript 5.x; in: iX 2000 H. 10, S. 118-121.
SCHWÖGLER 02	Schwögler, S.: Regulierer bremsen Migration zu schnellen Funknetzen aus; in: Computer-Zeitung 2002 H. 16, S. 1.
SCOTT 98	Scott, J.: Organizational knowledge and the Intranet; in: Decision Support Systems 23. Jg. 1998, S. 3-17.
SEIFERT 00	Seifert, R.: Untersuchung innovativer Einsatzfelder von Intranets – Konzepte, Technologien, Produkte; DiplArb., Dresden 2000.
SEEGER 00	Seeger, J.: Vereinter Zugriff – Die Integration von Sprache, Fax und E-Mail; in: iX 2000 H. 2, S. 44-51.
SEICOM 01	o. V.: Lexikon; unter: http://www.seicom-muc.de/; Abruf am 28.06.01.
SEIMERT 98	Seimert, W.: Unternehmer ins Netz – Wie kleine und mittlere Unternehmen das Internet erfolgreich nutzen können; Wiesbaden 1998.
SIEGMUND 99	Siegmund, G.: Technik der Netze; 4. Aufl. Heidelberg 1999.
SIEMENS 01	Siemens, O.: Anforderungen an Content-Management – Systeme beim Aufbau intelligenter Enterprise-Portale; in: IM Information Management & Consulting 16. Jg. 2001 H. 3, S. 18-23.
SKYRME 99	Skyrme, D. J.: Knowledge Networking: Creating the Collaborative Enterprise; Oxford 1999.
SOEFFKY 97	Soeffky , M.: Middleware; in: Mertens, P. u. a. (Hrsg.): Lexikon der Wirtschaftsinformatik; Berlin/ Heidelberg 1997, S. 264-267.

SOMMERGUT 99	Sommergut, W.: Microsoft will mit Office 2000 Web-Publishing dominieren; in: Computerwoche 1999 H. 23, S. 17-18.
SPITTA u. a. 99	Spitta, T./ Ellerbrock, R./ Kuhlmann, A.: IV-Controlling und Informationsmanagement im Mittelstand – Abschließende Ergebnisse einer Fallstudie; in: Wirtschaftsinformatik 41. Jg. 1999 H. 6, S. 506-515.
SPROUT 95	Sprout, A.: The Internet Inside Your Company; in: Fortune Vol. 132 Nr. 11, S. 161-162.
STARKE 98	Starke, G.: Content-Management bringt heterogene Daten ins Web; in: Computerwoche 1998 H. 47, S. 38-40.
STEIN 99	von Stein, G.: Kommunikation preiswert – Ergebnisse der NetworkWorld-Intranet-Studie; in: NetworkWorld 1999 (15.10.1999), S. 80-81.
STEIN 00	Stein, T.: Intranet Organisation – Durch Content Management die Potentiale des unternehmensinternen Netzwerkzusammenschlusses nutzen; in: Wirtschaftsinformatik 42. Jg. 2000 H. 4, S. 310-317.
STEIN 01	Stein, E.: Taschenbuch Rechnernetze und Internet; Leipzig 2001.
STEINMETZ 00	Steinmetz, R.: Multimedia - Technologie: Grundlagen, Komponenten, Systeme; 3. Aufl. Berlin/ Heidelberg 2000.
STIEL 00	Stiel, H.: Hohe Gebühren verhindern den Erfolg der Satellitentechnik; in: Computerwoche 2000 H. 13, S. 65.
STRÄUBIG 00	Sträubig, M.: Projektleitfaden Internet-Praxis – Internet, Intranet, Extranet und E-Commerce konzipieren und realisieren; Braunschweig/ Wiesbaden 2000.
STRÄUBIG 01a	Sträubig, M.: Hilfe bei der Entscheidung; in: Intranet-Magazin 1. Jg. 2001 H. 1, S. 16-18.
STRÄUBIG 01b	Sträubig, M.: Sicher durchs Netz; in: Intranet-Magazin 1. Jg. 2001 H. 1, S. 32-36.
SZYPERSKI 99	Szyperski, N.: Komponenten-Software – Ein Markt im Aufbruch; unter: http://www.uni-koeln.de/wiso-fak/szyperski/veroeffentlichungen/komponenten-software.htm; 1999, Abruf am 28.09.2001.
TANENBAUM 00	Tanenbaum, A.: Computernetzwerke; 3. Aufl. München 2000.
TEKOM 02	o. V. (tekom – Gesellschaft für technische Kommuniktion e.V.): Berufsbild TR - Technischer Redakteur/ Technische Redakteurin; unter: www.tekom.de; Abruf am 19.04.02.
TELEKOM 02a	o. V.: T-ATM Bandbreiten voller Möglichkeiten; http://www.telekom.de/dtag/ipl1/cda/level2_a/0,3679,231,00.html; Abruf am 13.04.02.

TELEKOM 02b	o. V.: T-ATM Preisinformationen für Wählverbindungen; unter: http://www.telekom.de/ipl2/statics/181/downloads/T_ATM_Preise_Finale_Version.pdf; Abruf am 13.04.02.
TELEKOM 02c	o. V.: Business Online – Internetpower mit bis zu 1,5 Mbit/s; unter: http://www.telekom.de/business/cda/shop/1,8104,225_2_2901,00.html; Abruf am 30.04.02.
TILLMANN 97	Tillman, W.: Internet-Schnellbahn für jedermann – Highspeed-Technik fürs Wohnzimmer; in: c't 1997 H. 11, S. 324.
TILLMANN 00	Tillman, W.: Mobile Telegramme – Short Message Service: kurz getextet, schnell empfangen; in: c't 2000 H. 7, S. 198-203.
TISCHER u. a. 97	Tischer, M./Jennrich, B.: Internet – Technik und Programmierung; Düsseldorf, 1997.
TITTEL u. a. 96	Tittel, E. u. a.: WWW-Programmierung mit CGI; Bonn 1996.
TURAU 00	Turau, V.: Java Server Pages – Dynamische Generierung von Web-Dokumenten; Heidelberg 2000.
TUROWSKI u. a. 01	Turowski, K./ Fellner, K.-J.: XML in der betrieblichen Praxis; Heidelberg 2001.
UHINK 98	Uhink, H.-J.: R/3 für den Mittelstand – Nutzen und Angebotsstruktur; in: Jacob, O./ Uhink, H.-J. (Hrsg.): SAP R/3 im Mittelstand; Braunschweig/ Wiesbaden 1998, S. 29-58.
UUNET 00	o. V.: UUNET – Produkte. http://www.uunet.de/; Abruf am 10.01.2000.
VIEHWEGER 98	Viehweger, H.: E-Mail macht noch kein Workgroup-System aus; in: Client/Server-Computing 1998 H. 11, S. 65-68.
W3C 02	o. V. (W3C Consortium): W3C A to Z; unter: http://www.w3.org/; Abruf am 13.04.2002.
WAGNER 99	Wagner, M.: Kundenbindung geht nicht ohne Internet-Technologie; in: Computerwoche 1999 H. 8, S. 75-76.
WEIDNER 00	Weidner, H.: Sicherheit im WWW; in: HMD 37. Jg. 2000 H. 214, S. 89-102.
WEISSENBERGER 00	Weissenberger-Eibl; M.: Wissensmanagement als Instrument der strategischen Unternehmensführung in Unternehmensnetzwerken; Diss. München 2000.
WENZKE 01	Wenzke, F.: Intranetportale – Anforderungen und Realisierungsmöglichkeiten; DiplArb., Dresden 2001.
WINFOLINE 00	unter: http://winfoline.wirtschaft.uni-kassel.de/gast/ss2000/intranet/index.htm; Abruf am 27.06.00.
WOLTER 00	Wolter, S.: Dynamische Websites – Generatoren zum dynamischen Erstellen von Flash-Filmen; in: c't 2000 H. 20, S. 162-167.

WYNKOOP 97	Wynkoop, S.: Intranet mit Backoffice; Haar bei München 1997.
WZIONTEK 00	Wziontek, A.: Internet-Einführung, Organisationen und Standardisierung im Internet; unter: http://www.med.uni-jena.de/ewzi/internet2000/sld017.htm; Abruf am 18.06.01.
XINDICE 02	o. V.: Apache Xindice; unter: http://xml.apache.org/xindice/; Abruf am 21.04.2002.
XTM 02	o. V.: XML Topic Maps – Specification; unter: http://www.topicmaps.org/xtm/index.html; Abruf am 17.04.02.
ZACCONI 98	Zacconi, R.: Durch Intranets Wettbewerbsvorteile für Knowledge Management – Technologie allein sichert noch keinen Vorsprung; in: IM Information Management & Consulting 13. Jg. 1998 H. 4, S. 50-52.
ZECH 00	Zech, C.: Komplette Lösungen; in: PC Professionell Tech Guide Intranet 2000 H. 11, S. S4- S7.
ZIEGLER 01	Ziegler, C.: Weltendämmerung – XML und Datenbanken: Einblick in Tamino; in: iX 2001 H. 6, S. 56-61.
ZILAHI-SZABO 98	Zilahi-Szabo, M. G.: Grundzüge der Wirtschaftsinformatik; München 1998.
ZIVADINOVIC 00a	Zivadinovic, D.: Pakete per Funk – Mobilfunk und Internet verheiratet; in: c't 2000 H. 21, S. 152.
ZIVADINOVIC 00b	Zivadinovic, D.: Drahtlose Mehrspur-Infobahn – Schneller funksurfen per HSCSD-Technik; in: c't 2000 H. 22, S. 214.
ZIVADINOVIC 00c	Zivadinovic, D.: Nonstop-Internet-Anschluss per Funk; in: c't 2000 H. 24, S. 37.
ZSCHUCKELT 00	Zschuckelt, U.: Anbindung des Internets an Intranets von kleinen und mittelständischen Unternehmen – Konzept und Realisierung; DiplArb., Dresden 2000.

Band 28
Frank Wolf
Verteilungsaspekte im Rahmen der strategischen Informationssystemplanung
Lohmar – Köln 1999 ◆ 432 S. ◆ € 49,- (D) ◆ ISBN 3-89012-716-9

Band 29
Marc Alexandre Ludwig
Beziehungsmanagement im Internet – Eine Analyse der Informationsbedürfnisse auf Konsumgütermärkten und der Möglichkeiten ihrer Befriedigung durch Beziehungsmanagement unter Nutzung des Internets
Lohmar – Köln 2000 ◆ 328 S. ◆ € 45,- (D) ◆ ISBN 3-89012-732-0

Band 30
Gérard Derszteler
Prozeßmanagement auf Basis von Workflow-Systemen – Ein integrierter Ansatz zur Modellierung, Steuerung und Überwachung von Geschäftsprozessen
Lohmar – Köln 2000 ◆ 404 S. ◆ € 49,- (D) ◆ ISBN 3-89012-751-7

Band 31
Michael Gröschel
Objektorientierte Softwarewiederverwendung für nationale und internationale Steuerbelastungsvergleiche
Lohmar – Köln 2000 ◆ 272 S. ◆ € 42,- (D) ◆ ISBN 3-89012-752-5

Band 32
Martin Schindler
Wissensmanagement in der Projektabwicklung – Grundlagen, Determinanten und Gestaltungskonzepte eines ganzheitlichen Projektwissensmanagements
2., durchgesehene Auflage
Lohmar – Köln 2001 ◆ 404 S. ◆ € 51,- (D) ◆ ISBN 3-89012-849-1

Band 33
Klaus Ballensiefen
Informationsplanung im Rahmen der Konzeption von Executive Information Systems (EIS) – Theoretische Analyse, Empirische Untersuchung und Entwicklung von Lösungsansätzen
Lohmar – Köln 2000 ◆ 486 S. ◆ € 51,- (D) ◆ ISBN 3-89012-817-3

Band 34
Olaf Coenen
E-Learning-Architektur für universitäre Lehr- und Lernprozesse
2. Auflage
Lohmar – Köln 2002 ◆ 540 S. ◆ € 55,- (D) ◆ ISBN 3-89012-934-X

Band 35
Frank Teuteberg
Agentenbasierte Informationserschließung im World Wide Web unter Einsatz von Künstlichen Neuronalen Netzen und Fuzzy-Logik
Lohmar – Köln 2001 ◆ 368 S. ◆ € 49,- (D) ◆ ISBN 3-89012-873-4

Band 36
Jens Hunstock
Integration konzeptioneller Datenbankschemata
Lohmar – Köln 2001 • 274 S. • € 43,- (D) • ISBN 3-89012-897-1

Band 37
Gerald Kromer
Integration der Informationsverarbeitung in Mergers & Acquisitions – Eine empirische Untersuchung
Lohmar – Köln 2001 • 314 S. • € 45,- (D) • ISBN 3-89012-904-8

Band 38
Stefan Schäfer
Einführung von E-Business-Systemen in deutschen Unternehmen – Fallstudien, Expertenbefragung und DAX100-Umfrage
Lohmar – Köln 2002 • 492 S. • € 53,- (D) • ISBN 3-89012-949-8

Band 39
Matthias Lohse
Intranets – Konzept und Wege zur Realisierung
Lohmar – Köln 2002 • 268 S. • € 46,- (D) • ISBN 3-89012-970-6

GRÜNDUNG, INNOVATION UND BERATUNG

Herausgegeben von Prof. Dr. Dr. h. c. Norbert Szyperski, Köln, vBP StB Prof. Dr. Johannes Georg Bischoff, Wuppertal, und Prof. Dr. Heinz Klandt, Oestrich-Winkel

Band 20
Anne Böhm
Geschäftsbeziehungen zwischen Bank und Existenzgründer
Lohmar – Köln 1999 • 408 S. • € 49,- (D) • ISBN 3-89012-688-X

Band 21
Franz Feldmann
Betriebs- und regionalwirtschaftliche Effekte von Technologieparks
Lohmar – Köln 1999 • 252 S. • € 39,- (D) • ISBN 3-89012-693-6

Band 22
Thorsten Meis
Existenzgründung durch Kauf eines kleinen oder mittleren Unternehmens
Lohmar – Köln 2000 • 428 S. • € 51,- (D) • ISBN 3-89012-734-7

Band 23
Bernd Heitzer
Finanzierung junger innovativer Unternehmen durch Venture Capital-Gesellschaften
Lohmar – Köln 2000 • 276 S. • € 43,- (D) • ISBN 3-89012-795-9

PLANUNG, ORGANISATION UND UNTERNEHMUNGSFÜHRUNG

Herausgegeben von Prof. Dr. Dr. h. c. Norbert Szyperski, Köln, Prof. Dr. Winfried Matthes, Wuppertal, Prof. Dr. Udo Winand, Kassel, und Prof. Dr. Joachim Griese, Bern

Band 74
Birgit Block
Gestaltung und Steuerung einer Hersteller-Händler-Kooperation in der Lebensmittelbranche
Lohmar – Köln 2001 • 406 S. • € 49,- (D) • ISBN 3-89012-876-9

Band 75
Markus A. Happel
Wertorientiertes Controlling in der Praxis – Eine empirische Überprüfung
Lohmar – Köln 2001 • 296 S. • € 44,- (D) • ISBN 3-89012-909-9

Band 76
Martin Kupp
Kooperationen zwischen Umweltschutzorganisationen und Unternehmen
Lohmar – Köln 2001 • 200 S. • € 38,- (D) • ISBN 3-89012-914-5

Band 77
Andreas Lasar
Dezentrale Organisation in der Kommunalverwaltung
Lohmar – Köln 2001 • 308 S. • € 45,- (D) • ISBN 3-89012-920-X

Band 78
Mathias Luhn
Flexible Prozeßrechnung für ein Geschäftsprozeßmanagement
Lohmar – Köln 2002 • 350 S. • € 48,- (D) • ISBN 3-89012-927-7

Band 79
Martin Hermesch
Die Gestaltung von Interorganisationsbeziehungen – Theoretische sowie empirische Analysen und Erklärungen
Lohmar – Köln 2002 • 322 S. • € 46,- (D) • ISBN 3-89012-928-5

Band 80
Achim Korten
Wirkung kompetenzorientierter Strategien auf den Unternehmenswert – Eine simulationsbasierte Analyse mit System Dynamics
Lohmar – Köln 2002 • 336 S. • € 47,- (D) • ISBN 3-89012-937-4

Band 81
Thorsten Peske
Eignung des Realoptionsansatzes für die Unternehmensführung
Lohmar – Köln 2002 • 278 S. • € 43,- (D) • ISBN 3-89012-941-2

Band 82
Clemens Odendahl
Cooperation Resource Planning – Planung und Steuerung dynamischer Kooperationsnetzwerke
Lohmar – Köln 2002 • 228 S. • € 41,- (D) • ISBN 3-89012-962-5

TELEKOMMUNIKATION @ MEDIENWIRTSCHAFT

Herausgegeben von Prof. Dr. Dr. h. c. Norbert Szyperski, Köln, Prof. Dr. Udo Winand, Kassel, Prof. Dr. Dietrich Seibt, Köln, Prof. Dr. Rainer Kuhlen, Konstanz, Dr. Rudolf Pospischil, Bonn, Prof. Dr. Claudia Löbbecke, Köln, und Prof. Dr. Christoph Zacharias, Köln

Band 9
Werner Susallek
Führungsinformationssysteme für öffentlich-rechtliche Rundfunkanstalten
Lohmar – Köln 2000 • 304 S. • € 43,- (D) • ISBN 3-89012-785-1

Band 10
Martin Engelien/Detlef Neumann (Hrsg.)
Virtuelle Organisation und Neue Medien 2000 – Workshop GeNeMe2000 – Gemeinschaften in Neuen Medien – TU Dresden, 5. und 6. Oktober 2000
Lohmar – Köln 2000 • 412 S. • € 49,- (D) • ISBN 3-89012-786-X

Band 11
Martin Engelien/Jens Homann (Hrsg.)
Virtuelle Organisation und Neue Medien 2001 – Workshop GeNeMe2001 – Gemeinschaften in Neuen Medien – TU Dresden, 27. und 28. September 2001
Lohmar – Köln 2001 • 546 S. • € 55,- (D) • ISBN 3-89012-891-2

Band 12
Ingo Markgraf
Hörfunkforschung im internationalen Vergleich
Lohmar – Köln 2001 • 312 S. • € 45,- (D) • ISBN 3-89012-906-4

Band 13
Anette Köcher
Controlling der werbefinanzierten Medienunternehmung
Lohmar – Köln 2002 • 294 S. • € 44,- (D) • ISBN 3-89012-948-X

ELECTRONIC COMMERCE

Herausgegeben von Prof. Dr. Dr. h. c. Norbert Szyperski, Köln, Prof. Dr. Beat Schmid, St. Gallen, Prof. Dr. Dr. h. c. August-Wilhelm Scheer, Saarbrücken, Prof. Dr. Günther Pernul, Essen, und Prof. Dr. Stefan Klein, Münster

Band 5
Markus A. Lindemann
Struktur und Effizienz elektronischer Märkte – Ein Ansatz zur Referenzmodellierung und Bewertung elektronischer Marktgemeinschaften und Marktdienste
Lohmar – Köln 2000 • 280 S. • € 43,- (D) • ISBN 3-89012-787-8

Band 6
Olaf Wenzel
Webdesign, Informationssuche und Flow – Nutzerverhalten auf unterschiedlich strukturierten Websites
Lohmar – Köln 2001 • 362 S. • € 49,- (D) • ISBN 3-89012-871-8

Band 7
Patrick Stähler
Geschäftsmodelle in der digitalen Ökonomie – Merkmale, Strategien und Auswirkungen
Lohmar – Köln 2001 • 364 S. • € 49,- (D) • ISBN 3-89012-888-2

Band 8
Volker Herwig
E-Government – Distribution von Leistungen öffentlicher Institutionen über das Internet
Lohmar – Köln 2001 • 340 S. • € 48,- (D) • ISBN 3-89012-889-0

Band 9
Jana Buchwalter
Elektronische Ausschreibungen in der Beschaffung – Referenzprozeßmodell und prototypische Realisierung
Lohmar – Köln 2001 • 252 S. • € 42,- (D) • ISBN 3-89012-922-6

Band 10
Torsten Költzsch
Geschlossene Public-Key-Infrastruktur-Lösungen
Lohmar – Köln 2002 • 242 S. • € 42,- (D) • ISBN 3-89012-923-4

Band 11
Emanuel Marti
Electronic Commerce im Reisemarkt – Handlungsempfehlungen für den Reisemittler
Lohmar – Köln 2002 • 408 S. • € 49,- (D) • ISBN 3-89012-930-7

Band 12
Horst Tripp
Electronic Procurement Services
Lohmar – Köln 2002 • 394 S. • € 49,- (D) • ISBN 3-89012-935-8

Band 13
Elmar-Marius Licharz
Vertrauen in B2C
Lohmar – Köln 2002 • 292 S. • € 44,- (D) • ISBN 3-89012-945-5

Band 14
Karin Dittewig
Managing Partnerships for Maximum Performance – Best Practice Evidence from the Information Technology Industry
Lohmar – Köln 2002 • 318 S. • € 45,- (D) • ISBN 3-89012-953-6